■ 本书由北京知识产权研究基地、中国许可贸易工作者协会资助出版

知识产权保护与运用系列丛书

# 美国专利许可经典案例选析

范晓波　张慧霞　蔡婧萌　等

编著

知识产权出版社

全国百佳图书出版单位

**图书在版编目（CIP）数据**

美国专利许可经典案例选析/范晓波等编著. —北京：知识产权出版社，2019.1
ISBN 978-7-5130-5995-4

Ⅰ.①美… Ⅱ.①范… Ⅲ.①专利权法—案例—美国 Ⅳ.①D971.23

中国版本图书馆 CIP 数据核字（2018）第 284174 号

**内容提要**

专利许可是专利权人实施其发明创造的一种有效途径，是将专利转化为社会生产力的举措。美国专利许可的司法实践远比我国发达，经过多年的积累，形成了指导许可实践的诸多有益规则，非常值得我国借鉴。本书选取了美国法院判决中有关专利许可的 35 个经典案例进行翻译与评析。这些案例涉及专利许可问题的多个方面，包括专利被许可人的诉讼地位、专利许可合同的权利义务、专利权利用尽原则、专利权的滥用以及反垄断等。每个案例介绍了案件事实与审理过程、法院的判决意见及理由，并对案件争议问题的解决思路、所依据的法律原则与理论、案件的意义等进行了扼要的归纳和阐述。

**责任编辑**：韩婷婷　　**责任校对**：潘凤越
**封面设计**：sun工作室　韩建文　　**责任印制**：刘译文

美国专利许可经典案例选析

范晓波　张慧霞　蔡婧萌 等　编著

出版发行：知识产权出版社有限责任公司　　网　址：http://www.ipph.cn
社　址：北京市海淀区气象路 50 号院　　邮　编：100081
责编电话：010-82000860 转 8359　　责编邮箱：176245578@qq.com
发行电话：010-82000860 转 8101/8102　　发行传真：010-82000893/82005070/82000270
印　刷：北京嘉恒彩色印刷有限责任公司　　经　销：各大网上书店、新华书店及相关专业书店
开　本：720mm×1000mm　1/16　　印　张：17.5
版　次：2019 年 1 月第 1 版　　印　次：2019 年 1 月第 1 次印刷
字　数：314 千字　　定　价：69.00 元
ISBN 978-7-5130-5995-4

# 序　言

*PREFACE*

今年适逢中国改革开放四十周年。中国知识产权法治建设与改革开放基本同步。四十年来，中国知识产权法律体系不断完善，知识产权保护意识不断增强，知识产权保护力度不断提高。知识产权法已成为中国法律体系中最为活跃、最具有创新性，也最为国际化的部门。知识产权制度对促进技术创新，保障市场主体在公平、公正的环境下有序竞争，促进国际贸易与投资都起到了不可替代的作用。

多年来，中国专利、商标的申请和授权数量一直在大幅增长。截至目前，累计的有效中国专利数以百万计，有效的注册商标更是以千万计。但目前中国知识产权还存在“数量大，但运用少”的问题。知识产权要真正成为中国经济竞争力的最大激励，就必须进入市场、进行运用，以此转化为现实的生产力，而许可正是知识产权运用的最有效方式之一。中国知识产权制度设计和社会资源，正在从鼓励专利、商标的申请，向提高质量，促进知识产权的运用方向倾斜，以激活知识产权效用，实现商业价值，促进经济发展，推动技术进步。

中国许可贸易工作者协会（Licensing Executives Society China，简称 LES China）成立于 1986 年 4 月 9 日，由从事许可贸易的专业人士组成。自成立以来，中国许可贸易工作者协会以“积极促进许可贸易，推动技术进步和经济发展”为己任，积极参与国际许可贸易工作者协会（Licensing Executives Society International）及有关分会组织的活动，举办了各种研讨会，出版介绍许可贸易的专业书籍，为会员提供了交流、学习的舞台，也为非会员传播了专业知识。中国许可贸易工作者协会为在中国推动知识产权的运用作出了突出贡献。

作为知识产权最为发达的国家，发生在美国的专利许可交易的规模居全球之首。由此，解决专利许可相关纠纷的司法理论与实践也最为丰富。中国许可贸易工作者协会会员、北京化工大学范晓波教授等几位老师和研究生历时一年的艰辛，选取了35个有代表性的美国专利许可判例进行翻译与评析，这不仅是一项很有价值的学术研究实践，也是一次很有意义的知识分享活动，可以为国内相关部门和从事知识产权研究、教学、审判和代理的专业人员提供学习借鉴。对于经营活动中涉及专利许可的企业，无论是作为许可人还是被许可人，在合同起草、风险规避和纠纷解决方面，本书也可以提供有益的参考。

法律的生命不在于逻辑，而在于经验。知识产权的价值不在于数量，而在于运用。本书正是一段经验探寻的旅程，也是一份学以致用的指南。我很乐意把它推荐给大家。

周中琦

中国许可贸易工作者协会主席

2018年11月5日，上海

# 前言

FOREWORD

专利许可是专利权人实施其发明创造的一种有效途径，是将专利转化为社会生产力的举措。随着现代经济的发展，在美国等发达国家，专利许可已成为技术交易最重要和最普遍的形式。我国当前在强调专利创造和保护的同时，提出应大力加强专利运用，专利许可作为专利运用的主要形式将得到充分发展，其重要性将日益突出，而专利许可纠纷和问题也将大量出现。他山之石，可以攻玉。美国法院在长期的司法实践中积累了丰富的关于专利许可纠纷解决的司法经验。一些经典的司法判例深刻地影响了美国的专利许可实践，具有非常高的研究和参考价值。本书希望通过对美国经典司法判例进行介绍和解析的方式，帮助我国从事知识产权工作的相关专业人员了解美国法院对于专利许可问题的审判思路和解决方法，为我国立法部门完善相关法律提供可以借鉴的思路，为法官与律师处理相关案件提供可借鉴的实例，为企业法务人员签订履行专利许可合同提供参考，为教学、研究人员以及学生进一步开展比较法研究以及教学活动提供资料。

本书选取了35个美国法院判决中有关专利许可的经典案例，并进行翻译与评析。这些案例涉及专利许可问题的多个方面，包括专利被许可人的诉讼地位、专利许可合同的权利义务、专利权利用尽原则、专利权的滥用以及反垄断等。每个案例的撰写包括四个部分：第一部分是案件事实，第二部分是审理过程，第三部分是判决理由，第四部分是案例要点解析。第一部分主要介绍案件当事人及双方因何发生纠纷。第二部分介绍审理法院及其基本意见。第三部分是关于案件终审法院的判决意见及理由，该部分采用对判决书原文翻译的形式，因此以终审法院第一人称的口吻进行论述。第四部分是本书作者对案件争议问题的解决思路、所依据的法律原则与理论、案件的意义等进行扼要的归纳和阐述。由于这些专利案例包含的法律问题可能还包括了除许可问题之外的专利权利要求的解释、案件管辖、侵权判定等其他方面，限于本书的篇幅，对于这些部分本书进行了省略或只做简略介绍。

本书的翻译与撰写工作由北京化工大学文法学院、北京知识产权研究基地的五位法学教师与七位法学专业研究生历时一年共同完成。他们分别是范晓波教授（中国人民大学法学博士）、张慧霞副教授（中国社会科学院法学博士）、蔡婧萌讲师（美国芝加哥肯特法学院法学博士）、赵惠妙副教授（香港大学法学博士）、李超副教授（意大利罗马第二大学法学博士）、杨依锦（2016级研究生）、张建良（2016级研究生）、李佳欣（2017级研究生）、胡嘉佳（2017级研究生）、乔娜（2016级研究生）、王文静（2016级研究生）、韩轩（2016级研究生）。

本书的基础是35个专利许可案例的英文判决书，由于英文判决书所使用的句式结构复杂、涉及大量专业术语，准确地理解并将之翻译成中文的难度颇大。尽管这些案例经过不止一次审阅和修改，由于作者水平所限，本书一定还存在许多错误或不准确之处，敬请读者谅解并给予批评指正。

范晓波

2018年10月9日

# 目 录

CONTENTS

## 三、专利默示许可



## 四、专利许可与权利用尽

## 五、专利许可与权利滥用

# 一　专利被许可人的诉讼地位

## Rite-Hite 公司诉 Kelley 公司*

美国联邦巡回上诉法院(1995)

### 【案件事实】

1983 年 3 月 22 日，原告 Rite-Hite 公司（简称 Rite 公司）起诉被告 Kelley 公司的“Truk Stop”货车固定产品侵犯了 Rite 公司 1983 年 2 月 15 日在美国获得授权的第 4,373,847 号专利（简称'847 专利），该专利主要是一种用于将车辆固定到装载码头以防止车辆在装载或卸载期间与码头分离的装置。任何这种分离都会在车辆和码头之间产生间隙，并给叉车操作员造成危险。

原告 Rite 公司销售其产品有两种途径：一是通过其自有的门店销售；二是通过多个独立的分销商（Independent Sale Organizations，ISOs）销售。在侵权损害持续期间，前两种途径产品销售的比例分别占产品总销售比例的 30% 与 70%。Rite 公司起诉要求赔偿其批发销售的所失利润和其自有门店的零售销售所失利润。在本案被法院受理后不久，几个独立分销商也要求加入本案，称他们通过与 Rite 公司的“销售代表协议”及“供销协议”成为'847 专利的独占被许可人。地区法院认定其为独占被许可人，并允许他们加入本案诉讼。这些独立分销商起诉要求赔偿其所失零售利润。

### 【审理过程】

威斯康星东区地区法院将侵权责任和损害赔偿分为两个阶段审理。在 1986 年 3 月 5 日，认定'847 专利是有效的，Kelley 公司生产、使用、销售

* Rite-Hite Corp. v. Kelley Co., 56 F. 3d 1538 (Fed. Cir. 1995).

Truk Stop 设备的行为构成侵犯专利权，判令停止侵权。[①] 上诉法院对此予以维持。[②] 在后续进行的损害赔偿的审理中，地区法院准许了 Rite 公司作为生产商在因 ADL-100、MDL-50 固定装置以及装卸台销量减少导致的批发利润损失，以及由于 Kelley 公司侵权销售导致的 Rite 公司作为零售商和独立分销商们就 ADL-100、MDL-55 产品的以及装卸台的合理许可费损失。Kelley 公司提起上诉。联邦巡回上诉法院维持了 Rite 公司作为制造商在其 ADL-100 产品方面的所失利润赔偿，维持了对于合理许可费费率的计算，撤销了基于装卸台的损害赔偿，并且撤销了涉及独立分销商的赔偿，理由是他们缺乏诉讼地位。该案发回地区法院重审。

**【判决理由】**[③]

独立分销商要求基于《美国专利法》第 281 条作为共同原告与 Rite 公司一起提起专利侵权之诉，并以装卸台和车辆固定装置在零售层面上的合理许可费为基础，基于每一个分销商宣称其向 Kelley 公司损失的产品销量，获得损害赔偿。Kelley 公司质疑对独立分销商的赔偿，理由是独立分销商没有寻求专利侵权赔偿的诉讼主体资格。独立经销商称他们在所销售领域内的唯一性赋予了他们"独占被许可人"的诉讼地位。有资格去起诉的问题是一个管辖权问题[④]，我们在 Transamerica Ins. Corp. v. United States 案[⑤]中回顾了这一问题。我们同意 Kelley 公司的意见，即独立分销商缺乏诉讼主体资格，其诉讼请求应该被驳回。

专利权人对专利侵权寻求救济的权利是成文法创造的，在 Arachnid, Inc. v. Merit Indus, Inc. 案[⑥]中，法院认为一个"专利权人"应该可以通过民事诉讼来对于专利侵权行为获得救济。[⑦] "专利权人"一词包含"不仅是被授

---

① Rite-Hite Corp. v. Kelley Co., 629 F. Supp. at 1042, 231 USPQ 161 (E. D. Wis. 1986).

② Rite-Hite Corp. v. Kelley Co., 819 F. 2d 1120, 2 USPQ2d 1915 (Fed. Cir. 1987).

③ 由于本书的主题为专利许可，因此本案关于法院对于损害赔偿部分的讨论在此予以省略，仅将作为独立分销商的诉讼地位问题的论述呈现出来。——编者注

④ Imperial Tobacco, Ltd. v. Philip Morris, Inc., 899 F. 2d 1575, 1580 n. 7, 14 USPQ2d 1390, 1393 n. 7 (Fed. Cir. 1990).

⑤ Transamerica Ins. Corp. v. United States, 973 F. 2d 1572 (Fed. Cir. 1992).

⑥ Arachnid, Inc. v. Merit Indus., Inc., 939 F. 2d 1574, 1578, 19 USPQ2d 1513, 1516 - 1517 (Fed. Cir. 1991).

⑦ 35 U. S. C. § 281 (1988).

予专利权的专利权人，还有专利权人的继承人。”①

一般来说，寻求专利侵权金钱赔偿的人必须在侵权发生时拥有专利的合法所有权。② 专利权人转让其法律权利，可以转让整个专利，也可以转让专利的不可分割的部分或份额，或仅转让在美国指定地理区域内的专利的所有权利。③ 转让前述任何一种都是转让，并赋予受让人在专利中的所有权，以及起诉侵权人的权利。如果转移的权益不属于以上三种之一，则是许可，而不是法定所有权的转让，并且它没有赋予被许可人以自己的名义起诉侵权的权利。

在某些情况下，被许可人可能对该专利拥有足够的权益，以致有资格与专利权人作为共同原告起诉。(如有必要保护所有各方的权利，被许可人可以作为共同原告加入。)④ (如果专利权人拒绝或无法加入独占被许可人作为共同原告，被许可人可以将其作为被告一方。)⑤ 这样的被许可人通常是“独占被许可人”。作为有独立诉讼地位的独占被许可人，其必须不仅获得了在特定地域内实施发明的权利，而且还必须获得专利权人明示或默示的承诺，其他人在该地域内被排除实施该发明。⑥

如果被许可人未收到关于该专利的明确或默示的排他性承诺，即排除他人制造、使用或出售该专利发明的权利，则该方拥有的是“单纯的许可”(bare license)，其仅获得了专利权人的不起诉承诺。⑦

独立分销商主张他们被允许作为共同原告加入，因为每个人都声称拥有几乎独占的许可证，可以将 Rite 公司生产的产品销售给专属销售区域的特定客户。为了确定独立分销商是否有资格成为共同原告，法院查看了他们与 Rite 签订的合同。

以下是有代表性的原始独立分销商合同相关部分：

> 销售代表在本地区兜售公司产品的权利是独占的，即只要本公司善

---

① 35 U. S. C. § 100 (d) (1988).

② Crown Die & Tool Co. v. Nye Tool & Machine Works, 261 U. S., at 24, 40-41, 43 S. Ct. 254, 258, 67 L. Ed. 516 (1923).

③ Waterman v. Mackenzie, 138 U. S., at 252, 255, 11 S. Ct. 334, 335, 34 L. Ed. 923 (1891).

④ See id.

⑤ Independent Wireless Tel. Co. v. Radio Corp. of America, 269 U. S., at 459, 468, 46 S. Ct. 166, 169, 70 L. Ed. 357 (1926).

⑥ See Independent Wireless, 269 U. S. at 468-469, 46 S. Ct. at 169.

⑦ Western Elec. Co. v. Pacent Reproducer Corp., 42 F. 2d 116, 118, 5 USPQ 105, 106 (2d Cir.), cert. denied, 282 U. S., at 873, 51 S. Ct. 78, 75 L. Ed. 771 (1930).

意判断，代表为所有列出的产品做了足够的工作，公司不会在该区域任命其他销售代表。[如果没有做足够的工作]，公司向代表发出变更通知，公司有权减少该地区范围。除非公司直接承诺，否则公司在任何情况下均不对任何违反或侵犯代表的地域的权利承担责任。公司还保留非独占权利，将其产品在区域内直接销售给汽车货运业、政府机构、政府承包商和任何其他购买者，基于公司判断，认为这些购买者可通过直接销售获得最佳服务。

合同涉及的产品是“所有的 Rite 机械和液压码头装卸台及相关设备”。本文件中没有出现“专利”一词，但在他们作为原告介入之前，许多独立分销商执行了对其合同的补充，指明销售代表协议的“产品”包括“Rite 公司制造和销售的产品”，这些产品包含“与‘Dok-Lok’设备有关的 Rite 专利中规定的任何权利要求，包括（但不受限于）美国专利 No. 4,373,847”。[①] 该协议还规定，除了有权为 Rite 公司招揽销售外，每个独立分销商都有权销售 Rite 公司生产的产品。Rite 公司保留将其产品销售给汽车货运业的权利。

在原始协议中，Rite 公司本身明确保留在指定地区内销售给特定类别购买者的实质性权利，以及“公司认为可以通过直接销售获得最佳服务的任何其他购买者。”协议在诉讼前夕最后时刻进行了修改，首次将专利产品涵盖在协议所包含的产品范围定义中，并减少了 Rite 公司在指定地区内销售的保留权利。原始协议和修改协议均未授予独立分销商就该专利产品排除其他人的任何权利。

我们同意 Kelley 公司的观点，即地区法院的结论是错误的。地区法院认为：这些合同让与了基于’847 专利产生的“具有充分的法律所认可的利益”，从而赋予了独立分销商诉讼地位。[②] 本案这种情况下的合同不是独占的专利许可。如上所述，直到本诉讼前夕，他们才提到“专利”一词。独立分销商合同允许独立分销商仅在特定的“专属”销售区域兜售和销售 Rite 公司生产的产品。虽然协议让与了出售专利所覆盖的紧固装置的权利，但任何“排他性”仅涉及销售地区，而非专利权。甚至这种销售排他性也取决于 Rite 公司对于独立分销商正在做“充足的工作”的判断。

最特别的是根据协议，独立分销商没有权利排除任何人制造、使用或出

① Rite-Hite, 774 F. Supp. at 1523, 21 USPQ2d at 1807.

② 774 F. Supp. at 1525, 21 USPQ2d at 1808.

售要求保护的发明。独立分销商不能从其各自的区域中排除其他独立分销商，第三方甚至 Rite 公司本身。如果协议被违反，独立分销商就其权利受到侵犯而可能获得的任何救济都需要通过针对 Rite 公司提起违约之诉，而不是针对侵权者的专利侵权诉讼。Rite 公司没有义务根据独立分销商的要求提起侵权诉讼，而且独立分销商无权分享诉讼中的任何赔偿。此外，独立分销商并未辩称这些义务和权利是默示存在的，甚至也没有争辩说独立分销商有权根据他们的合同向另一个独立分销商或第三方提起侵权诉讼，使得 Rite 公司成为非自愿的原告。相反的是根据他们的协议，如果独立分销商在另一个地区出售产品，则根据 Rite 公司的“拆分佣金”规则分享利润。虽然专利权人和独立分销商在本案中进行了合作，但仅凭这一事实并未确立起诉权。Weinar v. Rollform 案①在本案被引用于支持独立分销商的诉讼地位，事实并非如此。在该案中，拥有在整个美国范围内专有销售权的被许可人，获得了损害赔偿金。② 然而 Weinar 案中的独占被许可人从专利权人处获得的许可不仅仅是“单纯的许可”。独占被许可人与专利权人“共享专利代表的财产权利”。这与本案的情况不同。独立分销商们并不是专利的被许可人，除了也许是基于默示的非独占被许可人，他们并没有被授予任何排除其他人的权利。因此，他们不与专利权人“分享”专利所代表的财产权，以便有权与专利权人作为共同原告提起诉讼。

这些协议只是 Rite 公司与其独立分销商之间的销售合同。他们没有转让’847 专利中的任何专有权益，也没有给予独立分销商起诉的权利。如果独立分销商在这种情况下缺乏救济措施，那是因为他们与 Rite 公司的协议未能规定在授予的销售专营权受到侵害后应该如何处理。独立分销商本可以要求 Rite 公司起诉侵权者，并且可以就分享任何损害赔偿金达成协议。显然，这些还没有被完成。

授予在特定地区销售发明的单纯许可，即使它是专利权人授予的唯一许可，也不能在没有授予排除他人权利的情况下使被许可人获得诉讼主体资格。独立分销商在法律上与地区法院早先拒绝允许加入诉讼的个人销售人员没有什么不同。他们不是本案的适格当事人，他们的诉讼请求应当被驳回。

**【反对意见】**

巡回法院法官 Pauline Newman、Rader，就独立分销商的损害问题提出了不

---

① Weinar v. Rollform, 744 F. 2d 797, 223 USPQ 369 (Fed. Cir. 1984), cert. denied, 470 U.S., at 1084, 105 S. Ct. 1844, 85 L. Ed. 2d 143 (1985).

② Id. at 807, 223 USPQ at 374.

同意见。他们认为二十六名原告是直接受到侵权伤害的小企业或个人。其中一些原告此前曾对 Kelley 公司提出单独诉讼，地区法院合并了这些诉讼。

独立分销商不是“员工”，而是独立实体。他们负责 Rite 公司 70% 的销售额。Rite 公司通过自己的销售组织销售了约 30% 的销售额。多数意见显然认识到 Rite 公司通过自己的销售部门进行的销售是可赔偿的，而没有意识到通过独立分销商进行的销售也是可赔偿的。独立分销商同样也是侵权行为的主要受害者，他们和 Rite 公司销售的商品由于侵权行为而遭受了销量损失。法律补救的目的是恢复受到他人侵权行为伤害的人的损害。本案中，独立分销商遭受了损害。

Kelley 公司认为独立分销商不能获得损害赔偿，因为他们不是专利独占被许可人。地区法院彻底地研究了 Rite 公司和独立分销商的关系。除了一些由 Rite 公司直接进行销售的例外，独立分销商是有专属权利和专属地域的销售代表。既然他们不是独立于专利权人自行提起诉讼，这和一些认为非独占被许可人不能以自己名义起诉的案件没有关联。当专利权人作为一方加入诉讼时，正如 Rite 公司在本案中一样，被许可人有专有权利制造、使用或销售，被许可人有诉讼资格就其损害获得赔偿。在 Western Elec. 案①中，法院解释道一个并非完全独占的被许可人必须与专利权人一起提起侵权诉讼，然而一个完全独占被许可人，比如一个受让人，可以以自己名义起诉。② 在本案中，专利权人是诉讼的一方，因此消除了 Kelley 公司声称的多重诉讼的风险。在 Weinar 案③中，“两方共同享有由专利代表的财产权，如果每一方适当地加入到诉讼中，那么其各自的财产权都可以受禁令的保护，并且每一方都有权获得损害赔偿。”在 Innis 案④中，法院解释道“当一个被许可人对专利授权的部分被许可了独占权利时，在该案中在佛罗里达州销售专利产品的地理上独占权，被许可人必须被允许排除他人侵犯他的权利，以免其虽然对某不动产享有专有的地役权，却无法禁止那些坚持要损害他地役权的侵入者。”⑤

因此，如果独立经销商被视为销售代表而不是被许可人，那么，或者他

---

① Western Elec. Co. v. Pacent Reproducer Corp., 42 F. 2d 116, 119, 5 USPQ 105, 106 (2d Cir.), cert. denied, 282 U. S., at 873, 51 S. Ct. 78, 75 L. Ed. 771 (1930).

② Citing Waterman v. Mackenzie, 138 U. S., at 252, 256, 11 S. Ct. 334, 335, 34 L. Ed. 923 (1891).

③ Weinar v. Rollform, Inc., 744 F. 2d 797, 807, 223 USPQ 369, 374-375 (Fed. Cir. 1984).

④ Innis, Speiden & Co. v. Food Machinery Corp., 2 F. R. D. 261, 265, 53 USPQ 330, 334 (D. Del. 1942).

⑤ Id. at 264 n. 2, 53 USPQ at 333 n. 2.

们的销售专营权足以允许他们在此诉讼中加入 Rite 公司，或者可以由 Rite 公司作为当事人代表他们获得赔偿。

**【案例要点解析】**

本案争议的问题是对独立经销商诉讼地位的定性。美国联邦巡回上诉法院通过对独立经销商与 Rite 公司签订的协议条款的分析，认为涉案协议只是 Rite 公司与其独立分销商之间的销售合同。独立分销商在法律上与地区法院早先拒绝允许加入诉讼的个人销售人员没有什么不同，他们不能成为本案的适格当事人。独立分销商所获得的仅仅是所谓销售地区的排他性，并且这种排他性还取决于 Rite 公司对于独立分销商是否做了“充足的工作”的判断，同时，专利权人还保留了在独立经销商所属销售地区销售专利产品的权利。独立分销商不能从其各自的区域中排除其他独立分销商、第三方甚至 Rite 公司本身。根据协议，如果独立分销商在另一个地区出售产品，则根据 Rite 公司的“拆分佣金”规则分享利润。协议并没有转让’847 专利中的任何专有权益，协议也不是独占的专利许可协议，独立分销商们没有被授予任何排除其他人的权利。因此，他们不与专利权人“分享”专利所代表的财产权，以便有权与专利权人作为共同原告提起诉讼。

反对意见认为，独立分销商同样也是侵权行为的主要受害者，其销量因侵权遭受了损失。法律补救的目的是恢复受到侵权行为伤害的人的损害。独立分销商有权与专利权人共同起诉主张权利。即便不被视为被许可人，销售专营权足以允许他们在此诉讼中加入 Rite 公司，或者可以由 Rite 公司作为当事人代表他们获得赔偿。

本书赞同多数人意见，基于合同的约定，独立分销商并非独占被许可人，无法取得起诉的权利，如果因此而使其缺乏应有的救济，只能归因于他们与 Rite 公司的协议未能规定授予的销售专营权受到侵害该如何处理。独立分销商本可以要求 Rite 公司起诉侵权者，并且可以就分享任何损害赔偿金达成协议，然而他们并没有在合同中规定相应的条款。独立分销商应当通过完善与专利权人的合同获得相对周全的保护，而不是通过侵权诉讼的方式对专利侵权人直接主张损害赔偿。

# 二 专利许可权利和义务

## （一）许可协议中的最惠条款

### Plastic 隐形镜片公司诉 Frontier 公司*

美国联邦第二巡回上诉法院(1971)

**【案件事实】**

Frontier 隐形镜片公司（简称 Frontier）与 Solex Laboratories 公司（简称 Solex）都从事隐形眼镜的制造和销售，双方在 1961 年 1 月 1 日达成了一项许可协议，Solex 将其享有专利权的第 2,510,438 号美国专利（简称 Tuohy 专利）以非独占许可的方式授权给 Frontier，以制造和销售角膜型隐形镜片；作为对价，Frontier 需要按月核算并就所有其制造的角膜型隐形镜片向 Solex 支付使用费。协议的第八段规定："Solex 同意倘若此后向其他人、公司或企业授权许可第 2,510,438 号专利或任何其他美国专利或专利申请，交易条件较此前达成的协议更加有利的（除非是作为既往侵权的解决方式），Solex 应当积极地向被许可人提供同样有利的交易条件，上述承诺应当溯及至更有利的交易条件被其他人、公司或企业接受的日期。"

1961 年 4 月 12 日，Solex 将 Tuohy 专利以及其作为许可人就非独占许可协议享有的所有权利，包括与 Frontier 签订的协议，转让给原告 Plastic 隐形镜片公司（简称 Plastic）。

在转让期间，Plastic 从 George H. Butterfield 和 George H. Butterfield & Sons

* Plastic Contact Lens Co. v. Frontier of the Northeast, 441 F. 2d 67 (1971).

公司（简称 Butterfield）处取得一项许可。Butterfield 使用美国第 2,544,246 号专利（简称 Butterfield 专利）制造角膜型隐形镜片。Tuohy 专利和Butterfield专利非常相似，并且是本领域最重要的两项专利。在 1960 年，Plastic 的前身（Solex）曾起诉 Butterfield 侵犯 Tuohy 专利权，Butterfield 反诉其侵犯 Butterfield 专利权。在 1962 年 4 月，Plastic 和 Butterfield 达成了和解协议，Plastic 撤回对 Butterfield 以及其被许可人的所有有关侵犯 Tuohy 专利的主张，向 Butterfield 支付 66000 美元并将 Touhy 专利免费许可给 Butterfield 以及四个名为 Butterfield 的被许可人。作为回报，Butterfield 撤回所有针对 Plastic 的诉讼请求，并将 Butterfield 专利免费许可给 Plastic。

1962 年 10 月 25 日，在与 Butterfield 达成和解协议后，Plastic 向其被许可人（包括 Frontier）致信，告知其和解协议条款并表明了其立场，即其对 Butterfield企业的许可相较于 Frontier 的许可而言，并非更有利的（more favorable）。然而，这封信件的确向 Plastic 的被许可人提供了一个可以修改许可的机会，即如果他们支付与 Butterfield 相似的对价，便可获得与 Butterfield 同样的许可。

收到信件后，Frontier 中止向 Plastic 支付许可费。其致信 Plastic 表示 Plastic 已经违反了协议第八段的“被许可人最惠条款”，因为免费授权许可给 Butterfield 和四个被许可人的交易条件相较于给 Frontier 的许可更加有利，而 Frontier 仍需就 Tuohy 专利支付许可费。Frontier 主张其应当取得免费许可，不再支付未来的对价，因为四个受优惠的 Butterfield 被许可人无须支付任何许可费，而 Frontier 也是 Butterfield 的被许可人之一。Plastic 并不认同该观点，并在 1963 年 7 月根据许可协议提起诉讼，要求 Frontier 支付使用费。

**【审理过程】**

美国纽约西区地区法院的 John T. Curtin 法官在 1969 年 10 月 29 日做出判决，支持了 Plastic 的主张，指令并批准了由“特别主事官”（special master）对使用费进行的核算。地区法院认为在 Butterfield 和解协议中，向 Butterfield 和其四个被许可人免费授权许可存在相应的对价，该授权相较于 Plastic 对 Frontier 的许可在交易条件上并不是更有利的，因为 Frontier 并没有支付类似的对价。Curtin 法官认为 Butterfield 根据该许可协议支付了对价，这一点事实上也不存在争议。问题在于四个受惠的 Butterfield 被许可人在获得免费许可时是否向 Plastic 支付了相应的对价。Frontier 认为他们没有支付，既然如此，其作为

Butterfield 其他被许可人，根据“被许可人最惠条款”也应当有权从 Plastic 处获得免费许可。Curtin 法官否认了这种观点，认为这四个受惠的被许可人其实仍支付了对价。他通过以下陈述区分了它们和 Frontier 的不同情况：

“Butterfield 早已同意就 Tuohy 专利侵权补偿其他四个被许可人，但是并未与 Frontier 签订该协议。这四个接受补偿的被许可人为了额外的保护向 Butterfield付费。正如本院在 PCL 诉 Guaranteed 隐形镜片案①中做出的判决，Butterfield 支付的对价不仅仅是为了取得对自己的授权，也是为了取得对这四个被许可人的授权。”②

此外，Curtin 法官认为，即使授权 Butterfield 和这四个非当事人（Plastic 与 Butterfield 诉讼以外的人）免费许可违反了与 Frontier 协议的“被许可人最惠条款”，Frontier 仍有义务支付许可费，因为其停止支付许可费时并没有中止许可协议，而是基于 Tuohy 专利的保护持续制造镜片。

Frontier 以及其他被告提起上诉，美国联邦第二巡回上诉法院维持原判。

## 【判决理由】

### 1. Plastic 是否违反了“被许可人最惠条款”

我们维持地区法院的判决，但是我们却并非依据任何一个 Curtin 法官判决依据的理由。相反，我们认为 Butterfield 和解协议的达成符合“被许可人最惠条款”中的“作为既往侵权的解决方式”的例外情况，因此 Plastic 未违反该条款。

Curtin 法官明显认为 Butterfield 和解不属于上述例外的范围内，但是它没有就该观点进行解释。Frontier 也认为该例外并不能应用于对 Butterfield 等的许可授权，其认为该例外指对 Tuohy 专利的“既往侵权的解决方式”，而不是对 Butterfield 或其他专利既往侵权的解决方式。在 Butterfield 和解中，当事人达成一致并向法庭陈述，Butterfield 没有侵犯 Tuohy 专利且 Plastic 没有侵犯 Butterfield 专利。Frontier 认为既然 Tuohy 专利未被侵权，就不存在对该专利“解决既往侵权”的问题。

我们不同意这种观点。Frontier 对该例外情形的理解——“除非是作为曾经侵犯 Tuohy 专利权的解决方式”，并不仅仅是该条款字面的含义。Frontier 在许可协议其他地方想用的词汇明确指出所谓侵权是指对 Tuohy 专利的侵权，

---

① 283 F. Supp. at 850.

② 324 F. Supp. at 219.

但是在此处却没有用到此类词汇。因此，即使和 Butterfield 的和解协议仅仅是为了解决 Butterfield 侵权（正如 Frontier 所主张的），它也应属于例外情形的范围。

除此之外，和 Butterfield 的和解协议不仅仅是为了解决对 Butterfield 专利的侵权，也包括对 Tuohy 专利的侵权，已和解的诉讼包括对双方专利侵权的相互指控。和解协议包含一项 Butterfield 未侵犯 Tuohy 专利的声明，但该事实无关紧要，因为该声明具有经济价值，它仅仅是和解协议中作为对价交换的一部分。这不可与法院经过证据开示和辩论判决不存在侵权的情形相提并论，因此没有真正的证明价值。然后，Butterfield 和解确实属于上文的例外情形，并且基于 Butterfield 与其他四个受惠的被许可人之间的补偿协议，对于这些被许可人的间接授权属于该和解协议的必要组成部分。基于这些原因，我们判决 Plastic 没有违反“被许可人最惠条款”，因此，Frontier 有义务就隐形镜片支付欠付的许可费。

2. Frontier 是否应为 1962 年后制造的所有镜片向 Plastic 支付使用费

Frontier 主张如果判决其承担责任，其不应当被要求支付 1962 年后的许可费，因为 Frontier 认为自 1962 年后它便停止在其镜片上使用 Tuohy 专利了。

Curtin 法官否认了该观点，因为制造镜片的两项专利过于相近以至于镜片制造者很难区分出眼科医生所使用的镜片应用的是哪一专利。Isen 医生本身作为被告之一对此做出证明。正是因为如此，Plastic 和 Frontier 之间的许可协议才会要求 Frontier 就所有制造的镜片向 Plastic 支付许可费，无论利用的是 Tuohy 专利、Butterfield 专利还是任何其他专利。Curtin 法官认为 Frontier 达成该协议时就明白了这种情形，尤其是 Frontier 没有任何系统性方法以确定哪些镜片是其制造的或者镜片使用了何种专利。Curtin 法官进一步认为：直到 1962 年以前，Frontier 为制造的所有镜片向 Plastic 支付了一笔总额较小的使用费，这一实际行为可以支持该观点，即 Frontier 理解该协议的含义。因此，地区法院要求 Frontier 向 Plastic 支付 1962 年后的使用费。我们同意该观点。

第一，Frontier 是否在 1962 年后实际上停止使用 Tuohy 专利制造镜片。Frontier 表示确实停止使用该专利，并且试图区分这两种镜片的区别。但是这是一个事实问题，关于这个问题，有充分的相似性和混淆性证据可以支持 Curtin 法官的判决。

第二，即使 Frontier 确实在 1962 年后停止使用 Tuohy 专利，但是该许可协议要求为所有制造和销售的镜片向 Plastic 支付使用费，因此 Frontier 有义务就协议期间（即使是在1962年后）对所有制造和销售的镜片支付未付的许可费。虽然Frontier现在认为许可协议要求只有使用Tuohy专利才需要向Plastic支付许可费，但是不论是协议文本本身还是Frontier先前的行为和实践都与该观点相悖。协议第二段要求Frontier就“被许可人销售的所有这样的产品”向Plastic支付使用费。而且Frontier明白其义务是就所有的产品付费，而不仅仅是针对那些根据Tuohy专利制造的产品，因为其自1962年10月起就已经这么做了（针对所有的镜片支付使用费）。这里不存在事实错误。

在此次上诉中，Frontier提出一个新主张，即根据Zenith案①，如果协议真的要求其就所有的产品付费，那么协议可能已经构成了对Tuohy专利的滥用，并可能因此不可执行。在Zenith案中，最高法院判决专利权人不能以要求向非专利产品支付使用费为条件授权使用其专利。Frontier试图为其未能在之前提出该论点辩解，理由是本案审判期间Zenith案并没有做出判决。既然在该案件审理期间，Zenith案还未能作为先例，因此它未能提供最高法院判决所谴责的不合法的附条件的证据。因此，Frontier认为根据Zenith案，本案应当发回重审，给其提供依据Zenith案所认定的（不合法）证据的机会。

我们否认了这种观点。虽然本案的庭审于1968年9月16日和17日举行，但由于存在重要的庭后诉讼意见（briefing），所以地区法院直到1969年10月29日才做出判决。最高法院在1969年5月19日就Zenith案做出判决，较地区法院的判决早5个月。另外，Plastic在1969年6月23日回复的审后备忘录中明确向地区法院援引了Zenith案。因此，Frontier及其律师至少在地区法院做出判决之前的四五个月就应当知道Zenith案的判决，Frontier有相当充足的时间重新提起审判程序。既然Frontier没有这么做，现在便不能在上诉程序中首次提出该问题。

维持原判。

**【案例要点解析】**

本案主要涉及被许可人最惠条款的适用以及专利权人要求对非专利产品支付使用费是否构成专利权滥用两个问题。被许可人最惠条款也称作最惠地位保证条款，是指许可人对以下事项的承诺：不将相同或相近的知识产权以更优惠的价格许可给新的被许可人，如果就相同或相近知识产权给予其他被

---

① Zenith Radio Crop. v. Hazeltine Research, Inc., 395 U.S., at 100ao, 89 S. Ct. 1562, 23 L. E2d. 129 (1969).

许可人的许可条款优于之前给予被许可人的条款，那么就将该优惠条款同样授予被许可人。本案中，Solex 与 Frontier 签订专利许可协议，Solex 将其享有专利权的“Tuohy 专利”以非独占许可的方式授权给 Frontier，以制造和销售角膜型隐形镜片；作为对价，Frontier 需要按月核算并就所有其制造的角膜型隐形镜片向 Solex 支付使用费。协议约定了最惠地位保证条款，Solex 保证如果其与之后的被许可人签订了对后者更优惠的许可条件，该优惠将适用于 Frontier，但同时约定了除外条件，即如果该更优惠的交易条件是为了解决既往侵权纠纷而达成的，则不能适用于 Frontier。

Plastic 经 Solex 转让成为 Tuohy 专利及与 Frontier 签订的许可协议的权利人。为解决与 Butterfield 相互发起的专利侵权纠纷，双方达成和解协议，相互撤回起诉，相互向对方免费许可己方的专利，Plastic 还向 Butterfield 支付 66000 美元并同意将其专利免费许可给四个 Butterfield 的被许可人。因此，Plastic 向新的被许可人发放的免费许可是基于解决既往纠纷而达成的，依据许可协议的约定，属于最优惠地位条款的除外条件，从而排除了 Frontier 对 Plastic 新的被许可人享有的免费许可条件的适用。同时，此处的免费许可实质上是存在对价的，并非真正的免费。因此，Plastic 并未违反许可协议的最优惠地位条款，Frontier 需向 Plastic 支付使用费。也就是说最优惠地位条款通常是保证前被许可人享有在正常交易条件之下许可人与之后的被许可人达成的更优惠条款，因为正常交易条件下前后被许可人处于相同或相似的交易地位。因侵权纠纷达成的和解协议不同于正常交易条件下达成的协议，其可能隐含了为解决纠纷而考量的其他因素或条件，如本案表面上的免费许可实际上以交叉许可为条件，因此简单将其包含在最优惠地位保证条款范围内，适用于在后被许可人可能会导致不公平。

在许可使用费计算基础的问题上，根据 Zenith Radio Manufacturing Co. 诉 Hazeltine Research 案中最高法院的意见，对于根据被许可人的全部销售额来收取一定比例的许可使用费，而该销售额包含了未使用专利的产品的销售额，这种行为本身并不构成专利权利滥用。如果当事人之所以选择用总的销售额计算专利使用费是出于方便的考虑，而不是专利权人的专利优势所致，那就不能认为是专利权滥用。而如果专利权人因其垄断权的优势，强制要求以总的销售的一定比例收取许可费，而不论被许可人是否真的使用，并且拒绝被许可人提出的按照实际使用情况来收取许可使用费，这种情况就构成专利权滥用。本案中，协议第二段明确规定“被许可人需要就销售的所有类似镜片支付使用费”，之所以如此约定是基于难于确定哪些镜片是其制造或者镜片使用了何种专利。被许可人对此明知并一直遵循协议就其制造和销售的所有镜片向 Plastic 支付使用费。据此判断，专利权人不构成专利权滥用。但是本案中由于被许可人是首次在上诉程序中提出了该许可协议属于专利权人设置不合理条件滥用专利权、是不可执行的合同，上诉法院以程序错误为由驳回了 Frontier 的请求，未对是否构成专利权滥用进行实体判断。

## （二）被许可人尽最大努力使用专利的义务

### Permanence 公司诉 Kennametal 公司*

美国联邦第六巡回上诉法院（1990）

**【案件事实】**

原告（Permanence 公司）是美国第 4,024,902 号专利（简称'902 专利）的专利权人，1977 年 12 月 8 日原告与 Masco 公司签订了一个非独占专利许可协议。1979 年 9 月 19 日，原告起诉 Masco 公司，声称其没有尽到最大努力利用该专利的默示义务，然而密歇根地区法院和上诉法院都认定 Masco 公司并不负有该义务。1979 年 2 月 8 日，原告与被告（Kennametal 公司）签订非独占专利许可，该协议包括对'902 专利和其他原告正在申请的专利的许可使用，许可期限为 24 个月，但该许可协议受限于原告之前与 Masco 公司签订的非独占许可协议。作为对价，被告支付原告 15 万美元以及被告使用该专利生产产品销售净价的 2.75%（许可费率）作为专利许可使用费。在签订该非独占专利许可协议时，被告已支付给原告 10 万美元的预付许可使用费。双方在合同中还约定自合同签订之日起 24 个月内，被告有权选择是否取得独占许可使用权。若 24 个月内被告没有行使该选择权，则被告同意按照 3.5% 的许可费率支付许可使用费，但按照该费率计算的产品不包括被告生产的和 Masco 公司（根据非独占专利许可协议生产的）具有直接竞争关系的产品，对这些具有直接竞争关系的产品按照 2% 的费率计费。1981 年 2 月 5 日，被告选择获得独占许可，因此又支付给原告25 万美元的许可使用费。七年后，原告起诉被告没有尽最大努力使用专利，因而违反了专利许可协议。由于许可协议中并没有“尽最大努力”的明确约定，原告辩称独占许可协议的被许可人负有尽最大努力使用专利的默示义务。

---

* Permanence Corp. v. Kennametal, Inc., 908 F. 2d 98 (6th Cir. 1990).

## 【审理过程】

原告向密歇根联邦地区法院提起违反专利许可协议之诉，被告向法院申请简易判决，法院同意了被告的申请，于1989年5月18日做出简易判决，判决根据该专利许可合同，被告不负有尽最大努力使用该专利的默示义务。原告不服上诉到联邦第六巡回上诉法院，二审法院维持一审判决。

## 【判决理由】

本案唯一的争议点为地区法院对根据许可合同并不存在尽最大努力的默示义务这一法律问题而做出的简易判决是否正确。本案涉及的合同适用宾夕法尼亚州的法律进行解释。

原告主张的法律依据是具有里程碑意义的Wood诉Lucy案①判决，该案法院认定独占许可协议的被许可人有义务"尽最大努力"② 获得利润和收入。该案中被告是一个时装设计师，被告许可原告独家销售其设计。虽然双方在合同中没有明确约定原告尽最大努力利用被告设计的义务，但是法院认为在此存在一个默示义务，因为该独家许可（原告销售被告设计的服装收入）是被告唯一的收入来源，因此被告只能指望原告的努力。在此之后的案件中，当许可使用费是许可合同唯一的对价时，尽最大努力义务已逐渐成为许可合同的默示义务。③

在Maxwell诉Schaefer案④中，宾夕法尼亚最高法院认为因为原告授予独占许可获取的利润完全取决于被告销售产品的销量，由此"可以合理推断合同的所有当事人完全有意愿并希望［被告］尽合理的努力去销售产品。"⑤ 因此，根据宾夕法尼亚州的法律，如果支付给原告的对价仅基于许可产品的销售的话，那么独占许可的被许可人将承担尽"最大努力"的默示义务。

---

① Wood v. Lucy，Lady Duff-Gordon，222 N. Y. 88，118 N. E. 214.

② 尽管"最大努力"条款经常用于表述默示承诺的范围，但是这已经被恰当地称为"奢侈"条款。Perma Research and Dev. v. Singer Co.，542 F. 2d 111，118（2nd Cir.）（Van Graafeiland，J. dissenting），cert. Denied，429 U. S.，at 987，97 S. Ct. 507，50 L. Ed. 2d598（1076）对于该义务更加精确的表述应该归功于行使"尽职调查"或者"合理努力"Vacuum Concrete Corp. v. American Mach. & Foundary Co.，321 F. Supp. at 771，775（S. D. N. Y. 1971）一项默示最大努力义务不同于一项默示善意履行和公平交易协议，后者每一份合同均包含。UCC 1-203.

③ Post Mach. Co.，Inc. v. Tanges，705 F. Supp. at 55，58（D. N. H. 1989）.

④ Maxwell v. Schaefer，381 Pa. 13，112 A. 2d 69（1955）.

⑤ Wood v. Lucy，Lady Duff-Gordon，222 N. Y. 90-91，118nN. E. 214.

在类似 Wood 诉 Maxwell 的案件中，法院都认为作为一个法律问题，有必要推定合同隐含一个尽最大努力的义务，否则此类合同将会由于缺少相互性义务而导致不公平。“这会导致内在的不公平，因为依据许可生产的产品的产量完全由被许可人控制，若不施加被许可人一项‘相应的’义务，将会使许可人完全受制于被许可人。”①

因此，在本案中法院要解决的问题是契约中隐含的尽最大努力是否足以够构成义务的相互性。尽最大努力义务不应该被简单地推定，因为“这种义务使被许可人承受重大的诉讼风险，并且剥夺了他决定自己产品的市场策略的基本权利。”② 当这种推断为非必要时，该默示义务就不应当推定存在。③ 作为一个法律问题，法院是否应当推定尽最大努力义务为一项默示义务，必须关注当事人签订的书面合同条款④以及签订协议时的其他因素。⑤

原告主张该合同应该存在这样一个默示义务，因为合同约定被告基于原告的独占许可的专利方法而生产的产品支付许可费用。原告认为地区法院错误地认定原告已经获得了充分的对价（50 万美元），因为其中的 25 万美元是被告为获得非独占许可而支付的费用。⑥ 原告主张尽管被告支付了额外的 15 万美元作为选择获得独占许可使用费以及第二个 10 万美元的预付许可使用费，但合同仍必须包含尽最大努力的默示义务，因为只有当被告履行其使用专利方法的职责时，才能支付合同项下约定的许可使用费。原告主张正是因为授予被告专利方法的独占使用权，原告才要求许可使用费率从 2.75% 上涨到 3.5%。

首先，原告的主张（因给予被告独占许可所以收取较高许可费率的主张）与合同条款的约定不符。合同第 5.2 条规定，如果被告没有在 24 个月内行使选择权，而是继续履行非独占许可协议，许可使用费率仍从 2.75% 上涨到 3.5%。所以 3.5% 的许可使用费率和选择独占许可的使用费率一样，因此，这与原告的主张矛盾，24 个月之后即使选择独占许可使用，许可费率也并没有提高。事实上，这正好支持了被告的主张，即独占许可使用的对价是预先支付的 15 万美元（作为行使选择权的费用）和额外支付的 10 万美元（作为

---

① Vacuum Concrete Crop. v. American Mach. & Foundry Co., 321 F. Supp. at 771, 773 (S. D. N. Y. 1971).

② Kardios Systems Corp., 645 F. Supp. at 509.

③ Willis Bros., Inc. v. Ocean Scallops, Inc., 356 F. Supp. at 1151, 1155 (E. D. N. C. 1972).

④ Vacuum Concrete Corp., 321 F. Supp. at 773.

⑤ Wills Bros., Inc., 356 F. Supp. at 1156.

⑥ 我们（法院）认为 25 万美元是支付独占许可的费用。

独占许可使用的预付使用费）。

原告承认在最初授予被告非独占许可时是不存在尽最大努力的默示义务的，在该协议项下被告支付原告 15 万美元的费用和 10 万美元的预付许可费。非独占许可的许可使用费率仍然是 2.75%。此外，24 个月后独占许可和非独占许可的使用费率都取决于被告依据专利方法生产的产品和 Masco 公司基于之前获得的非独占许可生产的产品之间是否有直接的竞争关系。后来原告与 Masco 公司的关系被证实没有（商业）价值并对 Masco 许可没有给原告带来利润的事实并不能构成给被告施加默示义务的合理理由。

从原被告签订的许可合同的核心条款中并不能推定存在尽最大努力的默示义务，该条款规定被告为了选择独占许可使用而支付 15 万美元和 10 万美元预付使用费的义务。本院认为通过要求一个必要的或预付的许可使用费以代替在合同中明确约定“尽最大努力”的义务，已经可以保护许可人免于承担被许可人不作为的风险。要求被许可人支付必要数额的预付款或提前支付许可使用费的要求已经能够督促被许可人有动机使用该发明或专利，而不会使专利权人受制于被许可人的行为。在 HML 案[①]中，当合同约定 25 万美元作为预付款时，卖方便不会受制于买方，这也否定了基于公平考虑而推定存在尽最大努力的默示义务。在 Kardios Systems Corp. 案[②]中，合同履行时收到的 6 万美元和额外的 13.4 万美元的咨询费作为有效的支付构成了独立于许可使用费的相互义务。在 Vacuum Concrete Corp. 案[③]中，在合同履行的前两年，每年支付 2.5 万美元作为最低的许可使用费确保了 Vacuum Concrete Corp. 获得相当于按照至少每年 25 万美元的销售额的 10% 的费率收取使用费。在本案中，原告获得了 25 万美元的独占许可的预付费用，这不同于大部分可推断存在默示义务的案件，原告获得的对价不是仅依赖于被告根据专利生产产品的销售量。

虽然仅有预付许可费和预付款条款并不能排除尽最大努力使用专利的默示义务，但是这些条款必须结合我们之前讨论过的其他明示条款一起考虑。

---

① HML Crop. v. General Foods Corp., 365 F. 2d 77, 80-81 (3d Cir 1966).

② Kardios Systems Corp., 645F. Supp. at 509.

③ Vacuum Concrete Corp., 321 F. Supp. at 773-774.

此外，合同中包含一个合并或者完整性条款。[①] 通过强调此合同为正式合同（不包含被告“利用”专利的明示约定），构成了双方之间的完整合同，该条款进一步否定了存在尽最大努力的默示义务。

在大多数案件中并不存在预付款的约定（包括具有重大影响的 Wood 诉 Lucy 案），在独占许可中原告完全依赖于被许可人的诚信而获得报酬。在 Bailey 诉 Chattem 案[②]中，法院推定存在尽最大努力去促使发明商品化，因为许可人获得唯一的对价为根据专利而制造的产品的销量的 1% 收取许可使用费。在 Berlin 案[③]中，许可人有权基于被许可人违反默示义务而撤销合同。在 Willis Bros 案[④]中，由于存在预先支付给许可人的贷款和其获得的用于偿还贷款本金的许可使用费之间关联，因此该案中推定存在尽最大努力的默示义务。在 Havel 案[⑤]中，由于存在一个最低的许可使用费，因此不能必然推定有必要在独占许可协议中施加一个尽最大努力的默示义务。因此，这些案子与本案的不同之处在于，原告基于被告的独占使用获得了 25 万美元的费用，但该使用受制于 Masco 对’902 专利的非独占使用。

原告依据两个案件，Perma Research and Des. 诉 Singer Co. 案和[⑥] Dwight & Lloyd Sintering Co. 诉 American Ore Reclamation Co. 案[⑦]，在这两个案件中尽管存在为获得独占许可使用而支付其他对价，但是法院还是推定存在尽最大努力的默示义务。我们认为这些案子不正确适用了 Wood 诉 Lucy 案确立的原则，该案推定存在“最大努力”的默示义务是为了通过确立相互义务而使得协议有效。在 Wood 案中，法院认为：“被告在授予该独占许可中能获得的唯一补偿是原告努力获得的利润的一半。除非原告能尽力，否则被告得不到任何东西。如果没有默示承诺，该交易不可能有商业的成效，这种成效是协议双方在任何情况下都希望获得的。”

法院没有必要介入每一个独占许可协议去要求施加一个尽最大努力的默

① 完整性条款又称为合并条款，是当事人在书面合同中约定的表明其有使书面文件完全完整意图的合同条款，其基本功能是试图实现当事人的如下预期：通过表明书面协议是完全完整的，从而排除用此前或同时的证据来补充、修改或对抗书面合同，为双方交易关系提供确定性和可预见性，达到保证交易安全，减少交易费用的目的。

② Bailey v. Chattem, Inc., 684 F. 2d 386, 388, 396 (6th Cir. 1982).

③ In re Waterson, Berlin & Snyder Co., 48 F. 2d 704, 711 (2d Cir. 1931).

④ Willis Bros., Inc., 356 F. Supp. at 1156-1157.

⑤ Havel v. Kelsey-Hayes Co., 83 A. D. 2d 380, 445 N. Y. S. 2d 333, 336 (1981).

⑥ 542 F. 2d 111 (2d Cir.), cert denied, 429 U. S., at 987, 50 L. Ed. 2d 598 (1976).

⑦ 44 F. Supp. at 391 (S. D. N. Y. 1937).

示义务，这个默示义务通常是在缺乏相互性义务时推定存在的。尤其是当一个发明者许可一项专利技术时，该技术的应用情况是未知的，这并不能自动推定被许可人尽最大努力使用该技术的承诺是一个具有实质性意义的承诺，本案中便存在这样的情况。

在本案中，我们并不相信被告默许要完善一个不成熟的技术，事实上，这是原告的主张。被告对独占使用支付了总计 25 万美元的费用已经显示了被告足够的动机和诚信去商业化使用原告的专利方法。本案不是一个许可人通过授予 Kennametal 独占权获取使用费，从而获得唯一补偿的案例，因此不存在由于缺乏相互性义务而推定存在默示义务的情况。此外，我们发现如果原告希望被告做出尽最大努力的承诺，那么原告应该将该义务明确约定在正式的书面合同中。基于以上理由，维持地区法院的判决。

**【案例要点解析】**

本案的核心问题是合同中没有明确约定“最大努力”条款，是否可以推定存在默示的“最大努力”条款。作为一个法律问题，法院是否应当推定尽最大努力义务为一项默示义务，必须关注当事人签订的书面合同条款以及签订协议时的其他因素。

根据以前的判例规则，如果合同中没有明确规定“尽最大努力”条款，法官是否可以补充该条款要符合以下规则：（1）如果所授予的权利不是排他性的，那么法院就不会在这样的合同中补充一条尽最大努力义务条款，因为在这种情况下，授权人可以再将权利授予他人，或者自己经营以获取利益。（2）有些情况下即使赋予的权利是排他性的，但是如果授权人从中享受到报酬份额是固定的，这种情况下授权人的利益不会受到对方是否尽最大努力销售的影响，因此法院也不会补充这样一个义务条款。

具体到专利许可，许可合同中如果没有默示的“尽最大努力”条款，专利许可合同当事人中有一方（主要是专利权人）主张另一方有默示“尽最大努力”条款，则要满足以下条件：首先许可合同是独占许可合同，因为非独占许可合同中，许可人的获取的利益的来源是多方面的，要么是其他许可人，要么是自己使用专利所得。其次，许可合同中获得许可使用报酬的数额是不固定的，因为只有许可使用报酬不固定，许可权人收益的所得才能依赖于被许可人对于许可专利的使用。如果被许可人尽最大努力使用专利技术，那么许可人的收益会相应增加。反之亦然。

由此可见，本案中原被告双方在1979年被告选择排他性许可的合同中并没有明确规定“尽最大努力”条款，而且被告为了获得排他使用原告的专利技术，而支付给了原告50万美元的费用及预付许可使用费，法院认为通过要求一个必要的或预付的许可使用费以代替在合同中明确约定“尽最大努力”的义务，已经可以保护许可人免于承担被许可人不作为的风险。要求被许可人支付必要数额的预付款或提前支付许可使用费的要求已经能够督促被许可人有动机使用该发明或专利，而不会使专利权人受制于被许可人的行为。正如上诉法院最终判决理由所言：Kennametal公司并没有默示的义务去完善一个还没有成熟的技术，这只是原告的一厢情愿。因使用专利技术而支付的总价25万美元的报酬以及Kennametal公司良好的信用度已经证明其尽力生产、销售了Permanence公司的专利产品，而且独占许可的使用费也不是Permanence公司唯一的收入来源。因此默示的尽最大努力对于双方平等的协议关系而言并不是必要前提，再者，如果原告想要约束被告履行这一义务，大可以将该义务明确写进合同中。

## （三）被许可人的制造权

### 英特尔公司诉美国国际贸易委员会*

美国联邦巡回上诉法院(1991)

**【案件事实】**

本案源自于一起美国国际贸易委员会的337调查案件。英特尔作为美国存储器专利的权利人，申请美国国际贸易委员会禁止Atmel等7家被告生产的存储器进口到美国市场，理由是这7家公司在进口和销售存储器过程中存在不当行为和不公平竞争方法。在申请书中，英特尔主张7家公司进口的存储器侵犯了英特尔的六项产品专利和两项方法专利。Atmel则对英特尔的专利有效性和可实施性提出了异议，也对英特尔主张的侵权行为提出了异议。理由是：Atmel进口的存储器由三洋公司生产，而三洋公司与英特尔之间签订了交叉专利许可合同，根据该合同，三洋公司有权制造、使用和销售含有英特尔专利的“任何三洋产品”。英特尔—三洋交叉许可合同涉及本案争议的条款包括：

> 3.5 英特尔授权三洋一项非独占的、世界性的免费的许可权，不包括分许可的权利，但向其子公司分许可除外。根据此合同，英特尔专利可以被用在任何三洋半导体材料、半导体装置、磁泡存储器、集成电路和电子集成产品，在专利有效期内，三洋有权制造、使用和销售这些产品。
>
> 3.6 三洋授权英特尔一项非独占的、世界性的免费的许可权，不包括分许可的权利，但向其子公司分许可除外。根据此合同，三洋专利可以被用在任何英特尔半导体材料、半导体装置、磁泡存储器、集成电路和电子集成产品，在专利有效期内，英特尔有权制造、使用和销售这些产品。

---

* Intel Corp. v. U. S. Int'l Trade Comm'n, 946 F. 2d 821 (Fed. Cir. 1991).

3.8 除了本合同明确授予的权利之外，英特尔对三洋不存在任何默示的、禁止反悔或是其他任何方式的许可。

【审理过程】

该案的行政法官详细调查了案件事实后做出了初裁意见，对当事人的几个焦点问题给出了解决方案。美国国际贸易委员会（ITC）对初裁意见进行了审查，确认了其中的大部分意见，并增加了调查处理意见。在上述调查处理意见的基础上，ITC 做出了有限排除令的裁决，禁止 Atmel 向美国市场进口其自己生产的或他人为其生产的存储器。Atmel 不服 ITC 的裁决，向美国联邦巡回上诉法院提起上诉，认为其进口的存储器不构成侵权，理由是这些存储器是由美国三洋公司和东京三洋公司根据三洋与英特尔之间的专利许可合同生产的。此外，Atmel 还提出了英特尔的几项专利无效问题（法院最终均判为有效）。

联邦巡回上诉法院判决最终支持了 ITC 的裁决。

【判决理由】①

Atmel 答辩说它们进口存储器的行为不侵犯英特尔的专利权，理由是这些存储器是由三洋公司生产的，而三洋公司是英特尔—三洋交叉专利许可合同的一方。该许可合同授权三洋公司生产、使用和销售含有英特尔专利的“三洋产品”。对此，英特尔反驳说，根据交叉许可合同三洋无权生产其他公司的产品，即用工业上的术语说就是三洋不能作为“代工厂”，因为英特尔只是授权三洋生产“三洋产品”，而没有授权其为 Atmel 生产 Atmel 设计的产品。如果是那样的话，就是生产 Atmel 产品，而不是三洋产品。行政法官将该案许可的争议焦点总结为：“英特尔是否授权三洋生产 Atmel 产品，使用 Atmel 标识，将 Atmel 的企业名称和产品型号标注在存储器上，并将这些产品卖给 Atmel，最终作为 Atmel 的产品由 Atmel 进行分销。”

如果英特尔—三洋交叉许可合同允许三洋作为代工厂为其他公司生产含有英特尔专利的产品，这些产品（三洋被许可生产的产品）的购买者将会自由地使用和分销这些产品，而这些扩展使用和销售并非现行专利法所覆盖的

① 本案的判决理由只涉及专利与专利许可有关的许可权利义务解释问题，对专利有效性问题的论述予以省略。——编者注

范围。

英特尔—三洋交叉许可合同第 14.5 条规定："本合同由加利福尼亚州法调整和解释。"根据加州法律，合同解释是法律问题，解释的依据是合同文本。当需要解释一个合同的时候，我们必须尽可能确定合同使用的每一个术语的含义和目的。为了弄清本案合同中双方将许可限于"三洋产品"究竟有何含义，我们要力图搞清楚在合同签订时双方当事人的意思是什么。

为了证明合同不包括代工厂的权利，行政法官进行了如下分析：

> 有理由认为双方试图排除一方作为代工厂为其他公司生产产品、使用其他公司设计的情况，排除以其他公司名义销售专利产品的情况，这种情况下销售的产品是带有其他公司名称的（专利）产品，而不是其他公司生产的带有三洋部件的产品。按照 Atmel 对许可合同的解释，任何不能从英特尔获得专利许可、但仍想生产含有英特尔专利产品的公司都可以用三洋作为代工厂，以绕开法律的规定。如果没有理由可以解释双方为什么要追求这样的结果，那么合同就不应该做这种不利于友好合作的解释。

对行政法官的上述裁决意见，美国国际贸易委员会并没有进行复审，而是直接予以接受。

本院认为，虽然双方在合同中没有明示"三洋"限制的确切含义，但合同第 3.5 条的表述明确表明双方意图以某种方式限制授权的范围。

Atmel 认为合同第 3.5 条的限定词"三洋"是为了阻止向三洋授予"让他人制造权"，即阻止三洋让其他公司为三洋生产被许可专利产品。Atmel 主张英特尔谈判小组成员的一封信可以支持此种解释，这封信的内容是关于扩大英特尔—三洋合同权利的修改纪要。信中载明，"普通交叉许可（不包括让他人制造权）"的范围不变。基于此，Atmel 认为第 3.8 条不能被解释为排除了"让他人制造权"，而且，如果合同的其他部分排除了"让他人制造权"，如信中所说的那样，那一定就是第 3.5 条予以了排除。最后，由于这封信明确说合同排除了"让他人制造权"，而没有说"代工厂权利"也被同样排除，那就可以认为英特尔相信它给三洋的许可包括了代工厂的权利。

尽管行政法官没有特别提到上述信件，但她却充分考虑并最终拒绝了 Atmel 关于排除"让他人制造权"的说法。参考第 3.8 条的规定，行政法官认为没有任何一方想以默示方式获得英特尔对三洋的许可，该条阻止了任何

"让他人制造权"的意思。需要注意的是，没有证据表明英特尔知道三洋可能作为那些没有获得许可的公司的代工厂（为其生产产品），三洋根据第 3.5 条获得的许可是世界性的、免费的，不管有多少公司让三洋生产侵犯英特尔专利的产品，英特尔都不会获得新的对价。行政法官提出了一个假设：英特尔是否意图让世界上所有公司都能让三洋生产产品，而不必从英特尔获得专利许可？行政法官的答案是：在缺乏证据证明合同双方有此意图的情况下，这种解释是不能被接受的。由此她的结论是：

> 许可合同对于焦点问题的规定有一种更为合理的解释：合同双方的意图是三洋或者英特尔有权制造、使用和销售自己的产品，不受另一方专利权的约束……"三洋"这个词在这里的意思不可能被用来阻止三洋获得"他人为三洋制造的含有英特尔专利的产品的权利"。许可合同已经具有禁止"让他人制造权"的后果。如果将"三洋"一词的使用理解为限制三洋行使"让他人制造权"，只会更加模糊该条的含义，该用法并不是表达此种限制的习惯做法。

本院认为：Atmel 没有为其侵权行为提出有效的抗辩意见，行政法官的推理是可以接受的。而且，行政法官对合同的解释与合同的其他条款也是一致的。

许可合同第 3.5 条规定英特尔授予三洋一项世界性的、免费的实施"英特尔专利"的许可，合同对"英特尔专利"的界定是很广泛的，包括"任何和所有"英特尔及其子公司所拥有或控制的专利。对第 3.5 条唯一的限制是（1）三洋不具有分许可的权利，但向其子公司分许可除外；（2）只能制造、使用和销售"三洋产品"。对上述规定，Atmel 的意见是"三洋"这个限定词仅仅排除了"让他人制造权"，否则的话三洋就拥有了无限的、免费的实施英特尔专利的权利。换句话说，三洋生产的所有含有英特尔专利的产品都属于第 3.5 条规定的免费的许可。

本院认为：如果按照 Atmel 的解释的话，合同内容之间就会产生不协调性。合同第 4.3 条和第 4.4 条规定，如果三洋生产并销售了特殊的英特尔芯片，或者是芯片的衍生产品，不管是双方联合研发还是三洋独立研发，三洋都要向英特尔支付专利使用费。如果按照 Atmel 所说的那种宽泛的解释，包括这些特殊芯片和衍生品在内的产品都是免专利使用费的。为了保持合同条款的一致性，第 3.5 条使用的"三洋产品"应该被正确地限定为三洋设计和生产的产品，排除那些其他人设计的产品。

上述一致性的解释就排除了三洋免费的、为他人代工生产的产品，即“使用Atmel设计、在存储器上标注Atmel名称和产品型号、作为Atmel产品卖给Atmel，并由Atmel最终分销的产品。”Atmel对被诉侵权行为具有反驳的义务，然而其并未完成证明不侵权的义务，我们有理由相信ITC做出了正确的裁决。

**【案例要点解析】**

本案的焦点问题是关于专利产品代工的问题：三洋与英特尔之间的专利许可合同是否包括为他人代工的权利，而回答这个问题的主要依据是双方之间的合同。本案中美国国际贸易委员会做出了对原告英特尔有利的决定，联邦巡回上诉法院法官支持了ITC的裁决，而ITC的裁决与行政法官的初裁结果基本一致。决定本案的判决结果的基础是对合同条款的解释，而为了弄清本案合同中双方将许可限于“三洋产品”究竟有何含义，法官们要力图搞清楚合同签订时双方当事人的意思是什么。探求合同真意成为本案法官采用的解释合同的方法。无论是行政法官的初裁意见（ITC直接接受），还是本案上诉法官的意见，一致认为合同第3.5条的表述明确表明双方意图以某种方式限制授权的范围。参考第3.8条的规定，行政法官认为没有任何一方想以默示方式获得英特尔对三洋的许可，第3.5条阻止了任何“让他人制造权”的意思。因此，“三洋产品”只能被解释为三洋设计生产的含有英特尔专利的产品，而不包括Atmel设计的带有Atmel标识的产品。

另外，上诉法院从合同的一致性出发，支持了ITC的裁决，并且进一步从合同前后协调方面说明三洋产品的含义。合同第4.3条和第4.4条规定：如果三洋生产并销售了特殊的英特尔芯片，或者是芯片的衍生产品，不管是双方联合研发还是三洋独立研发，三洋都要向英特尔支付专利使用费。如果按照Atmel所说的那种宽泛的解释，包括这些特殊芯片和衍生品在内的产品都是免专利使用费的。为了保持合同条款的一致性，第3.5条使用的“三洋产品”应该被正确地限定为三洋设计和生产的产品，排除那些其他人设计的产品。

此案还涉及专利许可合同的授权条款和保留条款问题，这是专利许可合同的核心问题，其基本含义是专利授权条款之外的所有权利都保留在专利权人手中。然而授权条款的内容究竟包括哪些，仍然需要根据合同的具体情况进行解释。本案中，英特尔—三洋交叉许可合同中第 3.5 条属于授权条款，第 3.8 条属于保留条款。授权条款规定英特尔仅授予三洋制造、使用和销售“三洋产品”的权利，而保留条款则规定“除了本合同明确授予的权利之外，英特尔对三洋不存在任何默示的、禁止反悔或是其他任何方式的许可。”根据授权条款的规定，认为三洋没有代工厂的权利，因为“三洋”作为产品限定词限制了被许可产品的范围，排除了代工厂的权利。否则，如果将三洋的权利解释为有代工厂权利的话，无异于赋予了三洋分许可的权利，而根据合同它是没有此项权利的。根据授权条款，三洋不享有“让他人制造权”，而国际贸易委员会的行政法官则认为“让他人制造权”被排除，不是因为授权条款中的“三洋”这个限定词，而是由于权利保留条款。可见授权条款和权利保留条款并非界限完全分明。本案的法官在认同行政法官的观点的同时，认为“让他人制造权”也受“三洋”这个词的限制，并没有将英特尔案中排除“让他人制造权”的结果完全建立在权利保留的条款之上，而是综合考虑了整个合同（包括“三洋”限制），从而得出了排除“让他人制造权”的结果。不过需要注意的是：“让他人制造权”不是本案的争议问题，关于“让他人制造权”的专门案例可以参见本书中的 Corebrace 公司 v. Star Seismic 公司案[①]。

---

① 566 F. 3d 1069 (Fed. Cir. 2009).

# Cyrix 公司诉英特尔公司*

美国联邦巡回上诉法院(1996)

## 【案件事实】

Cyrix 是一家设计和销售计算机微处理器的公司，但是却没有自己的加工厂。Cyrix 通过合同的方式签约其他公司作为其代工厂（foundries），为其生产微处理器，这些微处理器由 Cyrix 进行设计，代工厂生产含有这些微处理器的集成电路芯片，并把这些芯片销售给 Cyrix，由 Cyrix 贴上自己的商标后在市场上销售。Cyrix 喜欢使用获得英特尔专利许可的公司作为其代工厂，IBM 即为其中之一。1989 年 10 月，IBM 获得了英特尔一项专利授权，授权条款（合同第 2.2 条）规定英特尔授予 IBM 一项世界性的、免费的、非独占的专利许可。

ST（SGS—Thomson Microelectronics，Inc. 的简称）也是 Cyrix 的代工厂之一，为 Cyrix 生产芯片，当 ST 的生产能力不能满足 Cyrix 要求的时候，ST 便会要求它的意大利关联公司 SGS 汤姆森微电子公司（ST-意大利）生产需要的芯片，然后由 ST 再卖给 Cyrix。ST 是 Intel-Mostek 专利许可合同的 Mostek 一方的合同受让人，在许可合同中，英特尔授予 Mostek 非独占的、不可转让的、世界范围的对英特尔专利的制造、让他人制造、使用、销售（直接或间接）、出租或者其他方式处理被许可产品的权利。“被许可产品”在合同中的定义是：任何一方制造、使用或销售的带有另一方专利的产品。双方没有异议的是：ST-意大利公司不是 ST 的附属公司（subsidiary），不能基于 ST-Intel 的协议而享有专利的许可使用权。ST 是根据“让他人制造的权利（have made right）”从 ST-意大利获得产品，ST-意大利将产品卖给 ST 以后，ST 完成与 Cyrix 之间的合同义务。

Cyrix 公司向美国联邦东区地区法院提出了确认之诉，表达了其对可能被诉侵犯专利权的合理担忧。Cyrix 请求确认其没有侵犯 Intel 的专利权，理由是

* Cyrix Corp. v. Intel Corp.，77 F. 3d 1381 (Fed. Cir. 1996).

ST和IBM都是英特尔公司合法的专利被许可人，ST和IBM都是在各自被许可的范围内生产涉案专利产品，微处理器是由经授权的被许可人生产的，Cyrix销售这些微处理器的行为应予免除侵权责任。ST和IBM也介入诉讼，要求法院根据他们与英特尔之间的专利许可合同进行判决。ST、IBM和英特尔都提出动议要求法院做出简易判决。

## 【审理过程】

联邦地区法院做出了有利于IBM、ST和Cyrix的简易判决。

地区法院判决认为，IBM有权作为Cyrix的代工厂为Cyrix供应微处理器。在IBM-Intel的合同中，"IBM被许可产品"并没有将IBM被许可销售的产品限定在IBM设计的产品范围之内，因此将许可合同的授权范围解释为"IBM设计产品之外的其他产品"并不与IBM-Intel合同的解释相冲突。同时，地区法院认为ST有权让第三方（ST-意大利）为其生产微处理器，并将这些微处理器卖给Cyrix。地区法院还认为微处理器是为ST生产的，而不是为Cyrix生产的。ST和ST-意大利之间的供销合同不是一个分许可合同，并未超出ST-Intel之间的专利许可合同规定的范围。

英特尔不服一审判决，认为地区法院错误地解释了IBM-Intel合同和ST-Intel合同，提出了上诉。美国联邦巡回上诉法院最终维持了地区法院的判决。

## 【判决理由】

当案件事实问题没有争议，当事人有权要求就法律问题做出裁决，法院可以据此做出简易判决。我们有权审查地区法院的简易判决是否正确。同时，合同的解释也是一个法律问题，本院也有权进行审查。本案在上诉审理中当事人都认可对事实问题没有争议。有争议的是IBM和ST与英特尔之间的协议是否授权IBM和ST作为代工厂制造或者让他人制造含有英特尔专利的微处理器产品，并将这些产品销售给Cyrix公司。

### 1. IBM-Intel合同

英特尔认为IBM-Intel合同并不能支持IBM作为代工厂（foundry）的权利，理由是"IBM"作为修饰"被许可产品"的定语限定了"被许可产品"的范围，表明合同当事人并没有授权IBM代工厂权利的意图。① 英特尔还主

① 见Atmel，946 F. 2d at 828，20 USPQ2d at 1167-1168.

张许可合同中的“让他人设计”条款并没有赋予 IBM 作为代工厂生产 Cyrix 设计产品的权利。Cyrix 和 IBM 则认为 IBM-Intel 许可合同的内容赋予了 IBM 生产和销售 Cyrix 设计产品的权利，在合同条款中用“IBM”修饰“被许可产品”是为了区别“IBM 被许可产品”和“英特尔被许可产品”，在该协议中“IBM 被许可产品”并不仅限于 IBM 设计的产品。

我们同意地区法院的判决。第一，当 IBM 制造和向 Cyrix 出售 Cyrix 设计的产品时，是在 IBM-Intel 合同允许的范围行事。许可合同赋予 IBM 制造和销售“IBM 被许可产品”的权利并不仅限于 IBM 设计的产品。合同条款第 2.2.1 条（授权销售 IBM 被许可产品）和第 1.2.3 条（界定 IBM 被许可产品）必须结合起来一起解读。第 2.2.1 条规定：

> IBM 有权制造、使用、出租、销售和其他方式转让 IHS 产品、IHS 整合产品、IHS 程序、耗材，以及它们全部或部分的组合、半导体装置，使用任何为了生产或使用前述产品或方法而采取的方法或步骤。

该条规定说明被许可产品不限于 IBM 设计的产品，它还包括不带有 IBM 标识的其他产品。根据合同条款，我们认为地区法院判决“IBM 被许可产品不限于 IBM 设计的产品”是正确的。

第二，我们也不同意英特尔的另一个观点：即 IBM 被许可产品与 Atmel 案的“三洋限制”[①] 类似。在 Atmel 案中，许可合同包括如下条款：英特尔特此授权（并将授权）给三洋公司非独占的、世界范围内的、免费的专利许可，该类专利用于制造、使用、销售三洋公司的产品，该类产品包括三洋的半导体材料、半导体设备、磁泡存储器、集成电路和电子电路。三洋公司除了可以再许可给其附属公司之外，不得再许可。[②] 在此案中，我们认为“三洋”是用来限制其后的产品的范围的，这种限制的解释与合同的其他条款的解释是一致的。如果不做此种解释，三洋这个词将没有任何意义。而对于合同来讲，当有可能对某些规定赋予某种意义的时候，就应当进行解释（而不是让这些规定毫无意义）。比较而言，IBM-Intel 合同中 IBM 作为修饰词，并没有类似三洋的限制意义。正如 IBM 所说，“IBM”是为了区别于“英特尔被许可产品”。

---

① “Sanyo Limitation”，见 Atmel 案，946 F. 2d 821（Fed. Cir. 1991）.

② 见 Atmel，946 F. 2d at 826，n. 9，20 USPQ2d at 1166 n. 9.

我们认为本案与 ULSI 案①更加相似。在此案中，惠普作为代工厂制造并向 ULSI 销售数字协同处理器芯片，惠普公司通过合同获得英特尔专利许可，合同规定一方给另一方的许可是“不可撤销的、有追溯力的、非独占的、世界性的、免费的许可”。ULSI 向法院提起不侵权之诉，理由是其从惠普购买数字协同处理器芯片，而惠普是英特尔的授权销售商。惠普与英特尔之间的合同赋予了惠普作为 ULSI 代工厂的权利，我们认为与前面的 Atmel 案中的“三洋限制”不同，惠普和英特尔的合同并没有限制惠普作为代工厂销售或提供服务的权利。ULSI 案中不存在“三洋限制”，被许可的产品是宽泛的，没有限制的。本案中尽管出现了 IBM 作为“被许可产品”的修饰词，事实上也是没有限制的。

第三，英特尔还主张合同第 2.2.2 条的“让他人设计”（have designed）限制了 IBM 的权利，其仅仅有权生产专为 IBM 设计的产品，生产的前提是为了 IBM 自己使用。我们无法从合同中看到英特尔主张的这种限制。合同第 2.2.2 条赋予 IBM“让他人生产”和/或“让他人设计”半导体装置的权利，包括“任何半导体材料、半导体设备、半导体内存和/或集成电路”，很显然，微处理器属于“半导体装置”的范围。该条并没有将合同客体限定为任何特殊的设计类型，因此，让他人设计、制造和销售半导体装置的权利使得 IBM 有权作为 Cyrix 的代工厂生产 Cyrix 设计的产品。

第四，英特尔主张第 2.2.3 条规定“让他人制造”（have made）产品的权利，只有当该产品是由 IBM 设计完成的，IBM 才享有让他人制造的权利，因此根据该条 IBM 无权制造 Cyrix 设计的产品。我们认为 IBM 没有让他人为其制造产品，该条就不能限制 IBM 制造和销售 Cyrix 设计的产品的权利。而且，第 2.2.3 条所指的产品不同于半导体装置。英特尔认为第 2.2.3 条对其他产品的限制降低了第 2.2.1 条和第 2.2.2 条的模棱两可性质，但我们不这么认为。IBM 根据第 2.2.1 条享有制造和销售微处理器的权利；根据第 2.2.2 条 IBM 有“让他人设计”（have designed）微处理器的权利；虽然第 2.2.3 条的限制范围更大一些，但是 IBM 并没有让他人制造微处理器，因此 IBM 的行为并没有超出合同约定的范围。

第五，英特尔还提出一项政策性的辩解：根据合同的序言条款，“双方期望努力进行研究，进一步研发专利，并承诺对方可以获得非独占的专利许

---

① Intel Corp. v. Ulsi Sys. Technology, Inc., 995 F. 2d 1556 (Fed. Cir. 1993).

可。”英特尔认为对合同做有利于 IBM 的解释，会降低合作者的研发热情。我们认为英特尔这种观点完全是无稽之谈。该条款的目的仅仅是方便未来的研发工作，也就是说是为了给予双方研发专利的自由，即使英特尔不想让 IBM 成为代工厂，这条模糊的序言条款也不能做出英特尔所说的那种解释，因为如果这么做，将会否定合同中确定的可操作的那些条款的含义。IBM-Intel 之间的合同明确地赋予 IBM 制造 Cyrix 设计的微处理器的权利，IBM 有权将之卖给 Cyrix。

2. ST-Intel 合同

英特尔主张 ST 和 ST-意大利之间的安排属于专利的分许可，是 ST-Intel 合同明确禁止的行为。尤其是根据 ST 的“让他人制造权”，ST 仅仅有权让他人为自己制造产品，因此英特尔认为 ST、ST-意大利和 Cyrix 之间的安排仅仅是纸上交易，即虚假的（Sham）[①] 的交易。

ST 和 Cyrix 反驳说 ST 的行为属于“让他人制造权”的范围，并否认其与 ST-意大利之间的安排是虚假的交易。ST 主张说让 ST-意大利为其生产产品是为了满足其与 Cyrix 之间的合同供货义务，与杜邦案[②]的事实并不相同。杜邦案中根据“让他人制造权”生产产品的一方也最终使用了产品，而本案中根据“让他人制造权”生产的产品被送回到了被许可人处，并最终由被许可人卖给了第三方（Cyrix）。

从 ST-Intel 合同中我们可以很清楚地看到，ST 有权让他人为其制造产品，并将产品卖给第三方。正是基于这项权利，ST 有权让 ST-意大利为其制造产品并将之卖给 Cyrix。地区法院认为这种安排不同于杜邦案。在杜邦案中，Carbide 曾向杜邦寻求一项产品的专利许可，但杜邦拒绝给予 Carbide 许可。Carbide 于是与 Shell（杜邦专利的被许可人）达成一项协议，根据该协议，Carbide 根据 Shell 的“让他人制造权”为 Shell 生产专利产品，Shell 再把产品卖给 Carbide，然后 Carbide 可以使用产品或者将产品销售给任何其他人。特拉华州最高法院认为两个合同——让 Carbide 生产专利产品的合同、Shell 将产品卖给 Carbide 的合同——实际上是一个商业交易的两个组成部分，它们产生的唯一结果就是让 Carbide 制造和使用专利产品。因此达拉华最高法院认为上述

① Sham，虚假的交易，参见杜邦案 E. I. Du Pond，498 A. 2d at 1116，227 USPQ at 238.（该判决认为当第三方生产产品并把产品卖给被许可人，而被许可人同时又把产品卖回给第三方，那么实际上是第三方为自己生产产品，不是为被许可人生产产品。）

② E. I. Du Pond，498 A. 2d at 1115，1117，227 USPQ at 237-238.

合同实际上是一个分许可，而这是 Shell—杜邦合同明确禁止的内容。本案中地区法院区别了该案与杜邦案的不同，在其判决中这样写道：

> ST、ST-意大利和 Cyrix 之间的安排实质上是这样的：当 Cyrix 需要硅片的时候，它就向 ST 发出购买订单。ST 要么安排其美国的两家工厂生产硅片，要么安排 ST-意大利在意大利的工厂生产硅片。ST 一直负责销售硅片，它没有因为使用英特尔专利而从 ST-意大利获得报酬，也没有授权 ST-意大利为其他人生产产品，或者将产品卖给 ST 之外的其他人。ST-意大利生产的硅片是为 ST（原始的被许可人）所用，不是为 ST-意大利所用。这种行为是根据合同的“让他人制造权”对合同的有效履行，不构成分许可。

我们同意地区法院关于本案事实与杜邦案不同的意见。在杜邦案中，一切的安排都是虚假的交易。第三人 Carbide 根据 Shell 的“让他人制造权”生产产品，然后销售给 Shell，再从 Shell 买回的行为完全是一套纸上交易。但是本案中，第三人 ST-意大利根据 ST 的“让他人制造权”合法地生产微处理器，然后 ST 合法地将这些产品卖给另一个公司 Cyrix。这里的两个合同：一个是 ST-意大利为 ST 生产微处理器，另一个是 ST 将微处理器卖给 Cyrix，这两个合同完全是两个独立的商业交易。正如地区法院所说，ST 利用了它自己在美国的工厂和在意大利的工厂（ST-意大利）来满足 Cyrix 对微处理器的需求。如果本案中的情况是 Cyrix 根据 ST 的“让他人制造权”生产产品，然后 ST 再把产品卖给 Cyrix，那么这种情况就跟杜邦案类似，但这不是本案的事实。因此我们认为地区法院的判决是正确的，ST、ST-意大利和 Cyrix 之间的安排是有效履行 ST-Intel 合同“让他人制造权”的行为。地区法院做出有利于 Cyrix 和 ST 的不侵权判决是正确的。

总之，地区法院判决 IBM 基于 IBM-Intel 合同有权生产 Cyrix 设计的微处理器，并有权把这些微处理器卖给 Cyrix，是正确的。地区法院判决 ST 基于 ST-Intel 合同下的“让他人制造权”有权让 ST-意大利生产微处理器，并有权把这些微处理器卖给 Cyrix，也是正确的。

维持原判。

**【案例要点解析】**

本案的焦点问题有两个：第一，专利被许可人 IBM 是否有权生产 Cyrix 设计的含有英特尔专利的产品；第二，专利被许可人 ST 是否有权允许其他厂家生产含有英特尔专利的产品。而要解决这两个问题，首先必须明确代工厂的概念。所谓代工厂是按照委托方的需求，用自己的生产设备为委托方生产产品，并将产品回售给委托方的生产厂商。本案中 IBM 和 ST 是 Cyrix 的代工厂，Cyrix 通过代工厂合同的方式委托 IBM 和 ST 生产含有英特尔专利的微处理器芯片并最终购买这些芯片。作为英特尔专利的被许可人，IBM 和 ST 从英特尔公司获得生产和销售英特尔专利产品的权利，并把这些产品通过代工厂合同的方式卖给 Cyrix。Cyrix 认为通过 IBM 和 ST 两个代工厂生产和销售英特尔专利产品的行为不构成专利侵权，提起了不侵权诉讼，而英特尔则认为 Cyrix 的行为属于专利侵权行为。

专利被许可人是否拥有代工厂的权利，即为他人生产含有专利技术的产品，主要取决于专利许可合同的规定。通常合同不会明确规定被许可方是否拥有代工厂的权利，而要依据合同签订背景、关键词定义、上下文条款解释一致性等因素来确定。

本案中涉及两个合同。首先是 IBM-Intel 专利许可合同，根据该合同，IBM 有权生产和销售“IBM 被许可产品”，在这里，原被告双方对“IBM 被许可产品”的范围产生了争议，尤其是修饰词“IBM”。英特尔认为“IBM”是用来限制“被许可产品”，只有“IBM 设计的产品”才属于“IBM 被许可产品”，因此 IBM 生产并销售 Cyrix 设计的产品违反了合同的约定。而 Cyrix 一方则认为“IBM”是用来区别“英特尔”被许可产品，而不是为了限制 IBM 被许可产品的范围。两审法院都支持了 Cyrix 一方的观点，理由是根据合同前后文的联系，“IBM 被许可产品”在合同中的界定范围广泛，没有任何限定条件。之所以加上修饰词“IBM”是为了区别英特尔被许可产品。

其次是 ST 与英特尔之间的专利许可合同。英特尔认为 ST、ST-意大利和 Cyrix 之间的行为属于名义上的交易。所谓名义上的交易，是指为了误导或欺骗他人（通常是为了避税）而进行的没有经济价值的交易。Cyrix 认为 ST 基于专利许可合同中的“让他人制造权”而委托 ST-意大利生产微处理器芯片，并回购这些芯片，不是名义上的交易。法院对此予以认定。

此案还涉及专利法上的专利“分许可”行为。所谓分许可是指在专利权人授予专利许可的情况下，专利被许可人继续许可其他人实施专利。是否允许专利分许可是由专利权人与专利被许可人通过专利（主）许可合同约定的。没有明确约定的情况下，通常被认为不存在专利分许可。本案中，英特尔认为ST与ST-意大利之间的合同实质上是专利分许可合同，而这种许可是ST-Intel专利许可合同明确禁止的行为。法院则认为：ST与ST-意大利之间的合同是履行“让他人制造权”的结果，ST-意大利生产的产品最终都是卖给ST，而不是卖给其他公司，因此，这种安排不是专利的分许可，不被合同所禁止。

由本案的审理情况可以看出，合同的解释是确定专利许可范围的重要依据。被许可人有无权利生产或者销售专利产品取决于许可合同的规定。法院对合同的解释除了依据合同法之外，还会依据以前的判例法做出相应的对比解释，这是英美法判例制度的重要特点之一。判例制度的灵活性在本案中也有所体现。二审法院在判决中对比了此案与Atmel案、ULSI案以及杜邦案的相同或不同之处，表达了法院尊重先例、同时又不拘泥于先例的司法原则。

# Corebrace 公司诉 Star Seismic 公司*

美国联邦巡回上诉法院(2009)

**【案件事实】**

2007 年 6 月 10 日，Star Seismic 公司（简称 Star）和美国第 7,188,452 号专利（一种用于钢框架结构建筑的抗震支架，简称'452 专利）的发明人签订了一项“非独占许可合同”（简称合同），发明人随后又将该合同权益转让给了 Corebrace，因此 Corebrace 成为'452 专利的专利权人。许可合同赋予了 Star 一项非独占地“制造、使用和销售”被许可产品的权利，但没有明确规定 Star 让第三方制造被许可产品的权利。同时合同规定 Star 不可以将许可权“转让、分许可或者以其他方式转移”给关联公司、母公司或子公司之外的其他人。对于“没有明确授予 Star 的其他权利”，专利权人 Corebrace 都予以保留。但是，合同规定 Star 有权“通过第三方服务合同的形式”对技术进行改进，并拥有改进技术的所有权。

Star 通过合同让第三方制造了被许可的专利产品为 Star 所用。Corebrace 认为这种通过第三方制造专利产品的行为违反了专利许可合同，因为 Star 不享有让第三方为其制造产品的权利。2008 年 1 月 4 日，Corebrace 向 Star 发出了一封书面信函，告诉对方合同终止了。根据合同规定，任何一方违约，对方都可以终止合同，但一方发出书面违约通知以后，另一方（违约方）有三十天的改正期。然而，Corebrace 并没有等到三十天，而是在发出终止合同通知的当天，向法院起诉 Star 因让第三方生产专利产品而违约，同时起诉 Star 侵犯专利权，理由是 Star 在许可合同终止的情况下继续使用专利产品。Star 认为 Corebrace 的起诉理由不能成立，要求法院驳回对方起诉。

**【审理过程】**

美国犹他州联邦地区法院驳回了原告主张被告违约和侵权的诉讼请求。

---

* Corebrace Inc. v. Star Seismic LLC，566 F. 3d 1069 (Fed. Cir. 2009).

法院认为：让合同第三方生产被许可专利产品并不违反专利许可合同的规定。根据1964年Carey案[①]，被许可人的“制造”产品权包括让他人去做与产品有关的工作。1994年Advanced Micro案[②]与此案也类似。地区法院进一步指出：即使是专利许可合同明确禁止分许可的权利（本案即使如此），被许可人仍然享有“让他人制造权”，除非合同明确禁止该权利。地区法院将此案与英特尔诉美国贸易委员会案[③]做了比较，后者主要是关于代工厂的案例，或者说被许可人以第三方的名义制造和销售被许可产品的问题。在那个案例中根据相关证据推断双方当事人的意图，并没有赋予被许可人让他人制造的权利。地区法院审查了本案中的许可合同，认为合同中没有任何条款阻止Star让第三方为Star生产被许可产品。据此地区法院判决Star有权让第三方为其生产被许可产品。

犹他州地区法院在判决中接着写道：即使Star违反了许可合同，Corebrace也无权立即终止合同，因为其没有遵守合同的终止条款。Corebrace承认其没有遵守合同终止条款，但是辩解说Star的违约行为是无法改正的，因此违约通知无须早于合同的终止日期。但是，法院认为Star的违约行为并非不可改正的，因为Corebrace本来可以通知Star应该自己生产产品，停止让第三方生产产品，或者让第三方获得生产许可，Corebrace本来应该可以做的这些行为并非都是不可能的或者无效的。而且，法院还发现Corebrace所主张的侵权行为并没有使许可合同的目的受损，因为Star每卖出一个产品，发明人就收到一次专利使用费。因此，Corebrace应该遵守合同的终止条款，违约终止合同意味着Star仍享有合同下的许可权。

最后，犹他州地区法院判决：由于许可合同既没有被违反，也没有被终止，Star就不会侵犯其已经被许可的原告的专利，因此驳回原告起诉。原告不服，上诉于美国联邦巡回上诉法院。

美国联邦巡回上诉法院维持了一审判决。

## 【判决理由】

Corebrace的上诉意见包括以下几点：首先，Corebrace认为地区法院关于许可合同没有被违反的判决是错误的。专利许可合同规定除了明确授权的权

① Carey v. United States, 326 F. 2d 975 (Ct. Cl. 1964).

② Advanced Micro Devices, Inc. v. Intel Corp., 885 P. 2d 994 (Cal. 1994).

③ Intel Corp. v. U. S. International Trade Commission, 946 F. 2d 821 (Fed. Cir. 1991),

利之外，其他的权利都予以保留，既然地区法院认为“让他人制造权”没有明确授予被许可人，那么该权利就应该保留在原告手里。Corebrace 认为“让他人制造权”不因专利的制造、使用和销售权而自然产生，因为被许可人可以有权制造产品，而不是让第三方制造产品，基于此，Star 无权让第三方制造被许可产品。其次，Corebrace 认为法院错误地认为本案与英特尔案不同，而与 Advanced Micro 和 Carey 案相同，从而判决“禁止授予让他人制造权必须在合同中明示”。原告 Corebrace 认为在英特尔案中，由于许可合同中的保留条款，“让他人制造权”是被专利权人保留的权利（本案应该与此类似）。而 Advanced Micro 案与此案对比是不合适的，因为 Advanced Micro 案是由仲裁员审理的上诉案件（不具有判例效力）。Carey 也不适合作为对比案件，因为在那个案件中授予的是独占的许可权，独占权包括了分许可的权利在内，而分许可权包括了“让他人制造权”（而本案并非如此）。最后，Corebrace 认为尽管许可合同中提到了“第三方”这个概念，同时也提到了特定的第三方，而这些特定的第三方并不包括第三方生产者在内，如此一来可以这样理解：如果合同双方想让第三方生产者包括在第三方的范围之内，许可合同就会明确“第三方生产者”这个概念，然而事实上并非如此。

Star 答辩意见有以下几点：第一，赋予被许可人“制造、使用和销售”专利产品的权利就自然包括让他人制造产品的权利，如 Carey 案一样。第二，英特尔案与此案是不同的，那个案件的焦点问题是被许可人是否有权作为代工厂为第三人生产产品，并以该第三人的名义销售产品。英特尔案最终是以确凿的言词证据为基础进行判决的，并且适用的是其他巡回法院的法律。第三，英特尔案后不久，加利福尼亚高等法院在 Advanced Micro 案中判决“让他人制造权”是包括在“制造、使用和销售”许可权中的权利，除非合同明确排除了此项权利。第四，许可合同明确规定 Star 有权与第三方签订合同行使它的权利，此权利必然包括与第三方生产者签订合同的权利。第五，合同要求 Star 提供其供需和服务合同供（Corebrace）监督检查，这就意味着这些供需合同和服务合同包括第三方生产商合同，都是允许的。

本院认为犹他州地区法院的判决是正确的。Star 通过合同的方式让第三方为其生产被许可产品，没有违反其与 Corebrace 之间的合同。在没有明确表明相反意思的情况下，“制造、使用和销售”专利产品的权利自然包括让第三方制造产品的权利。犹他州最高法院在此之前没有判例涉及“制造、使用和销售”专利产品的权利范围问题。但是，根据判例法的相关解释，当一个州的最高法院没有对相关问题做出过判决的时候，联邦地区法院必须决定州法院面对同样事实和法律问题的时候该如何行事。对于此案犹他州地区法院遵循合同的一般原则，我们也将如此做。另外，其他法院有关于“制造、使用和销售”专利产品的权利范围问题的判决，我们将予以讨论，以指导本案的判决。

在Carey案中，法院认为“生产、使用和销售”产品的许可自然包括了让第三方制造产品的权利。法院在判决中写道：许可生产、使用和销售“不仅限于被许可人亲自生产、亲自使用，或者亲自销售。该许可还允许被许可人雇用他人帮助其生产、使用或者销售产品。他不需要亲自参与生产。”因此，“被许可人获得的许可使得他可以雇用其他人为其做所有与产品生产有关的工作。”“让他人制造权”即被许可人让第三方工厂为其制造芯片的权利，并未被许可合同明确排除，在缺乏其他证据的情况下，我们不能说该项权利没有包括在合同规定的制造和销售被许可产品的权利之中。因此，在没有明确相反表示的情况下，“让他人制造权”暗含在“制造、使用和销售权”之中。

Corebrace认为Carey案中是独占许可合同，独占许可权包括了分许可权，从而自然包括了让他人制造权。本院认为Corebrace的观点是错误的。Carey案的判决并非建立在专利独占许可权或者分许可权基础之上，而是基于“制造、使用和销售权”。该案判决书写道：“一个有权生产、使用和销售的被许可人，或许只对使用有兴趣，或许只对销售有兴趣；为了使用或者销售，产品必须被制造出来；为了被制造出来，被许可人获得的许可权使得他有权让他人为其制造产品。”上述判决的逻辑并没有建立在分许可上，也就是说，让他人制造权并非是分许可权，因为为被许可人制造产品的合同方并没有从被许可人那里取得分许可权。（关于此点也可以参见Cyrix案[①]。在Cyrix案中法官判决Cyrix履行合同明确授予的“让他人制造权”不构成分许可行为。）合同第三方生产者不能为被许可人之外的其他人生产产品，也不能将产品销售给被许可人之外的其他人，与此相类似的是，关于独占许可和非独占许可的区别，一个获得了制造、使用和销售权的非独占许可的被许可人，为了使用和销售产品，在不制造产品的情况下，有权让他人为其生产产品，而专利权人此时还有权授予其他人专利许可。独占许可和非独占许可的不同与一个被许可人采用何种方式获得被授权产品无关。因此，Carey案的判决逻辑并不限于独占许可或者包括分许可的专利许可。

---

① Cyrix Corp. v. Intel Corp., 77 F. 3d 1381 (Fed. Cir. 1996).

我们同意Star关于英特尔案与本案不同的观点。英特尔案有特殊的案件背景。在那个案件中，英特尔诉Atmel专利侵权，因为Atmel用英特尔专利的被许可人三洋作为代工厂生产Atmel设计的一款产品，该产品涉嫌侵犯英特尔专利。Atmel让三洋生产该产品，然后以Atmel的名义销售，Atmel认为英特尔给三洋的许可中包括了为他人代工的权利，该项权利允许Atmel以自己的名义销售被许可产品，因为该产品是三洋生产的。在该案中，唯一的焦点问题是英特尔给三洋的许可中是否包含了代工厂的权利。为了分析该问题我们来看合同的两个条款：保留条款和授权条款，授权条款仅授予三洋制造、使用和销售“三洋产品”的权利，根据该条款规定，我们认为三洋没有代工厂的权利，因为“三洋”作为产品限定词限制了被许可产品的范围，排除了代工厂的权利。否则，如果我们将三洋的权利解释为有代工厂权利的话，无异于赋予了三洋分许可的权利，而根据合同它是没有此项权利的。三洋的权利就是为它自己目的生产产品的权利。

排除了代工厂权利之后，我们再来看看“让他人制造权”。与本案不同的是英特尔案中的双方当事人都认同三洋的被许可权中不包括“让他人制造权”。二者有争议的地方在于此项排除的文本解释：究竟属于受“三洋”这个词的限制还是属于权利保留问题。Atmel认为“三洋”这个限定词的目的是排除“让他人制造权”，而不是排除代工厂权利。国际贸易委员会的行政法官认为“让他人制造权”被排除，不是因为“三洋”这个限定词，而是由于权利保留条款。我们认同行政法官的观点的同时，认为“让他人制造权”也受“三洋”这个词的限制，正如其排除了其代工厂的权利一样，“三洋”也限制了“让他人制造权”。因此我们并没有将英特尔案中排除“让他人制造权”的结果完全建立在权利保留的条款之上，而是综合考虑了整个合同（包括“三洋”限制），从而得出了排除“让他人制造权”的结果。

因为英特尔案是关于代工厂的案例，而不是关于“让他人制造权”的案例，并且由于我们的判决是建立在“三洋限制”的基础上，因此我们认为英特尔案对本案不具有说服力或者拘束力。相反，Carey对本案更具有影响力和说服力。

Corebrace主张许可合同的保留条款排除了“许可包括‘让他人制造权’”这种解释，因为保留条款将“没有明确授予Star的权利”都保留在专利权人手中，许可合同不可能悄无声息地把“让他人制造权”授予Star。对此观点本院不能同意。由于“制造、使用和销售权”自然包括让他人制造的权利，“让他人制造权”就是包括在许可合同中，没有被权利保留条款所排除。授权“制造、使用和销售”专利产品，毋庸置疑，天然（inherently）就带有让第三方制造产品的权利。只有在合同中明确地表明排除此项权利的意思表示，才可以否定前述天然的“让他人制造权”。但是，在本案中，Corebrace 在合同中并没有明确的意思表示要将“让他人制造权”从合同中排除。事实上，合同的其他条款似乎表明 Star 可能享有让第三方制造产品的权利。例如，合同规定 Star 拥有技术的改进成果，该改进可以“通过第三方服务合同的形式实现”。尽管 Corebrace 主张第三方是生产者之外的第三方，但是合同的任何一个条款都没有将第三方生产者排除在第三方之外。实际上，最有可能对被许可技术提出改进的就是第三方生产者，因此对技术提出改进的第三方很有可能就是第三方生产者。类似地，合同规定 Star 有权“对与生产和供需合同有关的财务账簿和生产记录进行审计”，这些条款表明双方当事人预料到第三方有可能生产被许可产品，并把这些产品向 Star 供应。

更为重要的是，合同中没有表明排除“让他人制造权”的意图。Corebrace 认为合同规定“Star 需要对超出 Star 生产之外的所有诉求负责”，证明了不允许第三人生产的意图。依照 Corebrace 的意思，如果有意图授予“让他人制造权”的话，那么合同就应该也规定对所有超出第三方生产之外的诉求负责。但是，本院认为，这些模糊的语句并没有明确表明排除让他人制造权的意思，尤其是考虑到 Star 为了履行许可合同，第三方有可能涉及商品供应和技术改进的情况下，Corebrace 并没有指出合同的哪一条具有明确排除“让他人制造权”的意思。

据此，我们判决 Star 没有因为让第三方为其生产产品而违反许可合同。对于 Corebrace 终止合同的问题，由于 Star 没有违反合同，所以 Corebrace 无权终止合同；许可合同未被终止的情况下，自然不存在专利侵权的问题。

维持原判。

**【案例要点解析】**

本案的焦点问题是专利许可中的制造权是否包括让第三方为被许可人制造专利产品的权利。根据专利法的规定，可以被授予的权利是制造、使用、许诺销售、销售和进口专利产品的权利。然而需要注意的是专利法规定的专利权人的权利是消极权利——禁止他人从事某些行为的权利。根据专利法的相关规定，任何人在专利期限内，未经许可而制造、使用或销售专利产品时，即为侵害专利权。让他人制造权（“have made” right），并不在专利法所列举的那几项权利之中，因此，专利被许可人允许第三方制造专利产品是否属于侵权行为就是一个法律没有明确的问题。在法律没有明确的情况下，许可合同的授权条款就成为判断专利是否授权的依据，它应当明确载明专利权人将哪些权利授予被许可人，哪些权利予以保留，制定完善的合同会明确哪些权利没有被授权。这些涉及授权条款、保留条款、排除条款三个概念，这是专利许可合同的核心问题，也是决定是否侵权的关键问题。授权条款是指明确授予被许可人的权利，保留条款是指没有在许可合同中被授权的权利都保留在专利权人手中，而排除条款是指权利人明确不予授权的权利。字面上看三者似乎界限分明，然而实践中的操作并非易事。

在许多情况下，授权合同仅仅表明授予专利被许可人制造、使用和销售专利产品的权利。就本案而言，“制造、使用和销售”专利产品的权利是否包括“让他人制造权”，对此有两种不同的意见：一种意见认为“让他人制造权”天然地包括在“制造、使用和销售”中，不需要合同明确授权，在没有明确表明相反意思的情况下，“制造、使用和销售”专利产品的权利自然包括让第三方制造产品的权利。如果专利权人想排除“让他人制造权”，就应该在合同中明确排除，否则，视为授权；另一种意见则认为，“让他人制造权”是独立于“制造、使用和销售权”之外的权利，“让他人制造权”不因专利的制造、使用和销售权而自然产生，因为被许可人可以有权制造产品，而不是让第三方制造产品，如果被许可人想获得“让他人制造权”，需要专利权人明确予以授权，否则，视为没有授权。本案的一审和二审法院均采纳第一种意见。

根据本案法官的意见，“制造、使用和销售权”天然地就包括了“让他人制造权”，理由是一个有权生产、使用和销售的被许可人，或许只对使用有兴趣，或许只对销售有兴趣；为了使用或者销售，产品必须被制造出来；为了被制造出来，被许可人获得的许可权使得他有权让他人为其制造产品。许可“生产、使用和销售”不仅限于被许可人亲自生产、亲自使用，或者亲自销售。该许可还允许被许可人雇用他人帮助其生产、使用或者销售产品，而他自己不需要亲自参与生产。因此，被许可人获得的许可使得他可以雇用其他人为其做所有与产品生产有关的工作。只有在合同中明确地表明排除此项权利的意思表示，才可以否定前述的天然的“让他人制造权”。该案中，合同没有表明排除“让他人制造权”的意图，而且从相关条款可以看出，被许可人有权让第三方为其生产产品，例如，合同规定被许可人拥有技术的改进成果，该改进可以“通过第三方服务合同的形式实现”；被许可人有权“对与生产和供需合同有关的财务账簿和生产记录进行审计”。这些条款均表明双方当事人预料到第三方有可能生产被许可产品，并把这些产品向被许可人供应。而对这些条款，许可人都是同意的，法官因此判决许可人并没有指出合同的哪一条具有明确排除授予“让他人制造权”的意思。

该案中还涉及独占许可、分许可问题。无论独占许可还是非独占许可都不影响“让他人制造权”的存在，换句话说，独占许可和非独占许可的不同与一个被许可人采用何种方式（自己制造还是让他人制造）获得被授权产品无关。“让他人制造权”并非是分许可权，因为为被许可人制造产品的合同方（第三方）并没有从被许可人那里取得分许可权，第三方生产的产品均卖给了被许可人而不是其他人，这种交易方式与分许可不同，因为在分许可情况下，第三方分许可人有权将自己生产的产品卖给任何人。

## (四) 再许可的被许可人的权利

### Rhone Poulenc Agro 公司诉 Dekalb 基因公司*

美国联邦巡回上诉法院(2002)

**【案件事实】**

1991 年至 1994 年，Rhone Poulenc Agro，S. A.（简称 RPA）和 DeKalb Genetics 公司（简称 DeKalb）合作开发一种有关特定基因物质的生物技术。在此期间，RPA 的科学家 DeRose 医生开发出优化转基因肽（optimized transit peptide，OTP）用以改变一种玉米基因，从而增强玉米的除草剂耐受性。OTP 被美国第 5,510,471 号专利（简称'471 专利）的权利要求所覆盖，也是 RPA 对孟山都提出专利侵权诉讼的客体。

1994 年，RPA、DeKalb 和非本案当事人 Calgene 公司签署了一份协议（1994 协议），该协议规定：RPA 和 CALGENE 特此授予 Dekalb 获得世界范围内的、一次性付清的、用于玉米种植领域的使用 RPA/CALGENE 技术和 RPA/CALGENE 基因物质的权利。Dekalb 将对上述权利享有再许可权，无须向 RPA 或 CALGENE 另行付费。

RPA/CALGENE 技术和 RPA/CALGENE 基因物质中包含'471 专利权利要求中的发明。1996 年，DeKalb 将其对 RPA/CALGENE 技术和基因物质的权利再许可给孟山都。同时，孟山都许可 DeKalb 使用某种与基因改造玉米相关的知识产权。孟山都还收购了 DeKalb 公司 40%的股权以及 10%的 A 股（投票权）。

1997 年 10 月 30 日，RPA 起诉 DeKalb 和孟山都，以 DeKalb 以欺诈的方式获得许可使用权为由，要求解除 1994 协议。RPA 还指控 DeKalb 和孟山都侵犯了'471 专利权，窃取其商业秘密。孟山都辩称，根据 1996 年 DeKalb 转让给孟山都的 1994 协议中的权利，其享有有效的许可来实施专利发明和使用商业秘密。

---

* Rhone Poulenc Agro, S. A. v. Dekalb Genetics Corp., 284 F. 3d 1323 (2002).

## 【审理过程】

一审中，陪审团认为 DeKalb 欺诈性地诱导 RPA 签订 1994 协议。因此，地区法院下令解除 1994 协议。尽管如此，孟山都仍请求法院做出简易判决，认定其对'471 专利和 RPA 的商业秘密的使用享有有效的许可，理由是根据 1996 协议，孟山都是善意购买人，它已为使用专利和商业秘密支付了对价。地区法院口头支持了这一动议，驳回了针对孟山都的专利侵权和窃取商业秘密的主张。RPA 请求地区法院对驳回诉讼的决定进行重新考虑，但地区法院根据 Heidelberg Harris 案①，再次确认了 2000 年 2 月 8 日做出的简易判决。②

地区法院认为作为'471 专利和商业秘密的再被许可人，孟山都"有权被视为善意购买人，因为它为使用技术支付了对价，并且对 DeKalb 的违法行为不知情。"因为"孟山都是技术的善意购买人，因此它不能对专利侵权或窃取商业秘密的行为承担责任。"

RPA 提起上诉，上诉只涉及孟山都实施'471 专利的许可是否有效，而没对地区法院驳回窃取商业秘密的主张提出异议。

上诉法院认为地区法院明显没有考虑到以下问题：孟山都的善意购买人的抗辩是否适用于任何关于 RPA 技术的许可；或者鉴于 1994 年协议授予 DeKalb 有权再许可，该善意购买人的抗辩是否适用于像孟山都这样的再被许可人。上诉法院认为，善意购买人规则不适用于非独占专利许可，撤销了地区法院的判决，发回重审。

## 【判决理由】

在 Rhône-Poulenc I 案③中，我们确认了地区法院的判决，根据陪审团关于 DeKalb 通过欺诈获得专利许可的认定，解除了 1994 年的许可协议。RPA 主张，孟山都对'471 专利的再许可必然是无效的，因此孟山都可以因侵犯专利权而被起诉。由于经过本院全体法官审理（en banc）认为我们不受 Heidelberg Harris 案④的约束，因此我们同意这一点。

---

① Heidelberg Harris，145 F. 3d 1454，46 USPQ2d 1948.

② Rhône-Poulenc，No. 1：97CV1138，slip op. at 56.

③ Rhône-Poulenc I 案指的是 Rhône-Poulenc Agro，S. A. v. DeKalb Genetics Corp.，272 F. 3d 1335，60 USPQ2d 1769（Fed. Cir. 2001），是本案的关联案例。

④ 145 F. 3d 1454，46 USPQ2d 1948.

对于专利案件中的善意购买人抗辩是适用联邦法还是州法的问题，经法院分析论证，结论是应统一适用联邦法。①

……②

国会特别规定，专利应被视为个人财产。③ 在普通法中，获得个人财产所有权的善意购买人有权保留该财产，以此对抗因欺诈而丧失该财产所有权的实际所有人。善意购买人通常是指在对存在其他主张财产权益的事实不知情的情形下，善意地以合理对价获得财产所有权的人。④ 善意购买人规则是为了保护不知情的购买人免于受到该财产的其他利益者的挑战，因为“原告的权益再大，也不可能大过购买者的权益，他们为了获得该财产的所有权，将自己置于危险境地，支付了对价，并且对其缺陷或对财产的其他权利主张毫不知情……”⑤

然而在普通法中，一个未获得财产所有权的人明显不能主张获得善意购买人规则的保护。很多法院认为：为获得所有权而在履行中的合同的当事人、承租人或者从未取得所有权的卖方处购买的人，均不可受善意购买人规则的保护。Villa 诉 Rodriguez 案⑥认为：当承租人主张购买土地时，“不可适用善意购买人规则，因为买方的权利存在于在履行中的合同中。该规则只适用于合法所有权已转让且价款已完全支付的情形。” Smith 诉 Orton 案⑦认为：以善意购买人规则抗辩，必须证明实际发生了财产转让且卖方实际享有合法的所有权。Island Pond Nat'l Bank 案⑧表明：一般认为保护已支付合理对价且对存在的权益不知情的善意购买人规则只可适用于合法所有权或权益的买方。Kaiser 诉 Commonwealth 案⑨认为：当事人很明显不能有效地转让其不享有所有权的

---

① See Florida Prepaid Postsecondary Educ. Expense Bd. v. College Savings Bank, 527 U.S., at 627, 645, 119 S. Ct. 2199, 144 L. Ed. 2d 575, 51 USPQ2d 1081, 1088 (1999). 该案认为，统一解释专利法的必要性无疑很重要。

② 鉴于篇幅问题，该部分分析从略。——编者注

③ 35 U. S. C. § 261.

④ Malcom v. Wilson, 534 So. 2d 241, 242 (Ala. 1988); Realty Portfolio, Inc. v. Hamilton (In re Hamilton), 125 F. 3d 292, 298 (5th Cir. 1997) (applying Texas law); Weaver v. Barden, 49 N. Y. 286, 291-292 (1872); Island Pond Nat'l Bank v. Lacroix, 104 Vt. 282, 158 A. 684, 693 (1932); Restatement (Restitution) § 172 and cmt. a (1937). 善意购买人规则的受益人是“获得财产所有权”的人。

⑤ Boone v. Chiles, 35 U. S., at 177, 210, 10 Pet. 177, 9 L. Ed. 388 (1836).

⑥ See, e. g., Villa v. Rodriguez, 12 Wall. 323, 79 U. S., at 323, 338, 20 L. Ed. 406 (1870).

⑦ Smith v. Orton, 131 U. S. app. lxxv, lxxviii (1866).

⑧ Island Pond Nat'l Bank, 158 A. at 693.

⑨ Kaiser Energy, Inc. v. Commonwealth, Dep't of Envtl. Resources, 113 Pa. Cmwlth. 6, 535 A. 2d 1255, 1259 (1988).

财产。善意购买人规则只适用于享有合法所有权的购买人。Myers 诉 Van Buskirk 案[①]认为："对善意购买人规则主张完全的保护，买方必须享有合法所有权，或者有权要求享有所有权，因为如果买方的所有权仅是衡平法上的权利，那么这种权利必须让步于他方当事人的优先权益。"Arnett 诉 Stephens 案[②]认为："除非有特别约定，否则租约的让与人就并非所有权的保证人，因此受让人则不能视为善意购买人。"Bozeman 诉 Fairchild 案[③]和 Merchants' 诉 Olson 案[④]都认为："若所有权并没有转让给受让人，那么他也就当然不能转让该权益给善意的后续买方。"Fawcett 诉 Osborn 案[⑤]认为："受常识约束的一般法律规则为，没有人能在其不享有财产所有权的情形下将所有权销售、转让给他人，除非是为了稳定货币的理由，在支付现金、银行汇票、支票和可支付票据的情况下，或者在正常商业过程中交付给善意购买人，并支付了对价的情况……"James Talcott 诉 Assocs 案[⑥]认为：当第二个"买方"未取得所有权时，就不能适用善意购买人规则，因为"买方只能从享有所有权的卖方那里获得所有权。"Fosco 诉 Cohen 案[⑦]认为："卖方不可能转让比其所有的动产（之外）的更多的所有权。"Cook 诉 Eller 案[⑧]认为："如果让与人从未享有财产的所有权，那么当事人就不能主张善意购买人原则的保护。"《美国法学（第 2 版）》第 77 章第 427 条［77 Am. Jur. 2d § 427（1997）］规定"与不动产善意购买人相一致的保护不适用于没有取得类似于所有权的当事人。如果卖方不享有所有权，那么买方也不能取得所有权。"《美国法学（第 2 版）》第 77 章第 430 条［77 Am. Jur. 2d § 430（1997）］规定"为不动产善意购买人提供的保护通常只能扩大适用于购买并取得所有权的人……"Ray Brown 在《个人财产法》[⑨] 中认为："即便受让人是善意购买人，不享有商品所有权的人也不能转让所有权。"

北卡罗来纳州（RPA 提起诉讼所在州）的法律明确规定"在缺乏禁止反悔的情形下，除非当事人享有争讼财产的合法所有权，否则他就无权作为善

---

① Myers v. Van Buskirk, 96 Fla. 704, 119 So. 123, 126 (1928).

② Arnett v. Stephens, 199 Ky. 730, 251 S. W. 947, 950 (1923).

③ Bozeman Mortuary Ass'n v. Fairchild, 253 Ky. 74, 68 S. W. 2d 756, 758 (1934).

④ Merchants' & Farmers' State Bank v. Olson, 189 Minn. 528, 250 N. W. 366, 368 (1933).

⑤ Fawcett, Isham & Co. v. Osborn, Adams & Co., 32 Ill. 411, 425 (1863).

⑥ James Talcott, Inc. v. Assocs. Discount Corp., 302 F. 2d 443, 448 (8th Cir. 1962).

⑦ Fosco Leasing Co. v. Cohen, 8 B. R. 558, 560 (Bankr. W. D. Okla. 1981).

⑧ 298S. C. 395, 380 S. E. 2d 853, 854 (1989).

⑨ Ray Brown, The Law of Personal Property § 67 (2d ed. 1955).

意购买人获得保护。”①

孟山都主张：那些要求当事人取得所有权才能受益于善意购买人规则抗辩的案例都是“过时的”，而且《统一商法典》（U. C. C.）中适用的现有方法已经删除了对所有权的要求。实际上，所有权规则在现代财产法中已有体现，并且被《统一商法典》第2条和第2B条（U. C. C., Articles 2 and 2B）所确认。根据《统一商法法典》第2-403条的规定，即使“持有可撤销权利的所有人也有权将商品所有权转让给支付对价的善意购买人。”《统一商法典》第2B条最近被《统一计算机信息交易法》（*Uniform Computer Information Transactions Act*, UCITA）所接受，即将善意购买人原则适用于知识产权领域。当然，《统一计算机信息交易法》仅适用于“计算机信息交易”领域，② 因此该法不可适用于所有的专利许可案件。但是，《统一计算机信息交易法》（关于对无形财产的许可）为解释统一商法典对普通法的态度提供了指导。

《统一计算机信息交易法》第516条（b）款的正式评注3明确指出，《统一商法典》的起草者认为根据普通法，善意购买人原则不适用于知识产权许可：

> （b）款规定，作为一般规则，被许可人的受让人只能获得许可人有权转让的合同权利或其他权利。但不存在仅针对合同权利的善意购买人原则。
>
> 同样，即使转让包括与合同相关的复制品的交付，版权和专利权也并未认可买方可以在正常交易中获得比授权转让的权利更大的权利。超越专利或版权人的授权或未获得许可的转让都于法无据，因此，这类转让本身就是侵权行为。

孟山都未能引证任何一个有关的普通法案例来证明善意购买人规则可以适用于诸如许可这样的独立的合同权利。孟山都引用了Wilson诉M & W Gear案③。Wilson案中的争议焦点为通过合同购买并且预先支付了价款但还未占有商品的人是否是“正常商业交易中的买方”，即是否有权对抗持有抵押权的第三方的主张，而不考虑该商品所有权的存续、确认或转移。法院认为：当买

① Wilson v. Commercial Fin. Co., 239 N. C. 349, 79 S. E. 2d 908, 914 (1954).

② UCITA § 103 (a).

③ Wilson v. M & W Gear, Inc., 110 Ill. App. 3d 538, 66 Ill. Dec. 244, 442 N. E. 2d 670, 672-673 (1982).

方订约购买商品且商品还在卖方的存货清单中，等待交付或者正在为交付做准备时，那么该购买人就属于《统一商法典》第9-307条意义上的正常商业交易中的买方。那么，商品的所有权不是必须转移给买方，也没有必要通过编号区别（售出的）商品。在法官附带意见中，法院认为："旧有的'所有权'概念不影响本上诉的决定……《统一商法典》已大幅度降低了所有权的重要性。尤其是所有权是否已在形式上转移的问题对于保护正常商业交易中的买方不再重要。"Wilson案认为：已订约购买商品并"完全履行了合同相应义务"的当事人，没必要在形式上取得已购买商品所有权，以作为正常交易中的买方从《统一商法典》第9-307条受益。Wilson案涉及的情形是在正常商业交易中的零售买方满足除已取得所有权之外的所有条件。不管Wilson案的判决是否正确，它都未打算去保护一个仅仅持有许可使用权利的人。

孟山都声称《统一商法典》"对善意购买人的保护……广泛适用于任何'通过销售、折扣、协商、抵押、保证、留置、担保物权、转让或者再转让、赠与或者其他任何自愿交易的行为而产生的对财产所主张的权利。'"（引用《统一商法典》第1-201条，该条定义了"买方"）。尽管孟山都准确引用了《统一商法典》对"买方"的定义，但其错误地认为善意购买人的抗辩适用于任何符合该定义的主体。

孟山都还引用了各种关于专利许可的论著，其主张在主许可终止后再许可仍存续。但是这些论述涉及的是原合同因违约等合同法上的原因而终止，而未涉及与再许可有关的善意购买人规则的适用，也未表明或建议即使主许可是因欺诈取得而被撤销，再许可仍可继续。孟山都还依据《重述》（赔偿返还法）的规定，即"与他人达成交易的当事人……无权要求已取得标的物所有权或合法权益并已支付对价的不知情的第三人进行返还"，由此认为善意购买人规则可适用于所有权之外的转让，但是这一依据同样是错误的。第13条所附的评注和说明明确表明：一般而言，取得或享有有效的所有权是善意购买人原则的重要要件。"如果有权对某物主张权利的人是知情的，或未取得所有权，或未支付对价，那么不知情、已取得该物所有权且已支付对价的当事人没有义务将该物返还给主张权利的人。"第13条关于第三方取得的不完全的所有权权利（less than title），涉及善意抵押权人，他有权通过转让财产完善其权利。此外，《重述》第172条和评注a表明善意购买人规则只适用于"取得财产所有权"的当事人。

孟山都的依据是美国法典第 2A-304 条和第 2A-305 条[①]。第 2A-304 条的相关部分规定“享有可撤销权利的出租人有权将有效的租赁利益转让给支付对价的善意承租人……”。但是，该条款只涉及商品的出租，而知识产权是被排除在商品的定义范围之外的，因此该条款与本案无关。

本院关于 FilmTec 诉 Allied-Signal 案[②]的判决与普通法善意购买人原则完全一致，但这只适用于所有权转让的情形。在那个案例中，当事人是否有提起侵权之诉的主体资格是争议点。解决该争议的关键在于当事人是否取得了专利所有权。我们认为：

> 当专利所有权持有人将其所有权转让给已支付对价且对该专利存在的明显的权利主张不知情的第三方购买人时，该购买人就取得了专利的完全所有权，不受任何在先存在的财产负担的影响。[③] 这是普通法对支付合理对价的善意购买人适用的一种情形。

尽管州普通法将对善意购买人的保护延伸至非独占许可人，但作为一个联邦普通法适用的问题，若我们将这种保护延伸至非独占许可则是不恰当的。从第 35 章第 261 条可以看出国会的立法本意：只有那些已经取得“让与、授权或转让”的当事人才能得到该法的保护。因此，该条款反映出国会的判断，即善意购买人的保护原则仅延伸至已取得“让与、授权或转让”的当事人。在这一背景下，最高法院明确表示即使某些联邦法规则不能直接适用，我们也必须考虑联邦成文法在规范（framing）联邦普通法时的目的。[④] 我们明确认为非独占被许可人不属于该法规定的“受让人”（assignees）。[⑤]（第 261 条规定“国会的意图仅适用于所有权权益……”）[⑥]

尽管先例已确认，在某些情形中，独占专利许可可能等同于专利的所有权转让，但只有当“被许可人持有专利的‘所有的实质性权利’时”，才可

---

① U. C. C. § § 2A-304，2A-305.

② FilmTec Corp. v. Allied-Signal，Inc.，939 F. 2d 1568，1573，19 USPQ2d 1508，1512 (Fed. Cir. 1991).

③ Hendrie v. Sayles，98 U. S.，at 546，549，25 L. Ed. 176 (1879).

④ Boyle v. United Techs. Corp.，487 U. S.，at 500，511-512，108 S. Ct. 2510，101 L. Ed. 2d 442 (1988).

⑤ Prima Tek II，L. L. C. v. A-Roo Co.，222 F. 3d 1372，1377，55 USPQ2d 1742，1747 (Fed. Cir. 2000). See also，Moldo v. Matsco，Inc. (In re Cybernetic Servs.，Inc.)，252 F. 3d 1039，1051 (9th Cir. 2001).

⑥ 534 U. S.，at 1130，122 S. Ct. 1069，151 L. Ed. 2d 972 (U. S. 2002).

以如此认定。[①] 本案中的许可是非独占的，且没有任何有关许可协议转让了“所有实质性权利”的争论。因此，并没有发生转让，并且在缺乏“让与、授权或转让”的情形下，国会不会认为存在善意购买人的抗辩。

总而言之，善意购买人原则的抗辩不适用于非独占许可。我们据此撤销地区法院的判决，发回重审，并要求依据本判决意见进行重新审理。

**【案例要点解析】**

本案的焦点问题是：被许可人因欺诈所获得的原始许可协议被解除之后，该被许可人之前授予的分（再）许可是否可以继续有效，取得分（再）许可的被许可人是否可以善意购买为由对抗专利权人的侵权主张。善意购买人规则是财产法中的重要规则，该规则保护的对象为在商品交易中对标的物权利瑕疵不知情且已支付合理对价的购买人。那么，这一规则能否适用于专利非独占许可的再许可呢？

本案中，专利权人 RPA 与 DeKalb 公司签订许可协议，将专利非独占许可给 DeKalb，DeKalb 将其获得的专利权分许可给孟山都。后由于 DeKalb 公司被发现通过欺诈的方式获得 RPA 的专利许可，许可协议被解除。地区法院认为：作为'471 专利再许可的被许可人，孟山都为使用技术支付了对价，并且对 DeKalb 的违法行为不知情，其有权作为技术的善意购买人，其使用专利的行为不构成侵权。RPA 不服一审判决提起上诉。上诉法院认为：本案不可适用善意购买人规则，因为善意购买人规则只适用于存在所有权转让的情形，本案涉及的是专利非独占许可的再许可，不满足善意购买人规则的适用条件。

尽管有先例表明适用善意购买人规则不必须要求当事人取得所有权。但上诉法院认为先例涉及的是商品买卖的情形，与本案中的专利许可无关。而《统一商法典》《统一计算机信息交易法》也表明善意购买人规则只适用于取得财产所有权的当事人。美国法典虽然规定通过欺诈取得租赁物权益的承租人有权将其权益转让给次承租人，善意的次承租人可取得与承租人享有的租赁权益相当的权益。但这一规定只适用于商品出租，知识产权不属于商品出租的范围，因此这一规定不适用于本案。

---

① Textile Prods., Inc. v. Mead Corp., 134 F. 3d 1481, 1484, 45 USPQ2d 1633, 1635 (Fed. Cir.), cert. denied, 525 U.S., at 826, 119 S. Ct. 73, 142 L. Ed. 2d 58 (1998); see also Intellectual Prop. Dev., Inc. v. TCI Cablevision of Cal., Inc., 248 F. 3d 1333, 1345, 58 USPQ2d 1681, 1689 (Fed. Cir. 2001); Prima Tek II, 222 F. 3d at 1377, 55 USPQ2d at 1747; Vaupel Textilmaschinen KG v. Meccanica Euro Italia S. P. A., 944 F. 2d 870, 874-875, 20 USPQ2d 1045, 1048-1049 (Fed. Cir. 1991).

虽然善意购买人规则属于财产法规则，但并不表明该规则完全不可适用于知识产权法领域。在转让知识产权所有权的情形下，可适用善意购买人规则。当专利所有权持有人将其所有权转让给第三方购买人，该购买人已支付对价且对他人对该专利主张权利不知情，该购买人可适用善意购买人规则取得专利权，不受任何在先存在的财产负担的影响。对于独占专利许可，在某些情形中可能等同于专利的所有权转让。当且仅当“被许可人持有专利的‘所有的实质性权利’时”，独占许可的被许可人可以主张适用善意购买人规则。本案中，孟山都享有的非独占许可并未为其取得专利的“所有的实质性权利”，即对专利享有完全所有权，因此不可适用善意购买人规则。

# 三 专利默示许可

## De Forest 无线电报电话公司诉美国政府*

美国最高法院(1927)

**【案件事实】**

涉案真空管的两项专利权最初是授予 De Forest，随后 De Forest 将专利转让给以其命名的 De Forest Radio Telephone & Telegraph 公司（简称 De Forest 公司）。De Forest 公司将相关专利权利转移给了 Western Electric 公司，协议规定基于一定对价，被许可方公司获得某些专利许可，包括制造、使用、安装、运行、销售专利产品，Western Electric 公司可以向他人转让或许可协议项下的权利。协议规定了许可的期限为专利有效期，许可的权利为 De Forest 公司所有的可转让的权利，De Forest 公司明示保留的权利除外。保留包括不可转让的权利即制造专利产品旨在销售给美国政府并供其使用的权利。协议规定 De Forest 公司与 Western Electric 公司可各自就其所享有的专利权利提起诉讼，各自承担相应诉讼费用并获得相应赔偿。随后 Western Electric 公司将根据协议享有的权利与义务转让给美国电话电报公司（AT & T）。AT & T 获得了包括许可使用在内的多项权利。“一战”期间，美国联邦政府通知 AT & T 公司，提出政府由于战争的需要，希望通用电气公司以及其他企业能够迅速生产涉及 De Forest 公司专利权的真空管以供政府军事通信使用。AT & T 回应其不会干涉这些企业生产真空管，只要美国政府理解并同意 AT & T 并未放弃其基于所享有的专利权而对于上述生产的主张，所有对专利权的主张和所有的专利问题都被保留，留待之后美国政府的调查、调整和解决。美国通用电气公司等

* De Forest Radio Telephone & Telegraph Co. v. United States. 47 S. Ct. 366 (1927).

企业依据美国政府的命令生产了相关产品，并供应给美国政府使用。为了协助美国政府能够及时获得真空管以供军事通信使用，AT & T 向通用电气提供制造真空管的基本信息，相关设计图等图纸，而且还允许美国政府代表、专家以及相关企业人员了解研究公司如何生产真空管。De Forest 无线电报公司于 1925 年 5 月 4 日在索赔法院起诉美国联邦政府，请求法院判决美国联邦政府因侵犯其无线通信中的三极管专利权承担损害赔偿责任。

【审理过程】

在随后修改的一审诉状中，De Forest 公司提出在美国政府生产制造并使用涉案的真空管后，美国政府和 AT & T 实际上进行了一系列谈判，AT & T 向美国政府以及所有依据其命令进行生产的企业放弃了对生产和使用三极管进行补偿的要求，包括了对侵犯 AT & T 的专利行为的损害赔偿金、许可使用费、利润或补偿的所有的主张。一审法院驳回了 De Forest 无线电报公司的诉讼请求，De Forest 公司提起上诉，最高法院对案件进行了审理，维持了原审法院判决。

【判决理由】

法院认为本案唯一的争议点是 AT & T 是否事实上许可美国政府制造和使用专利三极管。换句话说，AT & T 就三极管的生产和销售向美国政府提出的主张是基于合同还是基于侵权。如果是前者，那将构成对 De Forest 公司指控的完全抗辩。如果属于后者，则 De Forest 公司将有权依据 1918 年法案获得损害赔偿。

法院认为 AT & T 的行为属于授予美国政府许可。许可发生效力并不以正式授权为必要。专利权人使用的任何语言或行为，如果使得他人可以由此而合理推定专利权人已同意其实施制造、使用或销售等行为，且他人据此而实施该行为，则构成一种许可，在侵权诉讼中可以构成一种抗辩。至于该种许可是免费的，还是应当支付合理费用，要取决于当时的具体情形。但是，在此后提起的任何相关诉讼中，双方之间的关系都必须被认定为合同关系，而不是非法侵权的关系。如果权利人说："如果你侵犯我的专利，我不会试图禁止你，但是我之后会起诉你侵权"，那么侵权就不能被排除。本案中，相关情况表明 AT & T 电话公司所做的不仅仅是完全同意由美国政府制造和使用专利，而且协助了此种制造和使用，这就构成了许可，只是推迟到之后对合理补偿结算之时来主张许可的费用。AT & T 电话公司所使用的语言表明其目的不是寻求对侵权行为的禁令，也不是通过诉讼获得赔偿金，而仅仅是起诉或寻求通过友好和解得到补偿支付。AT & T 电话公司如此行为即是许可，并构成针对 De Forest 公司侵权之诉的完全抗辩。因此，美国政府可以凭借 AT & T 的行为来表明默示许可的存在，从而免除了专利侵权的责任。

综上所述，维持一审判决。

**【案例要点解析】**

该案中，美国最高法院在审理中指出“并非必须是正式的授予许可才会达到专利许可使用的目的。专利权人使用的任何语言或行为，如果使得他人可以由此而合理推定专利权人已同意其实施制造、使用或销售等行为，且他人据此而实施该行为，则构成一种许可，在侵权诉讼中可以构成一种抗辩。至于该种许可是免费的，还是应当支付合理费用，要取决于当时的具体情形。”这一表述确立了默示许可制度在美国专利法中的地位。默示许可，有别于以口头、书面合同等方式确立的明示许可，是指在一定情形之下，专利权人以非明确许可的方式使得专利权使用人产生了允许使用其专利的合理信赖从而成立的一种专利许可形态。

本案中默示许可主要从专利权人的语言和行为中进行推定。电报电话公司回应美国政府的语言表明其并不禁止美国政府的行为，只是希望得到补偿，而其向美国政府的代表以及实施专利产品生产的企业提供信息、图纸等各种协助专利产品生产的行为，都可推定出电报电话公司是事实上向美国政府授予了专利许可。如果从专利权人的语言和行为中能够合理地推定出其已同意他人实施其专利进行制造、使用、销售等行为，那么他人就获得了一种被许可实施专利的信赖，并基于此种信赖而行为受到合同的保护，不应当被认定侵犯专利权。

# Wang 实验室诉三菱电子公司*

美国联邦巡回上诉法院（1997）

**【案件事实】**

本案的两项专利与“单列直插式内存模块”（SIMM）有关。1982 年秋，本专利诉讼中的发明人 James Clayton 加入了 Wang 实验室。1983 年春，Clayton 开发了一种更小、成本更低、有可替换性的 SIMM 计算机内存模块。Wang 实验室于 1983 年 6 月向计算机行业新闻界介绍了 SIMM 技术。1983 年 9 月 2 日，Clayton 和专利权受让方 Wang 实验室申请了 SIMM 发明专利，专利商标局因申请缺乏非显而易见性原因而拒绝授予专利。Wang 实验室对权利要求进行修改，于 1986 年取得了第 4,656,605 号专利（简称’605 专利）。1987 年 2 月 20 日，Wang 实验室又提交了另一个专利申请案，专利商标局 1988 年对其授予了第 4,727,513 号专利（简称’513 专利）。

Wang 实验室留意到联合电子设备委员会（简称 JEDEC，属于电子工业协会的一个委员会，负责设定行业标准）在商讨内存模块标准设定，便将其 SIMM 游说给 JEDEC，并试图说服该组织使用 Wang 实验室的 SIMM 标准。Wang 实验室在 1983 年 9 月至 1986 年 6 月（JEDEC 接受 SIMM 标准）一直论证 SIMM 的可采纳性，但在此期间，Wang 实验室并未告知 JEDEC 其在不断谋求 SIMM 专利权。

三菱于 1983 年 12 月首次与 Wang 实验室会面。在他们之后的会议中，Wang 实验室向三菱提供了图纸和其他细节，并多次请求三菱制造 SIMM。在三菱开始制造 256K 内存芯片之后，三菱决定组装 256K SIMM，将新芯片整合到与 Wang 实验室类似的 SIMM 中，出售给 Wang 实验室等。在 1985 年的会议上，两家公司不断接触，三菱和 Wang 实验室讨论了三菱新的 256K SIMM。在其中一次会议中，Clayton 建议通过将芯片上的去耦电容放置在基板的同一侧，将原来的 Wang 实验室设计改造为三菱的 SIMMs。三菱采纳了该意见并继续批

---

* Wang Laboratories, Inc. v. Mitsubishi Electronics, 103 F. 3d 1571 (Fed. Cir. 1997).

量生产256K SIMMs。在1987年，Wang实验室开始购买三菱SIMMs。Wang实验室从未通知三菱它的专利申请和专利权，以及任何实施许可或收取许可费的意图，直到1989年12月12日，三菱收到Wang实验室的一封信件，信中指责三菱侵犯了其1987年和1988年获得授权的'605专利和'513专利。

**【审理过程】**

1992年6月4日，Wang实验室在美国弗吉尼亚州东区法院起诉三菱侵权。Wang实验室认为三菱侵犯了'513专利权，并因等同原则侵犯了'605专利权。三菱申请将案件移送美国加利福尼亚州中区法院，并提出反诉，要求宣告Wang实验室的专利无效、三菱并未侵权和Wang实验室专利不可实施，并称Wang构成了各州和联邦的反垄断违法行为。此外三菱还提出了Wang实验室的行为构成了默示许可等积极抗辩。

双方申请法院做出简易判决的动议均被否决。在对陪审团的指示上，对于有关什么行为构成默示许可，双方发生了分歧。Wang认为应该适用普通法上的禁止反悔原则，而三菱反对Wang的意见，认为应该适用衡平法上的禁止反悔原则。初审法院将两个的意见综合考虑以后对陪审团做出了如下的指示：

> 拥有专利的专利权人或者专利受让人，有权禁止他人制造、使用、销售前述专利产品，有权让他人从事上述一种或多种行为，这就叫作许可，被允许从事上述行为的人就叫被许可人。默示许可是一种形式上的及事实上的默示合同，为了证明存在默示许可抗辩，三菱必须证明存在如下优势证据：第一，Wang和三菱之间有既存的关系；第二，在这种关系中，Wang将使用SIMM发明的权利转移给三菱；第三，上述权利转移有有价值的对价来支持；第四，Wang现在否认曾经向三菱转让权利。在裁决三菱是否证明了默示许可存在这个问题上，你们可以考虑Wang曾经的言行，是否可以从中合理地推断出Wang同意三菱制造、使用专利产品，并向Wang之外的其他人销售专利产品。如果你们发现三菱被授权制造、使用和销售SIMM发明，你们就应该判决Wang向三菱进行了默示许可。

在给陪审团的特别意见表（Special Verdict Form）中法官问陪审团“三菱公司是否以优势证据证明了Wang实验室存在默示许可”，陪审团回答“是”。地区法院基于陪审团认定将Wang实验室行为定性为基于普通法上的默示许可。此外，陪审团认为三菱未能证明’605专利或’513专利因显而易见性而无效，亦未能证明Wang实验室未披露最佳实施方式。陪审团进一步认为三菱SIMMs侵犯了’513专利权利要求，但侵权行为并非故意的。在其他建议性问题上，陪审团认为三菱并没有证明Wang实验室具有不公平行为、衡平意义上禁止反悔、迟延、专利滥用、不洁之手等。

陪审团裁决之后，地区法院就三菱公司的衡平法禁止反悔抗辩举行了听证会，随后要求Wang实验室起草一个对事实问题的建议性判决，以及基于陪审团对衡平法抗辩裁决的基础上起草一个对法律问题的意见，Wang实验室都照办了。三菱反对Wang实验室草拟的判决，并反驳说Wang的草拟判决没有包含默示许可问题，此外Wang实验室对于其他问题的意见是相互矛盾的，违背了陪审团有关默示许可裁决。并且，Wang认为陪审团是“基于普通法上的禁止反悔”而做出了存在默示许可的裁决。尽管三菱反对，地区法院最终还是对事实和法律问题做出了判决。

1995年3月6日，原被告双方向地区法院一共提出六项动议。三菱提出了申请简易判决、’605专利缺乏非显而易见性而无效、根据’513专利的权利要求解释其行为不侵权三项动议。Wang实验室的动议主要针对被告的默示许可抗辩，首先，Wang实验室认为一个理性的陪审团不会认为三菱支付了相关对价；其次，Wang实验室要求法院对部分的默示许可抗辩进行新的审判；再次，Wang实验室要求纠正判决，理由是默示许可需要默示合同的存在，在缺少其他对价的情况下，三菱应该向Wang实验室许诺支付专利使用费。

地区法院否决所有六项动议。Wang对法院做出的’605专利基于申请过程中的禁止反悔原则而不侵权的简易判决进行了上诉，此外还对’513专利因默示许可的存在而不侵权的判决进行上诉。三菱也进行了交叉上诉，上诉理由是Wang的专利缺乏最佳实施方式、具有非显而易见性而无效，以及侵权判决错误。

联邦巡回上诉法院最终维持原判。

**【判决理由】**①

三菱在一审中辩称Wang实验室的行为已经构成了对’513专利的默示许

① 本案中涉及三个重要的问题：一是’605专利是否因为禁止反悔原则而限制了等同原则的适用；二是’513专利是否构成了默示许可；三是关于本案专利非显而易见性、最佳实施方式以及是否侵权等问题。由于本书的主题是专利许可，本案与许可相关的问题是默示许可是否成立。鉴于篇幅所限，判决中其他部分予以省略。——编者注

可。双方同意向陪审团提交三菱的默示许可抗辩，陪审团裁决存在默示许可。地区法院进行判决并补充了“在普通法禁止反悔原则”下产生默示许可的理由。针对普通法上禁止反悔原则的理由，Wang 提交了就法律问题进行判决或者关于默示许可问题重新进行审判的动议，因为 Wang 实验室认为一个合理的陪审团不可能找到支持普通法上禁止反悔原则的事实，并且地区法院滥用了有关禁止反悔原则的法律。Wang 实验室还向地区法院提出请求，要求法院推断出三菱向 Wang 实验室支付专利使用费的合同条款，以作为默示许可组成部分，法院否定了这一请求。Wang 实验室现在要求本院推翻地区法院对默示许可抗辩的判决，或对此问题进行新的审判。我们必须在肯定实质性证据支持的事实调查结果的基础上审查法律结论，以确定事实调查结果是否可以支撑它们。我们对一审法院拒绝重新审判是否滥用自由裁量权的动议进行了审查。

由于我们随后要审查陪审团发现的事实是否支持法律上的结论，所以我们首先必须确定陪审团裁决三菱存在默示许可抗辩有关的事实。特别意见表仅要求陪审团回答是否存在默示许可的最终问题，所以法官对陪审团的指示是我们判断陪审团决定的最直接的指导（我们接受由陪审团判决推定的事实调查结果，但需进行实质证据检验）。为了得到关于默示许可问题的肯定答案，陪审团必须发现如下事实：（1）Wang 实验室和三菱之间存在关系；（2）在该关系中，Wang 实验室授予三菱使用 SIMMs 发明的权利；（3）Wang 实验室通过授权获得了有价值的对价；（4）Wang 实验室否认三菱得到默示许可；（5）Wang 实验室的陈述和行为给人造成了 Wang 实验室同意三菱制作、使用或出售 Wang 实验室的专利产品的印象，包括同意向 Wang 实验室以外的消费者销售专利产品。此外，陪审团发现三菱制造、使用、销售几种类型的 SIMMs，如果没有许可的话，就侵犯’513 专利。

对于我们审查的上述事实部分，Wang 实验室只要求对“有价值的对价”部分进行裁决。因此在我们应用实质性证据之前，有必要超越陪审团的指示和裁决，以发现陪审团理解的“有价值的对价”是什么含义。地区法院驳回 Wang 实验室对简易判决的请求时确定了 Wang 实验室获得的三项收益：（1）通过同意制造和销售 SIMMs，三菱公司对 SIMMs 的“高量供应和价格下降”作出了贡献，使作为 SIMMs 的购买者的 Wang 实验室受益；（2）三菱承担了开发和模具成本；（3）三菱重新设计了 SIMMs，满足了 Wang 实验室的首选设计要求。地区法院裁定每个形式的对价都有大量证据的支持。

为寻求证据，Wang 实验室陈述中表明 1983 年 6 月公司推出 SIMMs 设计时，Wang 实验室打算从其他生产者处购买 SIMMs，而不是自己生产 SIMMs。Wang 实验室最终希望“通过产量提升而获得降低成本的优势”。证据显示 Wang 实验室认为更低的价格和更大的市场对其具有价值，因为他们显然是 SIMMs 的大用户。随着时间的推移，JEDEC（电子设备委员会）采用了 Wang 实验室的 SIMMs 设计作为产品标准，成就了数十亿美元的市场，市场进一步扩大，价格进一步下跌。Wang 的陈述中包含了三菱助推这一有利结果的证据。例如，Clayton 出具了三菱持有 SIMMs 价格下降到十几美元的相关资料，Wang 实验室介绍了数十家生产商参与制造 SIMMs 的证据，三菱在 1985 年 4 月至 1994 年 3 月期间出售了价值 3.61 亿美元的 SIMMs。理性人可以从三菱的证据中得出结论：三菱公司通过帮助 Wang 实验室实现其寻求的市场目标，给 Wang 实验室提供了有价值的对价。

第二和第三个有用的实质证据也显示在记录中。三菱的工作人员作证，他们进行设计更改以适应 Wang 实验室的需要，具体而言是将电容器移动到与存储器芯片相同的基底的一侧。证词同样地表明三菱公司没有向 Wang 实验室收取开发和模具加工费用，因为三菱认为 Wang 实验室允许三菱向其他客户出售 SIMMs。Clayton 的证言显示从第一次会议开始，他紧密关注着三菱在 PLCC（特殊引脚芯片封装）中开发和加工 64K 或 256K 的 SIMMs。Clayton 明确表示希望三菱制造 64K 的 SIMMs，遭到了三菱的反对。Wang 实验室和三菱一直在交换设计和样品。理性人可以得出结论，Wang 实验室接受了一些对其有价值的东西，因为 Wang 实验室劝说三菱遵循 Wang 的设计建议，并且使三菱相信 SIMMs 成果不是 Wang 实验室的定制产品，而且三菱没有向 Wang 实验室收取开发费用。Wang 实验室虽然指出相反的证据，但我们不能重新评估其可信性，也不能代替陪审团的抉择。因此，我们认为默示许可的实质性证据是存在的。

既然实质性证据存在，我们现在来分析是否存在默示许可的法律结论。在专利法中，默示许可指专利权人放弃禁止他人制造、使用或销售专利发明的一种许可方式。最高法院在 De Forest 案判决认为：“专利的许可不必要通过正式许可。专利权人所使用的任何语言或所实施的任何行为，如果致使他人能够合理地推论出专利权人已经同意其制造、销售、许诺销售或使用专利产品或实施专利方法，则基于这些行为，就会成立默示许可，并且可以成为对方主张侵权时的抗辩理由。”①

---

① De Forest Radio Tel v. United States, 273 U. S., at 236, 241, 47 S. Ct. 366, 367, 71 L. Ed. 625 (1927).

自 De Forest 案以来，各个法院都试图确立各种默示许可的途径。所以，法院和评论家认为默示许可是通过默许、行为、衡平的禁止反悔或者普通法上的禁止反悔形成的。这些分类不是描述不同类型的许可，而是描述不同类别的行为，它们都指向默示许可。

之前有的法院指出，“法院一般会在确定存在默示许可的过程中首先查明是否存在禁止反悔的事实。”[①] 这和 De Forest 审判逻辑非常接近，即对于引发默示许可的行为分析基于禁止反悔原则，如 De Forest 案涉及专利权人的行为导致另一方采取行动。与之类似的是，在 Bandag 案[②]中，我们撤销了默示许可的判决，因为侵权人不能证明让人产生许可意向的行为存在。在 Stickle 案[③]中，法院认为在专利权人的行为和侵权行为之间缺乏关联的情况下不存在默示许可。

但是，本法院和最高法院都没明确要求衡平法上的禁止反悔作为默示许可的先决条件。[④] 因为这样做可能会消除两个原则之间的区别。相反，禁止反悔原则应作为默示许可指导原则。默示许可案件中的禁止反悔与衡平法上的禁止反悔原则之间的主要区别是默示许可寻求同意或允许制造、使用或销售的肯定授权，即许可。[⑤] 而衡平法上的禁止反悔原则集中于“误导”行为，意味着专利权人不会行使专利权。在 Aukerman 案[⑥]中，我们描述了一个典型的（衡平法上）禁止反悔原则情形，其中（1）侵权人知道该专利；（2）专利权人反对侵权人的活动；（3）专利权人直到后来都没有寻求侵权救济；（4）从而误导侵权人相信专利权人不会采取行动。因此，这两个原则仍是有区别的。故而，本案中陪审团与地区法院都反对三菱基于衡平法上的禁止反悔原则，即误导行为作为默示许可答辩的必要组成部分。

普通法上的禁止反悔原则是一个范围较窄的情形，即专利权人已经许可或转让权利，接受了对价，然后设法减损已授予权利。[⑦] 例如，在 AMP 案[⑧]中，AMP 公司为美国军方开发和供应一种连接电线用的压接工具，向美国军

---

① AMP, 389 F. 2d at 452, 156 USPQ at 649.

② Bandag, Inc. v. Al Bolser's Tire Stores, Inc., 750 F. 2d 903.

③ Stickle, 716 F. 2d at 1559, 219 USPQ at 383-384.

④ AMP, 389 F. 2d at 453-454, 156 USPQ at 651.

⑤ Stickle, 716 F. 2d at 1559, 219 USPQ at 383-384.

⑥ A. C. Aukerman Co. v. R. L. Chaides Constr. Co., 960 F. 2d 1020, 1041-1044, 22 USPQ2d 1321, 1335-1338 (Fed. Cir. 1992).

⑦ Spindelfabrik, 829 F. 2d at 1080, 4 USPQ2d at 1048.

⑧ AMP 389 F. 2d at 453-454.

方授予发明的许可，并收取了许可费，此时发明还未成为专利。然后AMP发现了该发明涵盖了可能申请的专利。获得该专利权后，AMP起诉政府侵犯该专利的专利权。法院认为默示许可禁止专利权人通过之前可能取得但是之后才获得的专利减损另一发明许可，因为该行为构成明确的许可。

我们再次审查本案中默示许可抗辩的法律问题。在该过程中，我们审视了判决而不是审查相关意见。更进一步说，我们确认在该判决中地区法院并未对任意一方当事人扩大或限制其权利。我们认为地区法院的事实调查结果支撑了陪审团关于默示许可抗辩的法律结论，但是我们不完全认同地区法院的推理过程。基于转让权利的对价和对侵权起诉的考虑，陪审团的调查结果支持普通法上禁止反悔原则下的默示许可，我们遵循先例（AMP案），认为事实上是基于衡平法上的禁止反悔原则，而非普通法上的禁止反悔原则。

尽管在司法实践中由于禁止反悔原则而导致的默示许可是少见的，但三菱证明六年期间双方的“整个行为过程”导致三菱推断出Wang对于制造和销售专利产品的同意。此外，三菱设计并使用SIMMs时双方当事方之间的合作水平也能得出Wang同意制造和销售专利产品的结论。记录显示Wang实验室试图劝说三菱进入SIMMs市场，Wang实验室向三菱提供设计、建议和样品，最终Wang实验室从三菱采购SIMMs，之后又指责三菱侵权。我们认为：作为一项法律问题，三菱公司认为Wang实验室许可三菱使用该专利发明是一个合理的推断。

Wang授权三菱公司使用SIMM发明的事实，以及三菱给付Wang足够的对价足以支撑我们的观点，即Wang的行为是对三菱的许可。虽然非明示的许可或者转让往往是和普通法上禁止反悔有关，但是本案Wang的长期行为远远超过了“单方期待的范畴”[①]。Wang的行为不仅使三菱觉得因为Wang已经获得了相应对价，三菱享有相关授权，而且Wang还公开宣布过它想获得的回报。比如，Wang积极说服JEDEC使其运用SIMM作为行业的标准。通过三菱以及其他人的努力，SIMM已经成为行业标准，Wang也获得大量的市场份额以及低廉的SIMMs产品。综上所述，Wang获得了相关对价，同意三菱使用它的专利，并授予了三菱制造、使用和销售SIMMs专利产品的权利。该等权利不应受到Wang的进一步限制。因此，我们同意地区法院的决定，即三菱对’513专利享有不可撤销的免费的许可，驳回Wang要求修改判决的动议。

陪审团对事实认定已经基于大量的证据，法官也基于陪审团的认定做出

① Stickle, 716 F. 2d at 1559, 219 USPQ at 383.

了正确的法律判决，因此我们认为三菱获得默示许可，维持原判。该默示许可本质上是衡平法的而非普通法上的禁止反悔，此类许可源于双方在整个过程中的默示行为，这类行为已在 De Forest 案及后续案件中讨论过，这些先例是以衡平法上的禁止反悔原则作为指导的。因此，我们进一步认为地区法院不对 Wang 实验室提出的此问题进行新的审判未构成滥用自由裁量权。

综上所述，维持原判。

**【案例要点解析】**

本部分将重点依据本书的主题——专利许可而讨论默示许可的构成。

De Forest 案中，美国最高法院指出：专利的许可不必要通过正式许可。专利权人所使用的任何语言或所实施的任何行为，如果致使他人能够合理地推论出专利权人已经同意其制造、销售、许诺销售或使用专利产品或实施专利方法，则基于这些行为，就会成立默示许可，并且可以成为对方主张侵权时的抗辩理由。① 因为属于非明示许可，判断是否构成默示许可需要满足一定的条件。根据本案初审法院对陪审团做出的指示，为了证明存在默示许可抗辩，涉嫌侵权人必须证明：第一，专利权人和涉嫌侵权人之间有既存的关系；第二，在这种关系中，专利权人将使用涉案发明的权利转移给涉嫌侵权人；第三，上述权利转移有有价值的对价来支持；第四，专利权人现在否认曾经向涉嫌侵权人转让权利。如果符合上述条件，可以从专利权人曾经的言行中合理地推断出专利权人同意涉嫌侵权人制造、使用、销售专利产品，则可以判定存在默示许可。本案中，被告三菱公司完成了对上述各项条件的证明，证据显示 Wang 实验室试图劝说三菱进入 SIMMs 市场，Wang 实验室向三菱提供设计、建议和样品，最终 Wang 实验室从三菱采购 SIMMs，六年期间双方之间的“整个行为过程”导致三菱推断出 Wang 对于制造和销售专利产品的同意。此外，三菱设计并使用 SIMMs 时双方当事方之间的合作水平也能得出 Wang 同意制造和销售专利产品的结论。因此陪审团认定默示许可成立，初审法院以及上诉法院对此予以确认。

对于 Wang 实验室就第三项条件即权利转移存在有价值的对价所提出的异议，法院指出 Wang 实验室由于三菱的行为获得的三项收益：（1）通过同意制造和销售 SIMMs，三菱公司对 SIMMs 的“高量供应和价格下降”作出了贡

---

① De Forest Radio Tel v. United States, 273 U.S., at 236, 241, 47 S. Ct. 366, 367, 71 L. Ed. 625 (1927).

献，使作为 SIMMs 的购买者的 Wang 实验室受益；（2）三菱承担了开发和模具成本；（3）三菱重新设计了 SIMMs，满足了 Wang 实验室的首选设计要求。也就是说，这些收益均构成有价值的对价，并非仅仅许可使用费可以构成有价值的对价。

默示许可是否成立在于权利人的陈述和行为给人造成了权利人同意他人制作、使用或出售权利人的专利产品的印象，如果侵权人不能证明让人产生许可意向的行为存在，或者专利权人的行为和侵权行为之间缺乏关联，则不存在默示许可。

# 四 专利许可与权利用尽

## （一）许可条件与权利用尽

### Keeler 等诉 Standard Folding-Bed 公司*

美国最高法院(1895)

**【案件事实】**

一审原告 Standard Folding-Bed 公司（一家纽约州的公司，简称 Standard 公司）是一项改进衣柜床架专利在马萨诸塞州的受让人。该项专利的专利权人是 Lyman Welch，Welch 折叠床公司拥有该项专利在密歇根州的权利。被告 Keeler 公司（一家在波士顿经营的公司）在美国密歇根州的Grand Rapids城从 Welch 折叠床公司购买一卡车的前述产品（床），在马萨诸塞州进行销售后，又在波士顿市进行上述床的销售。Standard 公司在美国马萨诸塞地区巡回法院起诉了 Keeler 公司。

**【审理过程】**

一审法院马萨诸塞州巡回法院判决认定：针对马萨诸塞州专利权受让人的权利主张，被告从密歇根州受让人处购买专利产品无法获得保护，做出了支持原告 Standard 公司的最终判决及禁令决定。Keeler 公司不服，上诉至美国最高法院。美国最高法院最终推翻一审法院的判决，发回重审。首席法官、布朗法官及菲尔德法官持反对意见。

---

* Keeler et al. v. Standard Folding-Bed Co., 157 U. S., at 659 (1895).

【判决理由】

美国1874年修正法案第4848节规定，每一个专利都包含着对于专利权人、专利权人继承人及受让人的授权，即在17年时间内排他地在美国境内制造、使用、销售发明。第4849节规定任何专利或专利中的任何利益在法律上应当可以通过书面文件的形式转让，专利权人和他的受托人或法律代表人可以类似的方式将其专利在整个美国境内或部分特定区域的独占权利进行授权或转让。

当专利权人未通过转让去分割他的任何原始权利而选择自己制造、销售专利产品时，很明显购买者可以在美国的任何地方使用专利产品，并且除非受到与专利权人合同的限制，购买者也同样可以销售或处理专利产品。专利产品售出后就已经超过了专利权垄断的范围，并且不再受制于基于专利权的特殊保护。正如克利福德法官在Goodyear诉Rubber案①中所说："将原料制造成产品并以满意补偿价格出售后，无论是以材料的形式还是以成品的形式，只要是与专利权人发明有关的产品，就已经行使了其专利证书下确保的全部权利，而制造的专利成品和组成成品的材料被购买者以一定的价格购买，就消灭了专利权人先前通过专利授权而附带在产品中的全部权利。"

然而，假如专利权人通过向他人转让在美国特定区域的专利独占权来行使法定的转让权，当购买者从专利权人自己保留权利的地域购买专利产品，购买者的相应权利是什么？在这种情况下，购买者是否能获得对专利产品完全的财产权，因此可以在美国境内的全部地域使用、销售专利产品，或者如果购买者将所购产品带入专利权人向他人转让了专利权的特定区域，他是否应该为使用和销售专利产品而再次付费？如果说专利权人将其专利权行使区域在美国境内分割为20个或更多特定区域，那么从其中一个特定区域的享有制造和销售专有权的销售者处购买专利产品的消费者，在将所购产品转移到另一个特定区域时，是否必须为使用和销售已成为购买者财产的专利产品向当地的权利受让人再次付费或者作为违法者成为赔偿之诉的被告？并且在此种情形下，使用权与销售权之间是否存在实质的区别？专利产品的所有人对其所有的专利产品是否能像其拥有的其他财产一样保有和处分，其死亡后，该专利产品是否能与所有人的其他个人遗产一起交由法定代理人处理，因此成为被管理资产的一部分而可以出售？

---

① Goodyear v. Rubber Co., 1 Cliff. 348. Fed. Cas. No. 5, 557.

尽管以上问题在本院审理的多个案件中给予了回答，这些问题正是基于本案事实而需要考量的问题。根据 Wilson v. Rousseau 案[①]及 Bloomer v. McQuewan[②] 中的观点，专利机器的购买者有权继续使用此类机器，而不用再次支付许可费，尽管专利有效期被两次延展。在 McQuewan 案中，被告没有从原始专利权人或地区专利权受让人处直接购买专利机器，而是从一个购买者手中购买了该机器，该购买者则是从地区专利权受让人处购买了专利机器。因此，对于“专利机器的购买者不仅有权利在机器存续期间内继续使用机器，并且有权再次出售该机器，而该机器的二次购买者也有权使用该机器”，做出上述判决的 McQuewan 案可被视为权威案例。

Clifford 大法官在 Mitchell v. Hawley 案[③]中对于上述判决的效力及范围进行了阐述。他指出“专利权人通过专利获得了在专利有效期内使用和制造专利发明并销售给他人进行使用的专有权利，但当专利权人制造一个或多个专利产品并销售给他人去使用时，专利权人就在售出产品的范围内放弃了自己的专有权利，他们仅有权因其专利机器获得一次许可费，所以当专利权人自行制造并没有附带条件而销售产品，或许可他人去制造、销售并运输或者制造、使用、操作专利产品而没有附带任何条件，并且专利产品的相关对价已经支付时，就确立一个这样的规则：即专利权人一定会被理解为他对已经被授权销售、运输或操作的专利机器放弃了全部的专有权利，并且即便这些专利产品被再次进行销售、运输或操作，专利权人都对其不再有任何利益。”当以上这种情况出现时，如果机器的所有人（生产者或购买者）在专利有效期内获得了权利去使用和操作专利产品，无论专利权人还是其权利受让人在产品销售后获得了任何专利权有效的延展，机器的所有人都可以继续使用该专利产品，直到机器报废。

这些案例被遵循，并且在 Adams v. Burke 案[④]中有了更进一步的发展。该案中 Lockhart 与 Seelye 通过转让拥有了一项棺材盖专利，该专利使用限于以波士顿市为中心半径十英里范围内。Adams 则通过转让获得了其他地域的所有专利权利。本案被告 Burke 是殡仪业者，在 Lockhart 和 Seelye 处购买了专利产品后在原告 Adams 的领域内经营，Adams 遂以侵权之诉将被告诉至法庭。

---

① Wilson v. Rousseau, 45 U. S., at 4 How. 646 646 (1846).

② Bloomer v. McQuewan, 55 U. S., at 14 How. 539 539 (1852).

③ Mitchell v. Hawley, 83 U. S., at 544 (1872).

④ Adams v. Burke, 84 U. S., at 453 (1873).

被告 Burke 的抗辩理由是其购买的专利产品是从 Lockhart 和 Seelye 处无限制条件购买的，法院认可了 Burke 的抗辩理由。该案的法官米勒给出了法院的意见："当专利权人或者其权利受让人销售一个主要价值在于使用的机器或仪器时，他获取了使用的对价，也就放弃了限制其使用的权利。该产品的流转不受专利垄断权的限制，换句话说，专利权人和其权利受让人在实施销售行为时就已经获得了在该特定的机器或设备上使用专利的全部许可费或对价，购买者的使用行为不再受到专利权的进一步限制。"被告作为殡仪业者，尽管是在 10 英里范围内购买，却超出范围进行了使用，但是他购买这些棺材就是为了受雇去埋葬遗体，获得使用的权利，不再受限于专利权人的任何主张。

很明显 Burke 对这些棺材的使用必然包含销售行为。Burke 购买专利产品不是为了自用而是为了转售给其他人，法院判决支持了 Burke 的辩护理由，该判决的重要性在于一个从有权在特定领域内销售专利产品的销售者处购买专利产品的人，有权在美国的全部或任一地区使用或销售此类产品。当许可费已经支付后，专利产品变成了完全无限制的购买者的财产，销售产品的权利就是这种所有权的应有之义。

在 Hobbie v. Jennison 案①中，Jennison 是一个关于运输气体、液体等流体管道的改进专利在密歇根州的权利受让人，他知道在密歇根州生产、销售、运输的管道要在康涅狄格州的一个城市的街道上安装，而其在该地域并不拥有专利权，管道在该地区安装后遭到了该地区专利权受让人 Hobbie 的起诉。巡回法院支持了被告，该案的判决结果在本案中再次得到确认。

在 Hobbie 案中主要讨论的问题是对 Adams 案的真正解读，并且试图区分该案中被告清楚地知道专利产品将要在他不拥有专利权的地区实施。该案中法院认为 Adams 案可以适用，因为在密歇根州的销售是一个完整的交易，并且无论是管道实际在康涅狄格州安装或者被告知道管道将在该州使用，都不能使被告承担责任。

此前不久的 Wilson 诉 Rousseau 案②以及其后的案例认为：一旦专利产品购买者向专利权人支付专利使用费，或者购买者从专利权人的授权销售者那里购买专利产品，支付专利使用费或者购买行为使得这些专利产品在专利的剩余有效期内不受专利权的进一步控制，即使专利权的有效期经过延长超过了合同有效期，考虑到已经获得了前述授权，专利产品购买人或者支付专利

① Hobbie v. Jennison 149 U. S.，at 355，13 Sup. Ct. 879.

② Wilson v. Rousseau，4 How. 688.

使用费的人有权免于专利权人或专利受让人的权利诉求。在 Adams 案中，法院判定在一个特定区域内的专利产品购买者和在另一个区域的专利权受让人之间（发生冲突的话），持有、使用、销售的权利一旦合法获得，将保护购买者不受专利垄断权的限制。在 Hobbie 案中，法院认为在不同区域的专利权受让人之间，一方在明知的情况下可以将专利产品销售给那些意图将专利产品带入另一方的区域内使用的购买者。

这些案件所确立的原则是从授权销售专利产品处购买到专利产品的人对这种产品拥有完全的财产权，不受时间或地域的限制。专利权人是否通过合同等其他方式去保护自己及其权利受让人并非在法庭中应讨论的问题，法院对此没有意见。然而，显然这种问题将会是合同法的问题，而不是专利法该解决的。

本法院的最终意见并没有剥夺专利权人的相应权利，因为没有专利产品可以不付费就不受专利权人垄断权利的限制。显然相反意见的结论将引起公众的不满与不便，就不在此举例说明。本院推翻下级法院的判决，发回重审。

**【反对意见】**

布朗（Brown）法官认为本案的真正问题在于，一个在马萨诸塞州经营专利产品的商人，在知悉本州生产、使用和销售此类专利产品的权利属于另一个人的情况下，是否可以在日常贸易中以在马萨诸塞州再次销售为目的，从密歇根州的专利权人手中购买专利产品，并可以无视被许可人的权利而在马萨诸塞州进行销售。

布朗法官认为 Adams 案、Boesch 案①和 Hobbie 案与本案有直接关系……对于 Boesch 案，布朗法官不理解为什么法院不可以将其适用于本案的环境，即美国境内，两个案件中都支付了许可费，而在国外支付的许可费与国内支付的许可费在原则上并无明显差别。对于 Adams 案及 Hobbie 案，假如一个竞争对手商人注意到了被许可人或权利受让人获得在某区域的权利后，也许会大量购买专利产品并在该区域内销售，从而损害在同样区域的权利受让人的权利，基于这种考虑，布朗法官不同意法院关于以上案件的判定。

依据修正法案第 4898 节的规定，专利权人有权将全美国范围或美国特定区域的专有权利进行授权或转让。该法案的目的是将专利权人的独占权授予被许可人，被许可人享有在授权区域内的制造、使用、销售专利产品的权利，

① Boesch v. Graff 133 U. S., at 698, 10 Sup. Ct. 378.

能够从在该区域销售的每件专利产品中获益。该项权利被认为极具价值，受到法院的保护，并且具有合理的理由，未侵犯其他人（从受权销售商处购买产品的人）的权利。本案中当购买者完全忽略了区域权利受让人的权利，基于其从另一区域权利受让人处购买了专利产品作为理由抗辩时，尽管有理由去说购买者对于专利产品已经支付了相应的报酬，但若购买者故意通过此种方式进入当地市场与该区域被许可人形成竞争时，将对当地权利受让人的权利造成巨大的破坏。在这种规则下，专利权人可能会在除了他自己所在地区以外的每一个州许可他人去制造及销售专利产品，并由于专利权人具有更为优越的条件，通过比被许可人更低的价格销售专利产品，将被许可人赶出市场，最终破坏了权利许可的价值。

综上所述，首席法官、布朗法官及菲尔德法官不同意本案多数意见。

**【案例要点解析】**

本案涉及的主要问题是无条件销售专利产品后专利权人是否能继续控制已经销售的产品，即专利权用尽的地域问题。在本案之前的一般观点是如果专利产品无条件在其销售范围内销售，则购买者可以不受限制的使用、再次销售专利产品。而本案中涉及的问题是在一地购买的经许可销售的专利产品在另一地进行销售时，存在着当地权利受让人利益与专利产品购买者所有权之间的矛盾，本案中的多数意见支持了专利权用尽在国内不分地域的观点，即购买者在为所购专利产品支付过费用后，专利权人或特定区域的权利受让人基于此产品的垄断权利就已经用尽，对此产品日后的使用、销售等行为均无任何利益。

需要注意的是本案确立的基本原则是针对专利产品无条件销售的权利用尽问题，案中引用的案例也都没有限制销售条件，在这种情况下得出的结论是从授权销售专利产品处购买到专利产品的人对这种产品拥有完全的财产权，不受时间或地域的限制。至于专利权人是否通过合同等其他方式去保护自己及其权利受让人，并非在本案中应讨论的问题，法院对此并没有展开论述。然而法官在判决末尾提到“这种问题将会是合同法的问题，而不是专利法该解决的”，可以说是有先见之明。专利权用尽问题后来发展到有限制条件销售的专利产品的售出以后，是否发生专利权用尽的问题，美国法院经历了一个曲折的发展过程。我们会在后续的案件中逐步讨论。

本案的反对意见代表了在专利用尽问题上的另一派观点。反对意见担心如果专利权地域性不被限制的话，被许可人的竞争对手获得在该区域的权利后也许会大量购买专利产品并在被许可人的区域内销售，从而损害在同样区域的权利受让人的利益。若购买者故意通过此种方式进入当地市场与该区域被许可人形成竞争时，将对于当地权利受让人的利益造成巨大的破坏。但出于平衡两者间的利益考虑，法院的多数意见还是选择保护专利产品所有权不受限制，专利产品所有人的所有权显然更为重要，并且适度竞争的存在也有利于市场良性发展。

# Mallinckrodt 公司诉 Medipart 公司*

美国联邦巡回上诉法院(1992)

【案件事实】

本案的专利设备是一种将气溶胶雾状的放射性或治疗性物质输送到患者肺部的仪器，用于肺部疾病的诊断和治疗。该设备由专利权人 Mallinckrodt 公司制造，并作为一个整体套件销售给医院。该设备与由 Mallinckrodt 提供的铅屏蔽容器配套使用，以最大限度地减少辐射暴露和使用后的安全处置。设备标有专利号码，并带有“Mallinckrodt”和“UltraVent”商标以及“一次性使用”字样。随每个设备一起提供的包装说明书标明“仅供单一病人使用”，并指示将整个受污染的设备按照处理生物危害废物的程序进行处理，指导医院在正确处置之前将用过的设备密封在放射线屏蔽的容器中。

本案中的医院并没有按使用说明处理 UltraVent 设备，或将其限制为一次性使用。相反，医院将使用过的气管/雾化器组件运送到 Medipart 公司，由 Medipart 公司将组装件包装并发送给一个辐射灭菌器公司，辐射灭菌器公司将包装暴露于至少 2.5 兆伽马辐射，并将其返回给 Medipart。Medipart 人员随后检查每个组件是否有损坏和泄漏，并将组件放入一个塑料袋中，同时再放入一个新的过滤器、管道、咬嘴和鼻夹。Medipart 称为“翻新”的装置被运回到它们原来的医院。无论辐射灭菌器公司还是 Medipart 公司都不对残留的生物活性或放射性进行重新检测。该组件仍然带有“一次性使用”标识和“Mallinckrodt”和“UltraVent”商标。

【审理过程】

Mallinckrodt 公司对 Medipart 公司提起诉讼，声称其行为构成专利侵权和引诱侵权。Mallinckrodt 还主张了商标侵权、“兰哈姆商标法”第 43（a）条下的不正当竞争以及违反伊利诺伊州不正当竞争法的其他违法行为。双方同意

---

* Mallinckrodt Inc. v. Medipart Inc., 976 F. 2d 700 (Fed. Cir. 1992).

采用简易程序判决。

地区法院准予了 Medipart 以专利侵权为由发起的动议，认为专利权人对专利进行的“一次性使用”限制不能通过专利侵权诉讼的方式得到执行。地区法院还认为，Medipart 的行为是受允许的修理行为，而不是未经许可再造专利设备的行为。法院对 Mallinckrodt 的商标侵权和不正当竞争行为的诉讼理由做出保留决定，仅对专利方面做出最终判决。

地区法院还禁止 Mallinckrodt 公司向医院的用户发布一个新通知，该新通知主要包括了以下内容：强调了“一次性使用”的限制，并声明这个限制的目的是保护医院和病人免受潜在的不利影响，诸如传染病传播、材料不稳定性和/或诊断性能降低之类的后果；UltraVent 设备被某些专利所覆盖；该医院根据这些专利获得许可只能使用该设备一次；而且重复使用该设备将被视为侵犯专利权。

Mallinckrodt 公司向联邦巡回上诉法院提起上诉，要求就专利侵权问题做出简易判决，并要求授予临时禁令。二审判决推翻了地区法院关于再使用限制在专利法下无法执行的简易判决，并发回重审；认为地区法院做出的被告的修复行为属于法律允许的修理的判决是有争议的，撤销了该判决，并撤销了地区法院做出的禁令判决。

**【判决理由】**

本案专利使用人因违反销售设备时的“一次性使用”通知而使用专利医疗器械，被诉专利侵权和引诱侵权。Mallinckrodt 将其专利设备出售给医院，而医院在设备初次使用后，将其送到 Medipart 进行维修，使医院能够再次使用该设备。Mallinckrodt 声称，Medipart 被医院引诱进行了侵权行为，其行为本身也构成专利侵权。地区法院认为违反“一次性使用”的通知不能通过专利侵权的方式予以救济，并做出了不侵权的简易判决。

地区法院既没有认定“一次性使用”通知的形式在法律上是否足以构成 Mallinckrodt 给予医院的许可或销售条件的一部分，也没有认定 Mallinckrodt 后来意图发出的通知（该通知被地区法院否决了，理由是会损害 Madipart 的业务）是否弥补了“一次性使用”通知中的任何缺陷。因此，地区法院没有任何关于最初的“一次性使用”作为限制性通知在法律上是否有缺陷的裁决，法院也没有裁决说如果有缺陷，其中的缺陷可以被随后的一系列通知所弥补。地区法院还特别指出 Mallinckrodt 是否可以根据合同法执行此通知并不是绝对的。本次上诉中没有提出这些方面的问题，相关事实前提也没有在原审中展开讨论。

地区法院认为专利法下不能实施任何限制，无论这种限制是否可以根据其他法律执行，无论这种限制是否是第一次销售时向买方发出通知。本院认为这个裁决是不正确的，因为如果 Mallinckrodt 的限制是一个有效的销售条件，根据 General Talking Pictures Corp. v. Western Electric Co. 案①，专利法并未排除这种限制的强制执行。

综合以上考虑，本院将面对如下几个问题：

第一，简易判决的申请人 Medipart 并未对“一次性使用”通知有异议。因此本院不判定这种限制形式是否满足了法律上对于 Mallinckrodt 所称的“标签许可”（label license）的条件，因为这些问题不属于对简易判决上诉的内容。

第二，本院也不会判决 Mallinckrodt 在第一次通知中发出的后续通知是否会弥补第一次通知中的缺陷，因为这个问题在一审的时候并没有出现。然而，本院认为在 Mallinckrodt 请求批准这项禁令的上诉中，向医院用户发布新通知的请求被不适当地禁止了。

第三，本院还认为地区法院错误应用了先例，错误地认为即使是一手购买者，法律上也不能对其施加任何限制。这里的限制本身并不违反专利滥用原则或反垄断法。如果其他法律都无法阻止侵权行为实施，违反有效限制条件使用专利可以根据专利法得到补救，

第四，地区法院对先前判例的误用也导致了对法律上“修补”和“再造”的错误适用，因为如果专利产品的“再次使用”被有效限制了，那么甚至对专利产品的“修理”行为都可能构成专利侵权。

1. 对二次使用的限制

Mallinckrodt 将“重复使用限制”描述为特定使用领域的“标签许可”，其中该特定领域是单一（一次性）使用。在这个简易判决动议上，各方对于一次性使用构成限制使用没有争议，同样没有争议的是医院是专利设备的一手购买者。地区法院简易判决主要解决的是通过专利侵权诉讼来实现限制的可应用性。法院的前提是即使一次性使用通知足以构成有效的销售条件，违反该条件也不能根据专利法得到补救。

---

① General Talking Pictures Corp. v. Western Electric Co., 304 U.S., at 175, 58 S. Ct. 849, 82 L. Ed. 1273, 37 USPQ 375, aff'd on reh'g, 305 U.S., at 124, 59 S. Ct. 116, 83 L. Ed. 81, 39 USPQ 329 (1938).

Mallinckrodt 公司认为：根据专利法，对单一患者使用的限制是有效和可执行的，因为这些使用在专利授权的范围之内，并且限制不会扩大专利授权范围。Mallinckrodt 指出许可证下的使用范围比完全拥有一件专利物品的使用范围狭窄得多，但专利许可已经是专利法中的有效实践，并且这种许可证不违反反垄断法，也不是专利滥用。Mallinckrodt 还表示本案对于专利设备使用的限制是合理的，因为它基于健康、安全、有效性和责任方面的考虑，并且不违反公共政策。因此，Mallinckrodt 认为：根据专利法，这种限制是有效和可强制执行的。Mallinckrodt 总结说：违反限制的使用是专利侵权，地区法院的观点是错误的。

Medipart 公司则认为这种限制是不可执行的，因为 Bauer trilogy 案和 Motion Picture 案清楚地建立了在专利法下对于售出产品的购买者来说，没有任何限制是可以强制执行的规则。地区法院也持同样观点。地区法院还认为由于医院是从专利权人那里购买器械，而不是从一个持有生产许可证的被许可人处购买，因此根据专利法没有任何限制可以合法地施加在该器械的使用上。

地区法院认为涉及产品持续使用范围和其他限制的案件与禁止限制的案件（如固定价格和搭售，专利权在首次销售后用尽）存在着一种矛盾关系。地区法院指出：出于政策考虑要求不得在专利产品出售后施加任何条件，而 Mallinckrod 不能通过施加的产品限制将销售转换为实质上的许可。正如本院将要讨论的那样，地区法院判决的法律前提存在错误，因为不是所有的使用专利商品的限制都是不可执行的。

专利产品使用限制的可执行性来源于专利授权，即典型的财产权形式：排除权。根据《美国专利法》154 条，每项专利都应包含一项授权，即在 17 年内有权排除他人在美国境内制造、使用或出售发明。该排除权可以全部或部分放弃。这种放弃的条件受专利法、合同法，反垄断法和其他适用法律以及专利滥用法律中的公平考虑的约束。和其他商业领域一样，只要不违反法律，私人当事人可以自由选择合同。“除少数例外情况外，对于由专利权人施加的、并且经被许可人同意的制造或使用或出售这种专利财产的任何条件，只要该条件对于此种财产来说本质上不是非法的，将由法院维护。”①

---

① Bement & Sons v. National Harrow Co., 186 U. S., at 70, 91, 22 S. Ct. 747, 755, 46 L. Ed. 1058 (1902).

尽管地区法院拒绝使用该称呼，地区法院关于 Mallinckrodt 对重复使用的限制不可执行的裁定依据是专利滥用原则。专利滥用的概念源于对专利权使用进行限制的做法，而这种限制做法本身不违反任何法律，但是通过这种做法获得了限制竞争的力量，因此被认为是违反公共政策的，该政策目的是防止专利权人使用专利获得超过法定专利权的市场利益。

正如本院所说的，地区法院认为 Mallinckrodt 对单一病人使用的限制是不可执行的，这是基于"政策"的考虑。地区法院参考了一批案例，这些案例都认为限制专利物品转售价格是违法的。然而这些案子都涉及固定价格和伴随专利产品搭售的限制，本身就是非法的情况。

在 Bauer 案①中，专利权人销售产品时附带了一张告示"仅授权价格不低于一美元的销售和使用，任何违背此条件的销售或在违背此条件下售出后的使用，将构成侵权。"美国最高法院认为该告示不可执行："虽然国会在制定专利法时有意确保一个排他的销售权利……但这里并不存在授予了保持价格和通过在售出产品上添加告示限制价格来阻止竞争的特权。"

类似的情况是在 Straus 案②中，专利权人在他的留声机产品上附加了最低转让价的"许可通知"。法院认为专利权人的许可仅是一个固定价格的计划，如果使其有效，将会给无辜的购买者带来普遍的极大的不公平。因为这个告示的目的是固定转售价格而不是确保原告对机器的任何使用，法院因此拒绝了专利权人向低于特定价格出售机器的人提起专利侵权诉讼。在 Boston Store 案③中，美国最高法院再一次考虑了由专利权人施加的最小转售价格条件，引用了 Bauer 和 Straus 案，以及一个涉及非专利产品的案件 Dr. Miles Medical Co. v. Park & Sons Co. ④ 和一个版权案件 Bobbs-Merrill Co. v. Straus⑤，美国最高法院认为价格条件违背了一般的法律，并且也不属于专利法授予的垄断范围。

在 Motion Picture Patents 案⑥中，一个许可告示被附在了专利电影放映机上，声明购买者仅有权使用放映机放映从专利权人处租来的影片。被告用电影放映机放映了来自其他地方的电影资源。美国最高法院谴责了专利权人的

---

① Bauer & Cie. v. O'Donnell, 229 U. S., at 1, 33 S. Ct. 616, 57 L. Ed. 1041 (1913).

② Straus v. Victor Talking Machine Co., 243 U. S., at 490, 37 S. Ct. 412, 61 L. Ed. 866 (1917).

③ Boston Store, 246 U. S. at 25, 38 S. Ct. at 261.

④ Dr. Miles Medical Co. v. Park & Sons Co., 220 U. S., at 373, 31 S. Ct. 376, 55 L. Ed. 502 (1911).

⑤ Bobbs-Merrill Co. v. Straus, 210 U. S., at 339, 28 S. ct. & 22, 52 L. Ed. 1086 (1908).

⑥ 243 U. S at 516, 37 S. ct. at 420.

捆绑式销售，认为其是非法的，因为这种限制将专利权垄断的范围扩大到非专利发明的部分。

这些案件证明了伴随着专利产品销售的固定价格和捆绑限制本身是非法的，但是这些案件并没有认为，也没有遵循这样的原则，即所有伴随专利产品销售的限制条件都会被认为是非法的。在 General Talking Picture 案①中，美国最高法院讨论了对于使用的限制，并总结如下："有限制的许可是合法的，这点似乎是明确的，正如在 United States v. General Electric Co. 案②中的那样，专利权人可以在一些条件下授予许可，只要这些条件的履行属于专利权人通过专利授权有权获得的回报的合理范围之内。"有限制条件的授权许可是一种古老的做法③，其出现以后，它的合法性就没有被质疑过。

在 General Talking Pictures 案④中，专利权人授权被许可人去制作和销售为了特殊使用（家庭使用）目的装有专利发明的扩音器。被告从被许可的生产商处购买了专利扩音器，且知道专利权人对于仅限家庭使用的限制。美国最高法院考虑"该限制对于已知该限制通知的购买者是否生效"问题时，注意到对于特定用途的有限制许可是被允许的，因此购买者从被许可生产商处购买的不用于家庭目的使用的专利产品被视为未经授权，因此对其使用构成了专利侵权行为。最高法院在再审意见中这样写道：如果扩音器根据专利法被生产出来，并且已经通过正常的商业渠道流通到购买者手中，我们就不考虑双方当事人应该有什么权利。

地区法院根据上述意见认为由于本案中医院是直接从专利权人而非其授权的被许可人处购买的专利设备，因此不能对专利设备的使用施加任何限制，然而在 General Talking Picture 案中法院并没有认为必须存在一个中间被许可生产商才能对专利产品购买者施加限制，法院并没有对专利权人是生产商而专利产品通过正常商业渠道销售给购买者的情况进行裁判。

专利产品 UltraVent 是由专利权人制造的，但给医院的销售是首次销售并且带有使用限制的通知，被告 Medipart 主张对于特殊用途的使用限制是否具有执行性取决于专利产品是由专利权人制造或由被许可生产商制造，但是其并没有提供任何法律、公共政策或者逻辑方面的证据去支持其主张。本院拒

---

① General Talking Pictures Corp. v. Western Elec. Co., 304 U. S., at 175 (1938).

② United States v. General Electric Co., 272 U. S., at 476, 489, [47 S. Ct. 192, 196, 71L. Ed. 362 (1926)]

③ Rubber Company v. Goodyear, [76 U. S.] 9 Wall. 788, 799, 800 [19 L. Ed. 566 (1870)] 19 L. Ed. 566 (1870); Gamewell Fire-Alarm Telegraph Co. v. Brooklyn, 14 F. 255 [C. C. N. Y. (1882)].

④ 305 U. S. at 127, 59 S. Ct. at 117, 39 USPQ at 330.

绝对这两者做出区分，因为这种区分并没有基础。事实上，Mallinckrodt 已经指出这种区分很容易被规避。一个限制的可行性（viability）应当取决于交易是如何构成的。在 Continental T. v. Inc. v. GTE Sylvania，Inc. 案①中，美国最高法院在推翻 United States v. Arnold，Schwinn & Co. 案②时解释：生产商对限制转售企图的合法性并不会取决于转售者是购得了货物或者仅仅是一个生产商的代理商。美国最高法院不同意依赖反垄断分析中对于没有经济后果的形式区分，我们也就没有理由仅仅因为商品是专利商品，而保留没有经济后果的形式上的区分。

地区法院认为 Mallinckrodt 的限制不可强制执行，并认为 General Talking Pictures 案与早期固定价格和捆绑销售的案子存在一些冲突。地区法院也注意到最高法院在支持 General Talking Picture 案中的限制条件时没有引用 Bauer、Boston store、Motion Picture Patents 案。该观察是正确的，但这并不是重点。在 General Talking Picture 案的时代，固定价格和捆绑销售一般已经被反垄断法和滥用法禁止了，而其他限制条件一般属于专利授权的范围之内。对于固定价格和捆绑销售的禁止并没有使其他限制条件也无效和不可实行。并且，美国最高法院在判决时不可能没有意识到 Bauer 案，因为布莱克法官的反对意见就是在该案基础上提出的。

对于专利产品使用限制的评判在于这些限制与专利排他权的关系。“从历史上看，法律禁止对产品使用施加限制始于再售的价格控制和捆绑销售协议，现在继续在这些产品上体现，极少例外。”③ 当反竞争效果被考虑进来时，决定该限制条款有效性的基础在于施加限制的原因是什么。如 Windsurfing International，Inc. v. AMF，Inc. 案④中，法院认为若要为专利滥用进行抗辩，涉及没有被最高法院认为是反竞争的许可协议，反竞争的实际判定必须是因为整个许可会导致在一个适当的相关市场中非法限制竞争的后果。在 Business Electronics Corp. v. Sharp Electronics Corp. 案⑤中，法院认为垂直的非价格限制不属于非法的限制。地区法院拒绝将 Bauer 案和 Motion Picture Patens 案仅限

---

① Continental T. v. Inc. v. GTE Sylvania，Inc.，433 U. S.，at 36，57－59，97 S. Ct. 2549，2561－2562，53L. Ed. 2d568（1977）.

② United States v. Arnold，Schwinn & Co.，388 U. S.，at 365，87 S. Ct. 1856，18 L. Ed. 2d 1249（1967）.

③ W. F. Baxter，The Viability of Vertical Restraints Doctrine，75 Calif. L. Rev. 933，935（1987）.

④ Windsurfing International，Inc. v. AMF，Inc.，782 F. 2d 995，228 USPQ 562（Fed. Cir）.

⑤ Business Electronics Corp. v. Sharp Electronics Corp.，485 U. S.，at 717，735-736，108 S. Ct. 1515，1525，99 L. Ed. 2d 808（1988）.

定在固定价格和捆绑销售，不仅是因为该案有更广泛的应用空间，而且因为存在着巨大的公共利益使专利法不允许对于购买商品的使用施加限制。

地区法院还援引了一系列判例来支持自己的观点，即专利设备的无条件销售穷尽了专利权人控制购买人对产品使用的权利，但专利产品的销售，像其他商品一样，也可以是有条件的。专利权用尽原则并不会将有条件销售转化为无条件销售。

Adams v. Burke 案[①]解决的是关于受让人拥有在波士顿 10 英里范围内制造、使用和销售的专有权的专利棺材盖的问题。该棺材盖“被所述受让人在所述地域内向 Burke，一个承办丧葬者出售，没有条件或限制”，并且被 Burke 在波士顿地域以外的 Natick 镇使用。拥有波士顿地区以外专利权的 Adams 起诉了 Burke 专利侵权。法院指出：“当专利权人……出售一种机器或工具，其唯一价值是使用的时候，他会收到使用的价款，他就无权限制这种使用。”[②] 该案法院评论道：棺材盖“在第一次使用时专利权消灭”，将使用的地理限制施加于购买者“将是对使用权施加法规和合同没有考虑到的限制”。这一观点与那个时代的其他案例相一致，如 Bloomer v. McQuewan 案[③]，在该案中法院认为当专利设备的销售没有限制时，如果专利期限延长，购买者不需要额外付费。在 Mitchell v. Hawley 案[④]中，法院指出：专利权人也许会有条件或无条件的决定销售的类型，像在其他案件中一样。[⑤] 该案中，被告侵权人已经购买了专利机器，该机器仅在专利授权的原始有效期限内被许可使用。专利期限延长后，被告辩称由于他的购买，他获得免受许可的权利。法院不同意，维持这一限制。

在 Keeler v. Standard Folding Bed Co. 案[⑥]中，法院重申没有任何限制条件的专利机器的购买者可以在美国任何地方使用或转售该设备，并解释：“当专利权人自己制造机器、无条件出售，或者授权他人无条件地制造、销售、交付、建造、使用和经营，并已支付专利产品的对价，专利权人必须明白就该产品上他的全部独占权利已经与其分离，并且不再在这些被售出、运输或者

① 84 U. S. （17 Wall.） 453，21 L. Ed. 700 (1874).

② Id. 84 U. S. （17 Wall.） at 456.

③ 55 U. S. （14 How.） 539，14 L. Ed. 532 (1852).

④ 83 U. S. （16 Wall.） 544，21 L. Ed. 322 (1873).

⑤ Id. 83 U. S. （16 Wall.） at 548.

⑥ 157 U. S.，at 659，15 S. Ct. 738，39 L. Ed. 848 (1895).

授权制造、操作的专利机器中有任何利益。”①

另一个相关的早期案例是 Providence Rubber Co. v. Goodyear 案②，Goodyear 公司授予 Chaffee 有限许可“制造和销售专利橡胶布或漆制皮革。”③ 当 Providence Rubber 公司将印度橡胶布用于橡胶鞋的生产时，法院维护 Goodyear 公司起诉专利侵权的权利，法院指出该许可“仅在［这种指定用途］的范围内转让了授权，仅此而已”。

在 American Cotton-Tie Co. v. Simmons 案④中，棉花捆包的金属绑带在出售时标注有“仅授权一次使用”的通知。法院认为对翻新金属绑带再利用的人员可以提起专利侵权之诉。法院的这一决定在 Aro Manufacturing Co. v. Convertible Top Replacement Co. 案（简称 Aro I 案）⑤ 中被进行了讨论，法院解释说：“授权仅一次使用的通知被法院认为具有重要性”。⑥

美国索赔法院在 General Electric Co. v. United States 案⑦中参考了前述的 Cotton-Tie 案和 Aro I 案，用于支持对于专利产品销售中施加的限制条件的可行性，并解释说如果缺少了这种条件那么购买者的使用是没有限制的：“除非在销售中存在明确相反的规定，如 Cotton-Tie 案……及在 Aro I 案中解释的那样，可以适当地假定，作为交易的一部分，销售包含专利组合（这里指由非专利成分组成）的设备，授权买方继续使用该设备，只要后者能够并且确实使用他从专利权人或许可人处购买的元件。”⑧

从以上这一系列案件可以看出，似乎法院只是单纯地将合同法规则中的销售可以是有条件的应用于一系列事实情况。⑨ Adams v. Burke 案及其类似的案件判决并不支持在出售专利产品时不受限制或条件的主张。地区法院从先例中推断出这一主张是错误的。除非这种限制条件违反了其他一些法律或政策（在专利领域，特别是滥用或反垄断法，如 United States v. Univis Lens Co.

---

① 157 U. S. at 663, 15 S. Ct. at 739, quoting Mitchell v. Hawley, 83 U. S. (16 Wall.) at 546-547 (emphases added).

② 76 U. S. (9 Wall.) 788, 19 L. Ed. 566 (1870).

③ Id. 76 U. S. (9 Wall.) at 799.

④ 106 U. S., at 89, 1 S. Ct. 52, 27 L. Ed. 79 (1882).

⑤ 365 U. S., at 336, 81 S. Ct. 599, 5 L. Ed. 2d 592, 128 USPQ 354 (1961).

⑥ Id. at 343 n. 9, 81 S. Ct. at 603 n. 9, 128 USPQ at 358.

⑦ 572 F. 2d 745, 215 Ct. Cl. 636, 198 USPQ 65 (1978).

⑧ Id. 572 F. 2d at 784, 198 USPQ at 98.

⑨ 根据美国《统一商法典》第 2 章 207 条 2 项 c 款的规定，为了符合统一商法典，一个许可通知可以成为销售条款的一部分，即使该条款没有出现在最初的交易中，如果没有在一段合理时间内被反对。

案[①])，私人间可以保留有关销售条件的合同自由。正如我们所讨论的，地区法院引用价格控制和捆绑案件来反映法院认为是正确的政策，也就是说，出于任何原因，不得在出售专利产品时附加条件。然而，本案不是一个固定价格或捆绑的案例，在 Bauer trilogy 案和 Motion Picture Patents 案中发现的本身的反垄断和滥用侵权行为并没有出现。正确的评判标准是 Mallinckrod 的限制是否合理地属于专利授权范围，或者专利权人是否有超越专利授权范围的嫌疑，以及是否存在导致不正当的反竞争效果的行为。

如果发现该限制属于合理的专利授权范围，即与专利权利要求范围内的主题有关，则结束该调查。但是，如果此类调查得出的结论是存在超出专利权人的法定排除权范围的反竞争效果，则这些影响不会自动推翻限制，而应该根据合理原则审查非本身违法的反竞争效果。由于专利排他权，专利所有者不应该处于比贸易中其他财产所有者更糟的境地。比较 Compare Tripoli Co. v. Wella Corp. 案[②]（在非专利诉讼中，限制转售某些具有潜在危险的产品并不违反反垄断法，其动机是预防公众受伤和防范责任风险）及 Marks, Inc. v. Polaroid Corp. 案[③]（基于安全考虑的单次使用限制不是专利滥用，并且可通过专利侵权之诉执行），本院认为地区法院对于专利产品二次使用的限制在专利法下作为法律问题是无法执行的判决是错误的。如果根据销售和许可的相关法律，本案中专利产品 UltraVent 的销售是有效的附条件销售，如果对于专利产品二次使用的限制是在专利授权范围内的，或者是合理的限制，那么对于违反专利产品使用限制的行为是可以通过提起专利侵权之诉来补救的。故本院推翻该部分简易判决，发回重审。

**2. 关于“修理”和“再造”行为**

即使是无条件销售的专利设备也要禁止专利的“再造”。购买者使用专利设备的权利不适用于再造[④]，对于再造行为被认为类似于新装置的制造。但是修理是允许的。虽然规则很简单，但其实施并不那么简单，因为并不总是清

---

① 316 U. S., at 241, 62 S. Ct. 1088, 86 L. Ed. 1408 (1942).

② 425 F. 2d 932, 936-938 (3d Cir.) (en banc), cert. denied, 400 U. S., at 831, 91 S. Ct. 62, 27 L. Ed. 2d 62 (1970).

③ 237 F. 2d 428, 436, 111 USPQ 60, 66 (1st Cir. 1956), cert. denied, 352 U. S., at 1005, 77 S. Ct. 564, 1 L. Ed. 2d 550 (1957).

④ Lummus Industries, Inc. v. D. M. & E. Corp., 862F. 2d 267, 272, 8 USPQ2d 1983, 1986 (Fed. Cir. 1988).

楚界限在哪里：在再造设备之前什么程度的“修理”是合理的。①

本案中专利权人声称被告对其废弃的专利设备实施了翻新（reconditioning）行为，违反了禁止再造的法律，并以此为由请求救济。被告 Medipart 辩称其只是清洁废弃的组件并更换小部件。地区法院认定 Medipart 的活动是“修理（repair）而非再造（reconstruction）”。然而如果原告的二次使用限制被支持，那么其就应该在此法律问题上胜诉。如果 UltraVent 设备仅获得有效的一次性使用许可，则任何重复使用都是未经许可的和侵权的，因此无须在修理和再造之间做出选择。

然而，只有当替换发生在专利权人许可下制造和销售的产品时，再造/修理的区别才是决定性的，如果以上商品的制造和销售是在没有被许可的情况下进行的，按照传统的规则，修理也构成专利侵权。

如果认为 UltraVent 设备的销售带有的一次性销售限制是有效的，上述规则就是决定性的，因为传统规则认为对未经许可生产和销售的装置进行修理也构成侵权。因此，地区法院做出的被告再造属于法律允许的修理的判决是存疑的，本院予以更正。

3. 禁令

地区法院禁止 Mallinckrodt 发布新通知，即“违反单一患者使用限制将被视为专利侵权”的声明。

专利权人确信其专利受到侵犯时，在通知侵权人时，没有侵犯任何受保护的权利；如果侵权人不能被通知侵权的后果或在法庭上遭到起诉，专利将毫无价值。这种行为本身并不被认为是非法的。②

专利权人善意地向任何人表明其目的，是维护那些他认为属于他的合法权利，尽管他可能误解了这些权利是什么，这不是一个可诉的错误。③ 被指控的侵权人也不应该与对潜在责任的了解和受到公正警告隔离，也不应该被剥夺对被威胁的诉讼做出反应的机会。

尽管 Medipart 认为 Mallinckrodt 是被销售 UltraVent 产品的商业利益所驱动，并且我们确信各方的动机都是商业性的，但 Mallinckrodt 认为存在侵权行为的立场并没有被认为是恶意的。当专利权人怀有恶意地发布侵权通知时，

① 76 U. S. （9 Wall.） 788，19 L. Ed. 566（1870）.

② Virtue v. Creamery Package Mfg. Co.，227 U. S.，at 8，37-38，33 S. Ct. 202，208，57 L. Ed. 393（1913）；Concrete Unlimited，Inc. v. Cementcraft，Inc.，776 F. 2d 1537，1539，227 USPQ 784，785（Fed. Cir. 1985），cert. denied，*710 479 U. S.，at 819，107 S. Ct. 80，93 L. Ed. 2d 35（1986）.

③ Kaplan v. Helenhart Novelty Corp.，182 F. 2d 311，314，85 USPQ 285，287（2d Cir. 1950）.

应被禁止，如通过威胁而不打算提起诉讼[①]，或者当专利权人无差别地向所有贸易成员发送侵权通知时[②]；或者当专利权人对专利有效性存在恶意时[③]。本案没有以上的任何一种情况存在。

地区法院在发布禁令时发现 Medipart 在客户流失方面遭受了无法弥补的损害，而在这点上 Medipart 具有合理的成功可能性。鉴于我们对法律问题的处理，Medipart 诉讼成功概率评估和诉讼双方的损害权衡必须相应调整[④]。我们的结论是，地区法院的陈述理由不能支持其禁令，即禁止专利权人向直接卷入其所声称的侵权行为的人发出通知。在这种情况下，当专利权人公开地就其关心的问题进行合法的预期通知时，法院的裁量权不会扩大到要求专利权人保持沉默[⑤]。

因此，撤销地区法院的禁令。

**【案例要点解析】**

从 1992 年本案判决至 2017 年本案在美国最高法院对利盟案的审理中被推翻，本案在美国专利法上作为判例法持续二十五年的效力，在被推翻前该案确立的原则一直被沿用，成为许多案件判决的依据。本案确立的原则是根据销售和许可的相关法律，如果对于专利产品二次使用的限制是在专利授权范围内的，或者说专利产品的销售是有效的附条件销售，或者该限制是合理的限制，那么对于违反专利产品使用限制的行为可以通过提起专利侵权之诉来补救。本案大量引用先前的涉及带有限制性销售条件的专利产品的销售案件来说明问题，并明确了专利权人可以对专利产品的销售附带条件，只要该条件不是类似价格捆绑、价格固定、滥用专利权等带有反垄断及不正当竞争效果，没有违反政策、强行性法规的规定，限制条件就可以在专利法下通过专利侵权得到实现。联邦巡回上诉法院认为地区法院错误的前提在于认为专利产品的销售是不能附带限制条件的，而地区法院用于支持自己这一主张的案例中的限制条件多是由于条件本身违法或涉及反垄断和不正当竞争而无效，并且联邦巡回法院认为地区法院引用的无限制条件的专利产品销售中会导致

---

① Betmar Hats，Inc. v. Young America Hats，Inc.，116 F. 2d 956，48 USPQ 266（2d Cir. 1941）.

② International Industries & Developments，Inc.，v. FarbachChemical Co. 241 F. 2d 246，（6th Cir. 1957）.

③ Magnetic Engineering & Mfg. Co. v. Dings Mfg. Co.，178 F. 2d 866，84 USPQ 105（2d Cir. 1950）.

④ Xeta，Inc. v. Atex，Inc.，852 F. 2d 1280，7 USPQ2d 1471（Fed. Cir. 1988）.

⑤ Generally Atari Games Corp. v. Nintendo of America，Inc.，897 F. 2d 1572，14 USPQ2d 1034（Fed. Cir. 1990）.

专利权穷竭的情况，并不能说明专利权人不能对专利产品的销售施加条件。当然联邦巡回法院也认同在无限制条件的专利产品销售中，专利用尽一定会发生。

本案并没有去深度探讨专利权穷竭原则的来源与具体适用，主要是从专利产品销售能否施加限制条件以及判断限制条件是否有效两方面进行论述的。本案中联邦巡回上诉法院并没有直面专利权穷竭原则能否适用于带有限制条件的专利产品销售的问题。

本案还涉及专利产品的修理和再造是否侵权的问题。对于修理和再造，传统规则是再造构成侵权，修理不构成侵权。而对未经许可生产和销售的专利产品进行修理也构成侵权。本案将上述传统规则具体化到三种不同情况：第一，当替换发生在专利权人许可下制造和销售的产品时，再造和修理的区别才是决定性的，即再造构成侵权，修理不构成侵权，这是通常的理解；第二，如果以上商品的制造和销售是在没有被许可的情况下进行的，按照传统规则，修理和再造都构成专利侵权。第三，如果专利设备仅获得有效的一次性使用许可，则任何重复使用都是未经许可的和侵权的，因此无须在修理和再造之间做出选择（即都是侵权行为）。其中第三种情况专门针对一次性使用许可的情况，无论使用属于修理还是再造，都是侵权行为，法院做出此种判决顺理成章，因为其前提是二次使用构成侵权，然而我们需要思考的问题是在 2017 年美国最高法院利盟案判决以后，此案中关于修理和再造的判决是否继续有效？利盟案的结论是二次使用不构成侵权，那就意味着合法使用，在此情况下的推论就应该是修理不构成侵权。

# Impression 产品公司诉 Lexmark 国际公司*

美国最高法院(2017)

## 【案件事实】

本案专利权人 Lexmark International Inc.（简称利盟公司）是一家以设计、生产墨盒，并向美国本土和海外客户销售墨盒为主营业务的公司，对其墨盒产品的组装和使用方法上享有一系列专利。利盟公司通过两种不同价格的销售方式向顾客销售墨盒产品：第一种是顾客全价购买墨盒，并可以不受限制地使用墨盒。第二种是顾客通过利盟公司的回收计划以大约八折的折扣价购买墨盒，同时顾客需要签署协议保证仅一次性使用墨盒，并不得将用过的墨盒回收给除利盟公司以外的任何人。为了保证能有效回收墨盒，利盟公司在对于通过“回收计划”销售的墨盒上安装了微晶片以防止墨汁用尽后再次使用墨盒。但以二次销售利盟墨盒为业的许多回收公司找到了各种应对方法去阻止微晶片发挥作用，在回收墨盒的技术障碍被攻克后，这些回收公司从美国顾客手中回收空的利盟公司墨盒，包括那些通过回收计划折扣价购买的墨盒，将它们填满墨水后再次出售。对于那些从海外顾客手中回收的墨盒，回收公司也会将这些空墨盒做同等处理后再进口到美国销售。这些回收公司通过比利盟公司新墨盒较低的价格销售以牟利。

为了打击回收公司的这些行为，2010 年利盟公司起诉了大批回收公司，包括本案的 Impression Products Inc.（简称 Impression 公司）。利盟公司以对于其两类墨盒的专利侵权为由起诉了 Impression 公司。第一类被侵权的墨盒指利盟通过回收计划在美国境内销售的墨盒。利盟公司称：因为公司充分明确地禁止这些墨盒的再利用和再销售，Impression 公司在再次翻新和销售墨盒时就构成侵权。第二类被侵权的墨盒是利盟销售至国外后又由 Impression 公司进口至国内再次销售的墨盒。利盟公司声称 Impression 公司的进口行为侵犯了自己的专利权，因为其从来未授权任何人进口墨盒。而 Impression 公司则以利盟公

---

* Impression Products, Inc. v. Lexmark International, Inc., 137 S. Ct. 1523 (2017).

司在美国境内和海外的墨盒销售都导致了专利权用尽为由进行抗辩。

【审理过程】

本案一审美国联邦地区法院认可了 Impression 公司关于销售国内回收计划的墨盒不构成侵权的抗辩，但未认可 Impression 公司关于进口利盟公司已经销售至海外的墨盒不构成侵权的抗辩。地区法院认为 Impression 公司对于国内销售部分的墨盒的再销售不侵权，而对于海外销售部分的墨盒的进口和销售则构成侵权。

二审联邦巡回上诉法院用全席审判的方式对两类墨盒都进行了审理，做出了有利于利盟公司的判决，认为 Impression 公司对于两类墨盒的再销售都构成专利侵权。对于第一类回收计划的墨盒，联邦巡回上诉法院认为专利权人可以在销售专利产品的同时保留对于产品的再次销售及再次销售后的使用进行充分说明、有法律效力限制的权利。因为被告 Impression 公司了解利盟对于此类墨盒的限制，并且这些限制不是违法的，故利盟公司的销售行为没有使其用尽在墨盒上的专利权，从而推翻了一审地区法院的判决，认为利盟公司可以向 Impression 公司提起侵权之诉。对于第二类销往海外的墨盒，联邦巡回上诉法院认为专利权人将专利产品销售至海外时，销售行为并不导致其专利权用尽，从而维持了一审地区法院的侵权判决。随后 Impression 公司向美国最高法院申请调卷令。

美国最高法院最终推翻联邦巡回上诉法院判决，发回重审。

【判决理由】

美国专利法赋予美国专利权人 20 年“排他性的在美国境内制造、使用、许诺销售、销售或者向美国进口发明的权利”，任何人没有经过专利权人授权的上述行为都将面临专利侵权的责任。但是，当专利权人销售了一件专利产品，其不能再通过专利法继续控制该产品——专利权被用尽了。购买者和后续的产品所有人可以自由地使用或者再售该专利产品，就像使用和再售其他个人财产一样，不用担心会引起侵权诉讼。

本案涉及专利权用尽的两个问题：第一，专利权人销售商品时明确地限制了购买者再使用或者再销售的权利，此种限制是否可以通过专利侵权诉讼强制执行；第二，当专利权人在国外（不适用美国法的地域）销售产品时，是否用尽了专利权。我们认为专利权人决定销售一件专利产品的时候就用尽了他在该产品上的专利权，不管专利权人意图施加什么限制，也不管销售的地点在哪里。

**1. 美国国内销售回收计划墨盒是否导致专利权用尽**

（1）对于利盟公司在美国境内出售的“回收计划”墨盒，本院认为自利盟公司将它们售出之时就用尽了其在这些墨盒上的专利权。在利盟公司与顾客合同中的单次使用或不得转售的限制条款在合同法下也许较为明确且可执行，但这些限制不能给予利盟公司在他选择出售的产品上保留专利权的权利。

《美国专利法》154 条 a 款保证了专利权人“有权排除他人制造、使用、许诺销售或销售他们的发明。”在过去的 160 年里，专利权用尽原则一直给专利排他权施加着限制。如 Blooomer v. McQuewan 案[①]，这种限制是自动发挥作用的：当专利权人选择去卖掉一个产品，这个产品“就不再属于垄断权的范围”，并且相应地成为属于购买者的“私人的、个人的财产”，并带有伴随着所有权而来的权利及利益。[②] 一个专利权人可以自由地设计价格并且和购买者就合同进行磋商，但不能“在产品所有权归购买者后，通过他的专利去控制产品的使用或处置”[③]。这种销售“终止了产品上的全部专利权”[④]。

这个公认的用尽规则标志着专利权利向公法原则“反对向交易施加限制”妥协的地方。专利法“通过授予发明人有限制的垄断，促进科学和实用艺术的进步”从而允许他们就其发明“确保获得经济奖励”[⑤]。但一旦专利权人将产品卖出，就已经通过有限的垄断“享受确保的全部权利”[⑥]。因为“专利法的目的是实现……当专利权人因他发明的使用而获得他的奖励”，专利法不具备“任何基础去限制售出产品的使用和享受”[⑦]。

本院已经在版权法的内容中解释过，权利用尽有“一个无可挑剔的历史血统”，它的血统可以追溯到“普通法拒绝允许对动产转让的限制”[⑧]。正如洛克勋爵在 17 世纪所说的那样，如果一个所有者在出售物品后限制其转售或

---

① Blooomer v. McQuewan, 14 How. 539, 14 L. Ed. 532 (1853).

② Id., at 549-550.

③ United States v. Univis Lens Co., 316 U. S., at 241, 250, 62 S. Ct. 1088. 86 L. Ed. 1408 (1942).

④ Quanta Computer. Inc. v. LG Eletronics, Inc., 553U. S. 617, 128S. Ct. 2109, 170L. Ed. 2d 996 (2008).

⑤ Univis, 316 U. S., at 250, 62 S. Ct. 1088.

⑥ Keeler v. Standard Folding Bed Co., 157 U. S., at 659, 661, 15 S. Ct. 738, 39 L. Ed. 848 (1895).

⑦ Univis, 316 U. S., at 251, 62 S. Ct. 1088.

⑧ Kirtsaeng v. John Wiley & Sons, Inc., 568 U. S., at 519, 538, 133 S. Ct. 1351, 185 L. Ed. 2d 392 (2013).

使用，那么这个限制就是“无效的，因为……它违背了贸易和商品流通的要求，也阻止了人与人之间进行自由谈判和签署协议。”① “转让全部个人利益所附带的转让条件或条件限制是无效的，如同附加在土地上的费用一样”②。

这一庄严的原则不像联邦巡回上诉法院所认为的那样，仅仅是一个“在某一时期普通法管辖中的反转让限制的一般司法政策”③，国会在反对限制交易的背景下制定并多次修改专利法。这种对交易限制的反对体现在用尽原则上。专利法不包括在首次销售之后“限制进一步转让”的权利；这样的限制条件“从洛克勋爵时代到我们的时代都被法律所厌恶”，并且“令公众的利益受到损害”④。“给公众带来的不便和烦恼会使相反的结论太明显，以致不需要说明”⑤。但在此解释一下也无妨。以修复和销售二手车的商店为例。这项生意可以经营，因为商店可以放心，只要拥有这些汽车，商店就可以自由修理和转售这些汽车，如果那些生产数千件汽车零部件的公司能够在第一次销售后保留专利权，那么这种平稳的商业流动就会被唾弃。例如，这些公司可能会限制转售权，并起诉店主专利侵权。即使他们没有施加这种限制，专利侵权责任的威胁也会迫使商店增加投资保护自己免遭隐含的诉讼。无论哪种方式，将专利权延伸到第一次销售以外都将阻碍商业渠道，而专利权人保留的额外控制则几乎没有什么收益。随着技术的进步和日益复杂的供应链，这个问题将更加突出。⑥

本院因此长期持有的观点是即使专利权人销售产品时带有一个明确的限制条件，专利权人也不能保留在该产品上的专利权。⑦ 在 Boston Store of Chicago v. American Graphophone Co. 案中，一家制造商将图形电子唱盘（最早用于记录和复制声音的设备之一）出售给零售商，并在合同中要求这些零售商以特定价格转售。⑧ 当制造商向低于特定价格销售的零售商提起专利侵权

① 1 E. Coke, Institutes of the Laws of England § 360, p. 223 (1628).

② J. Gray, Restraints on the Alienation of Property § 27, p. 18.

③ 816 F. 3d, at 750.

④ Straus v. Victor Talking Machine Co., 243 U.S., at 490, 501, 37 S. Ct. 412, 61 L. Ed. 866 (1917).

⑤ Keeler, 157 U.S., at 667, 15 S. Ct. 738.

⑥ See Brief for Costco Wholesale Corp. et al. as Amici Curiae 7-9; Brief for Intel Corp. et al. as Amici Curiae 17, n. 5 (“由各种高科技部件组装而成的智能手机可应用大约 25 万项专利”).

⑦ Quanta Computer. Inc. v. LG Eletronics, Inc., 553U. S. 617, 128S. Ct. 2109, 170L. Ed. 2d 996 (2008).

⑧ 246 U.S., at 8, 17-18, 38 S. Ct. 257, 62 L. Ed. 551 (1918).

诉讼时，我们认为结果“没有争议的余地”：通过销售该产品，制造商使其产品“超出了专利法的范围，并且不能通过产品使用的限制将其保留在专利垄断之下。”①

二十年后，我们在 United States v. Univis Lens Co. 一案中遇到了相似的协议情况，该案中，一家制造眼镜片的公司授权代理商向批发商和零售商出售其产品，要求他们承诺以固定价格销售镜片。政府提起反垄断诉讼，该公司以其根据“专利法”行使权利为由辩护其固定价格协议。我们认为，最初的销售“放弃了售出商品上的专利垄断”，所以“规定……确定转售价格不得从专利中获得支持”，并且只能视为“对非专利商品的一种限制”②。

Boston Store 案和 Univis 案确实涉及转售价格限制，并且同时违反了反垄断法。但在这两个案子中，都是销售行为本身（而不是限制条件的非法性）阻止了专利权人通过专利侵权诉讼执行转售价格协议。如果有人怀疑专利权用尽是否适用于受到明确的、合法的限制的销售，本院最近关于 Quanta Computer, Inc. v. LG Electronics, Inc. 一案的决定回答了这一问题。在该案中，一家技术公司在获得专利权人授权的情况下根据合同销售微处理器，在合同中要求购买者将这些处理器与公司生产的其他部件一起使用。一位买家无视这一限制，专利权人提起了侵权诉讼。且不论及合同的合法性，我们认为专利权人不能提起侵权诉讼，因为“授权销售……将其产品置于专利垄断范围之外”。③

就本案而言，我们认为遵循前述判例只能得出一个答案：利盟公司不能对 Impression 公司提起侵权诉讼，以此执行其墨盒回收计划中的一次销售或禁止再售条款。专利产品一旦售出，回收计划中的墨盒就在专利垄断权的范围之外，利盟公司保留什么权利是它与购买者之间的合同法问题，不是专利法问题。

（2）联邦巡回上诉法院得出不同的结论很大程度上因为它的出发点就错了。联邦巡回上诉法院认为“用尽原则”必须理解为“侵权法”上的解释，该法禁止任何人“未经专利权人授权”使用或出售专利物品。④ 联邦巡回法院认为权利用尽反映了一项默认规则，即出售一个产品时“推定性地授予购买

---

① Id., at 20, 25, 38 S. Ct. 257.

② 316 U.S., at 249-251, 62 S. Ct. 1088.

③ 553 U.S., at 638, 128 S. Ct. 2109.

④ 816 F. 3d, at 734 [quoting 35 U.S.C. § 271 (a)].

者使用并转售的权利”。[①] 但联邦巡回上诉法院又解释道：专利权人并不必须每次将全部权利都转让。如果专利权人明确地表示从一系列权利中保留几项——也许通过限制购买者的转售权利——购买者永远不能获得被保留的授权，而专利权人可以继续在专利法的范围内实施其排他权。这个逻辑的错误在于用尽原则不是伴随着销售而来的授权的假设；相反，它是“专利权人权利范围”的限制[②]。使用、销售或进口产品的权利独立于专利法存在。专利增加并专门授予专利权人的内容是阻止他人从事上述事项的有限权利。[③] 用尽消灭了那种排他权利，购买者“不是行使国会法案所产生的权利，也不凭借授予专利权人的……独占特权而获得该专利产品的所有权”。[④] 因此，产品销售行为转让了使用权、销售权或进口权，因为这些权利伴随着所有权，并且买方不受侵权诉讼的威胁，因为专利权人没有遗留下排他性权利可以行使。

联邦巡回上诉法院还表示担心，阻止专利权人在销售商品时保留专利权将在被许可人的销售和专利权人销售之间造成人为区分。法院解释说：专利权人经常许可其他人制作和销售他们的产品，并可能对这些许可证设置限制。例如，电脑开发商可以授权制造商制造其专利设备，并将其仅出售给个人非商业用途。如果被许可人出售电脑用于商业用途而违反许可证，专利权人可以起诉被许可人侵权。而且，在联邦巡回上诉法院看来，本院在 General Talking Pictures Corp. v. Western Elec. Co. 案[⑤]中的决定建立了一个规则，即当专利权人向被许可人授予对“售后活动明确规定的限制”的许可证时，专利权人还可以以侵权之诉起诉那些故意违反限制的购买者。[⑥] 联邦巡回上诉法院认为：如果专利权人可以通过许可证对购买者施加售后限制，并且这些售后限制可通过侵权诉讼强制执行，那么专利权人直接向消费者出售产品时，我们没有理由禁止专利权人对产品售后施加限制。

联邦巡回上诉法院的担忧是错位的。专利权人可以对被许可人施加限制，因为许可所涉及的限制与销售转让施加限制并不相同。专利权用尽反映了这样一个原则：当一件商品投入商业交易时，在市场流动过程中该商

---

① 816 F. 3d 721，742.

② United States v. General Elec. Co.，272 U. S.，at 476，489，47 S. Ct. 192，71 L. Ed. 362 (1926).

③ Crown Die & Tool Co. v. Nye Tool & Machine Works。

④ Bloomer，14 How.，at 549.

⑤ General Talking Pictures Corp. v. Western Elec. Co.，304 U. S.，at 175，58 S. Ct. 849，82 L. Ed. 1273，aff'd on reh'g，305 U. S.，at 124，59 S. Ct. 116，83 L. Ed. 81 (1938).

⑥ 816 F. 3d，at 743-744.

品的所有权不应该被法律的阴云所遮蔽。但许可证并不是关于转让产品所有权的问题，而是关于改变专利权人垄断范围的问题：专利权人同意不排除被许可人制造或出售专利产品的权利，以此扩大授权生产者和销售者的队伍。[①] 因为专利权人是交换权利而不是商品，所以其可以自由地仅放弃其专利保护中的一部分权项。

专利权人限制被许可人的权利并不像联邦巡回上诉法院所认为的那样意味着专利权人有权通过许可合同向购买者强加可以通过专利法强制执行的售后限制。只要被许可人在销售物品时遵守许可合同，专利权人实际上就已经授权销售。为了专利权用尽的目的，该被许可人的销售就好像专利权人自己进行的销售一样。结果是销售用尽了专利权人在该产品中的权利。[②] 许可证可能要求被许可人对购买者施加限制，如限制计算机制造商仅对个人非商业用途进行销售的许可证。但是，如果被许可人这样做——比如让每个客户签署一份承诺，承诺不在商业中使用计算机——但无论如何销售仍然耗尽所售物品的所有专利权。[③] 购买者可能不遵守这一限制，但追究被许可人责任的唯一办法是通过合同法，就像专利权人自己以限制性条件出售该物品一样。

General Talking Pictures 案涉及一个根本不同的情形：该案中，一个被许可人"知道销售……超过了许可的范围。"[④] 本院将这种销售视为"没有被专利权人授予任何许可"，也就意味着专利权人可以以专利侵权为由起诉被许可人和明知违约存在的购买者。[⑤] 这并不意味着专利权人可以利用许可去将售后限制强加于购买者。正相反：被许可人侵犯了专利权人的权利，因为它没有遵守许可合同的条款，专利权人之所以能对购买者提起专利侵权之诉仅仅因为购买者参与了被许可人的侵权行为。General Talking Pictures 案体现了一种温和原则：如果一个专利权人没有授权被许可人去销售，则销售不能用尽专利权人的权利。

总之，专利权用尽是统一的和自动的。专利权人一旦决定出售产品——

---

① See General Elec. Co., 272 U.S., at 489-490, 47 S. Ct. 192.

② See Hobbie v. Jennison, 149 U.S., at 355, 362-363, 13 S. Ct. 879, 37 L. Ed. 766 (1893).

③ See Motion Picture Patents Co. v. Universal Film Mfg. Co., 243 U.S., at 502, 506-507, 516, 37 S. Ct. 416, 61 L. Ed. 871 (1917).

④ 304 U.S., at 181-182, 58 S. Ct. 849.

⑤ General Talking Pictures Corp. v. Western Elec. Co., 305 U.S., at 124, 127, 59 S. Ct. 116, 83 L. Ed. 81 (1938).

无论是通过其自身还是通过被许可人——销售行为将用尽专利权，无论专利权人是否直接或通过许可合同实施任何售后限制。

2. 在美国之外销售墨盒是否导致专利权用尽

我们关于 Impression 公司在国内销售回收计划的墨盒用尽了利盟公司专利权的结论仅仅解决了一半的问题。利盟公司还在国外销售墨盒，因此其诉 Impression 公司向美国进口利盟墨盒的行为侵权，进口行为中不但包括属于回收计划的墨盒，也包括其他国外销售的墨盒。利盟公司认为国外销售行为不会引起专利权用尽的后果，除非专利权人明确地或默示地转让或者许可进口权。联邦巡回上诉法院同意利盟的说法，但我们不这么认为。授权在美国之外销售专利产品与美国国内的销售一样，会用尽专利法下的所有权利。

海外销售的权利用尽问题在版权法中已经出现，根据《美国版权法》第 109 条 a 款首次销售原则，当版权人卖出了正版的图书，他就因此失去了限制购买者转售或其他方式处置该书的权利。在 Kirtsaeng v. John Wiley & Sons, Inc. 案[①]中，本院认为首次销售原则也适用于在国外制作并销售的图书。[②] 虽然我们从第 109 条的文字出发讨论，但第 109 条并不是决定性的：该条的文字既没有限制“首次销售原则”的地理范围，也没有明确包括国际用尽。[③] 实际上帮助确立国际用尽原则的是首次销售原则的来源，即“普通法上的拒绝允许对动产转让施加限制。”[④] 由于普通法没有对首次销售原则进行地理上的区分，那么如果没有法律文本对国内和国际销售进行区分，那意味着“直接适用”首次销售原则会导致该原则能域外适用的结论。[⑤]

将专利用尽应用于海外销售也同样直截了当。专利用尽的根源也在于对交易施加限制的反感，专利法案的文本或历史中没有任何内容表明国会打算将这种无国界的普通法原则限于国内销售。实际上，国会一点儿都没有改变过专利权用尽；它仍然是对专利权人垄断范围的不成文限制。（见 Astoria Fed. Sav. & Loan Assn. v. Solimino 案[⑥]，“这里的一个普通法原则已经确立，……法院可以认为是因为国会已经立法，期望该原则将适用，除非有

① Kirtsaeng v. John Wiley & Sons, Inc., 568 U. S 519, 133 S. Ct. 1351, 185 L. Ed. 2d 392.

② 568 U. S., at 525, 133 S. Ct. 1351.

③ Id., at 528-533, 133 S. Ct. 1351.

④ Id., at 538, 133 S. Ct. 1351.

⑤ Id., at 540, 133 S. Ct. 1351.

⑥ 501 U. S., at 104, 108, 111 S. Ct. 2166, 115 L. Ed. 2d 96 (1991).

明显的相反的法定目的”。）而区分专利权用尽和版权首次销售原则几乎没有理论或实践意义，因为两者具有“强烈的相似性和目的同一性”①。并且当今的许多产品——“汽车、微波炉、计算器、手机、平板电脑和个人电脑”——同时受到版权和专利的保护。②“专利法和版权法有历史上的亲缘关系。”③ 而两个法律之间的联系使二者在国际用尽问题上没有产生分歧的余地。

利盟公司不这样认为。它指出专利法154条a款将专利权人的“排除其他人”的权利限制在制造、使用、销售或进口其产品的行为发生在美国。它认为国内销售触发用尽是因为出售补偿了专利权人“放弃那些美国的权利”。外国销售是不同的：“专利法”并未授予专利权人在国外的排他权利。如果没有这些权利，专利权人在国外市场销售可能无法以与美国相同的价格销售其产品，因此不能确定会获得“美国专利法保证的奖励”。利盟说，没有这种奖励，应该没有用尽。简而言之，海外销售没有发生专利用尽，因为在国外不存在可以用尽的专利权。

专利权的地域限制并不能够作为区别于版权保护的基础。“这些保护都没有任何域外的效果”。④ 领土限制也不支持利盟公司对其观点的假设。权利用尽是一种在专利授权中独立的限制，与专利权人获得的不确定收入无关，这些收入可能因进入美国市场的方式不同而采用了不同的许可费标准。一个购买者购买的是产品，而不是专利权利。由专利权人决定将专利产品售出并收取专利费的那一刻起就引发了权利用尽。无论这个费用是多少，“对于它所体现的发明和专利来说都被认为是适当的”。⑤ 专利权人也许不能够要求境外专利产品和美国境内产品同样的价格，但专利法并不确保专利产品有一个固定的价格，更不能保证国外的价格与美国市场价格相同，相反，专利法的排他权仅确保专利权人对每一个专利产品都能获得回报，至于“满意的补偿价格”⑥ 是多少，是由专利权人通过许可费来决定的。

本院只在一个案子中强调过专利权的国际用尽，即125年前的Boesch

---

① Bauer & Cie v. O'Donnell, 229 U. S., at 1, 13, 33 S. Ct. 616, 57 L. Ed. 1041 (1913).

② see Kirtsaeng, 568 U. S., at 545, 133 S. Ct. 1351; Brief for Costco Wholesale Corp. et al. as Amici Curiae 14–15.

③ Sony Corp. of America v. Universal City Studios, Inc., 464 U. S., at 417, 439, 104 S. Ct. 774, 78 L. Ed. 2d 574 (1984).

④ 5 M. Nimmer & D. Nimmer, Copyright § 17.02, pp. 17–26 (2017).

⑤ Univis, 316 U. S., at 251, 62 S. Ct. 1088.

⑥ Keeler, 157 U. S., at 661, 15 S. Ct. 738.

v. Graff 案。[①] 我们的判决并没有像利盟公司声称的那样将所有外国销售免于专利用尽。相反，再次确认了专利用尽的基本前提，即只有专利权人能做出是否销售产品的决定，从而用尽该产品上的专利权。在前述的案件中，美国专利权人没有这样出售德国制造商的产品，所以德国产品的销售不能用尽美国专利权人的专利权。

最后，美国政府作为法庭之友，主张它认为的一个中间立场："除非明确保留这些权利，否则美国专利权人授权的外国销售会用尽美国专利权。"其立场主要基于政策而非原则。政府认为海外"买方的合法期望"是"卖方将在专利产品中的全部利益转让的交易"，因此推定应该是外国销售引起用尽。但与此同时，很久以前的下级法院一致遵守这一规则：即"专利权人在对外出售时对美国专利权的明确保留应当有效"，因此该选择权应对专利权人保留。

政府所谓的"很久以前"并不是很久。在19世纪90年代，涉及同一公司的案子中确实有两个巡回法院认为专利权人可以使用明确限制来保留与外国销售有关的专利权。[②] 但是法院的判决并不一致：在接下来的几百年里，只有少数下级法院裁决提到了这种针对海外销售的明确保留规则。如 Sanofi, S. A. v. Med-Tech Veterinarian Prods., Inc. 案。[③] 而在2001年，联邦巡回上诉法院采用了通用规则，即国外销售不引起权利用尽，即使专利权人没有明确保留其权利。[④] 这些零星的和不一致的决定没有为任何预期提供基础，更不能说已经解决专利权人在国外出售产品时可否保留专利权的问题。

美国政府明确保留规则背后的理论也错误地关注了专利权人和购买者在出售期间的可能期望。专利权用尽并不会因为双方对于在交易中如何转让专利权的期望而发生。专利的问题涉及的不仅仅是双方之间的交易，这可以通过合同法解决。相反，专利权用尽的发生是因为在出售中，专利权人选择放

---

① 133 U. S., at 697, 703, 10 S. Ct. 378, 33 L. Ed. 787 (1890). 这个案例说明的是当专利权人与交易无关时，国外的销售不会用尽专利权人的权利。Boesch 公司从广泛采用电子照明之前的时期开始接触了一家零售商，该零售商从德国的制造商那里购买了灯泡燃烧器，并计划在美国销售它们。该制造商有权根据德国法律制造燃烧器，但遇到了困难：与德国制造商没有任何关系的两个人持有该发明的美国专利。这些专利权人在零售商将灯泡进口到美国时起诉零售商侵权，并且我们拒绝了德国制造商的销售已经用尽美国专利权人权利的论点。这家德国制造商没有从美国专利权人那里取得许可在美国进行销售，而美国专利权人并没有用尽其产品的专利权，因为他们没有将它们出售给任何人，因此"来自德国制造商的买方不能因此被授权在美国出售这些物品。

② Dickerson v. Tinling, 84 F. 192, 194-195 (C. A. 8 1897); Dickerson v. Matheson, 57 F. 524, 527 (C. A. 2 1893).

③ 565 F. Supp. at 931, 938 (D. N. J. 1983).

④ Jazz Photo, 264 F. 3d, at 1105.

弃物品的所有权以换取付款。如果在产品市场流通过程中允许专利权像障碍物一样粘在产品上，将违背"反对对转让施加限制"的原则。专利权用尽并不取决于专利权人是否收到在美国销售的价款或买方期望获得的权利类型。因此，限制与位置无关；重要的是专利权人做出销售决定。

推翻联邦巡回上诉法院判决，依照本判决意见发回重审。

**【反对意见】**

Ginsburg 法官部分同意、部分反对法院的多数意见。他同意法院关于国内专利权用尽的判决，但反对法院关于海外销售专利权用尽的观点。他认为海外销售不会导致美国专利权人的美国专利权用尽。专利法是区域性的，当发明人的专利得到了国内授权，该专利权并不能提供任何海外的专利保护。美国专利法并不能为美国专利权人的海外销售提供任何专利保护。相应的，海外销售不应该削弱美国专利法的国内保护。

法院的多数意见认为海外销售将导致专利权用尽主要是因为美国最高法院先前在 Kirtsaeng 案①中判定海外销售可以导致美国版权的用尽，大多数意见认为版权和专利权有很强的相似性，但 Ginsburg 法官不同意该说法。版权的保护和专利权的保护并不相同，版权的保护在国家间是较为一致的。基于以上原因，Ginsburg 法官同意联邦巡回上诉法院关于海外销售专利权用尽部分的判决。

**【案例要点解析】**

本案中，对于专利权用尽原则的适用是否会受到专利权人限制的影响，联邦巡回上诉法院认为专利权人可以在销售专利产品的同时保留对于产品的再次销售及再次销售后的使用进行限制，只要这些限制不违法，则利盟公司的销售行为没有使其用尽在墨盒上的专利权。联邦巡回上诉法院的该判定承袭了其在 1992 年 Mallinckrodt Inc. v. Medipart Inc. 案②中的观点，如果对销售后的专利产品的再次使用有限制条件，只要这种限制不违反销售和许可的法律规定，那么专利权用尽不适用此类销售，违反此限制就可以请求法院救济。最高法院回顾了其之前对 Boston Store of Chicago v. American Graphophone Co.、United States v. Univis Lens Co.、Quanta Computer Inc. v. LG Electronics Inc. 等

---

① Kirtsaeng v. John Wiley & Sons, Inc., 568 U. S 519, 133 S. Ct. 1351, 185 L. Ed. 2d 392.

② 976 F. 2d 700 Fed. Cir. (1992).

案件的判决，重申了其长期持有的观点，即尽管专利权人销售产品时带有一个明确的限制条件，专利权人也不能保留在该产品上的专利权。因此，利盟公司不能对 Impression 公司提起侵权诉讼，以此执行其墨盒回收计划中的一次销售或禁止再售条款。最高法院否定了联邦巡回上诉法院对于该问题的裁决，明确确认了专利权用尽是统一的和自动的。专利权人一旦决定出售产品——无论是通过其自身还是通过被许可人——销售行为将用尽专利权，无论专利权人是否直接或通过许可合同实施任何售后限制。

对于专利权是国内用尽还是国际用尽，美国法院长期以来认识不一致。最高法院通过本案明确并统一了认识，授权在美国之外销售专利产品与美国国内的销售一样，会用尽专利法下的所有权利。从而与最高法院在 Kirtsaeng v. John Wiley & Sons Inc. 这一著作权侵权案中的裁决即“首次销售原则也适用于在国外制作并销售的图书”保持一致。普通法没有对首次销售原则或专利权用尽原则进行地理上的区分，也没有法律文本对国内和国际销售进行区分，那意味着“直接适用”首次销售或权利用尽原则会导致该原则能域外适用的结论。

专利权用尽作为与商业贸易相关的重要原则，在专利权人的垄断利益与商品自由流通和社会公共利益发生了愈发激烈的碰撞时，如何在支持创新的同时更好地保障产品消费者和经营者的利益，保护自由竞争的市场秩序，成为法院做出是否用尽判决的考量因素。美国最高法院通过该案排除了对专利权用尽原则适用的合同约定限制以及地域限制，对于美国专利产品的国内销售以及海外专利产品进入美国市场都有较大的影响，有利于维护消费者利益以及刺激市场竞争。

## （二）首次销售的构成与权利用尽

### 英特尔公司诉 ULSI 系统技术公司*

美国联邦巡回上诉法院(1993)

**【案件事实】**

英特尔公司是美国再颁专利第 33,629 号“数字数据处理器”（简称’629 专利）的受让人，英特尔公司开发出一套涵盖该专利的数字协同处理器，包括 Intel 8087、80287 和 80387 处理器。1983 年 1 月 10 日，英特尔公司和惠普公司签订交叉许可协议，将双方各自所有的“有效申请日期在 2000 年 1 月 1 日之前的专利及专利申请”，相互授予对方“不可撤销的、有溯及力的、非独占的、世界范围内的、免费的许可”，“上述许可有效期至上述专利到期。”

ULSI 系统技术有限公司（ULSI System Technology，Inc.，简称 ULSI 公司）销售名为 US83C87 的数字协同处理器（简称 C87 协同处理器或 C87 芯片），这种处理器可兼容 Intel 80386 微处理器，且在商业上与 Intel 80387 协同处理器处于竞争地位。1988 年 8 月 2 日，ULSI 与惠普公司达成协议，惠普公司同意为 ULSI 公司生产协同处理器。根据该协议，自 1989 年 9 月 22 日起，ULSI 公司从惠普公司购买 C87 协同处理器。半导体行业中的这种“代工”安排很常见，ULSI 公司为惠普公司提供专有的设计规范，然后惠普公司制造并将完成的处理器芯片运输至 ULSI 公司，ULSI 公司再将这些芯片作为自己的产品进行再销售。1991 年 2 月 4 日，英特尔公司开始了解到 ULSI 公司销售 C87 协同处理器的情况。1991 年 7 月 29 日，英特尔公司在美国俄勒冈州地区法院提起诉讼，指控 ULSI 公司“制造和销售’629 专利，并诱导其他人制造、销售和使用 US83C87 协同处理器”的行为构成侵权，并提出初步禁令的动议。

**【审理过程】**

地区法院判决批准了英特尔公司的动议。ULSI 对地区法院的判决提起上

---

* Intel Corp. v. Ulsi System Technology，Inc.，995 F. 2d 1566（Fed. Cir. 1993）.

诉。联邦巡回上诉法院认为：（1）专利权人的权利在被许可人在许可范围内制造的专利产品售出时就用尽了；（2）交叉许可协议没有限制制造商销售专利产品或者作为制造厂的权利。因此判决撤销原判。Plager 法官不同意多数判决，并阐述了反对意见。

【判决理由】

由于地区法院在认定英特尔对侵权问题有胜诉的合理可能性方面存在明显的错误，因此我们撤销原判。

依据美国法典（1988）第 35 章第 283 条的规定，发布初步禁令属于地区法院的自由裁量权。然而这种自由裁量权不是绝对的，必须根据规制禁令发布的公平标准来审查。① 在决定申请人是否有权获得初步禁令救济时，地区法院必须考虑一些因素，即（1）根据案情，申请人是否有充分的胜诉可能性；（2）如果不发布禁令，申请人是否将遭受不可弥补的损害；（3）对可能给诉讼双方造成的损害进行权衡，是否倾向于支持申请人一方；（4）如果有的话，禁令是否对公共利益产生影响。② 必须根据其他因素及所要求的救济的形式和重要性来衡量和评估每一个因素。然而，我们已谨慎指出初步禁令是一种极端的不寻常的救济，不应经常发布。③

在反对动议的过程中，ULSI 公司坚持认为：根据许可协议，惠普公司可以作为 ULSI 公司的制造商，且惠普公司销售给 ULSI 公司的协同处理器属于用尽了英特尔公司相关产品的专利权的“首次销售”。但地区法院否定了 ULSI 公司的主张，认为许可协议没有将’629 专利的“分许可权”授予给惠普公司。上诉中，ULSI 公司主张地区法院关于“专利权用尽”或“首次销售”原则没有使 ULSI 公司免受英特尔公司的侵权指控的判决是错误的。

法律已经建立了良好的先例，专利产品的许可销售将该产品置于专利保护的范围之外。④ 专利所有人关于该产品的权利随着销售而用尽。⑤ 该产品的卖方可以使用或再销售该产品而不受专利权的限制。这一长期存在的原则同

---

① Smith Int'l, Inc. v. Hughes Tool Co., 718 F. 2d 1573, 1579, 219 USPQ 686, 691 (Fed. Cir.), cert. denied, 464 U. S., at 996, 104 S. Ct. 493, 78 L. Ed. 2d 687 (1983).

② Hybritech Inc. v. Abbott Lab., 849 F. 2d 1446, 1451, 7 USPQ2d 1191, 1195 (Fed. Cir. 1988).

③ Nutrition 21 v. United States, 930 F. 2d 867, 869, 18 USPQ2d 1347, 1349 (Fed. Cir. 1991); Illinois Tool Works, Inc. v. Grip-Pak, Inc., 906 F. 2d 679, 683, 15 USPQ2d 1307, 1310 (Fed. Cir. 1990).

④ Bloomer v. Millinger, 68 U. S. (1 Wall.) 340, 350-351, 17 L. Ed. 581 (1864).

⑤ United States v. Univis Lens Co., 316 U. S., at 241, 252, 62 S. Ct. 1088, 1094, 86 L. Ed. 1408, 53 USPQ 404, 408 (1942).

样适用于被许可方在许可范围内制造的专利产品。①

本案中，ULSI 公司是否免于承担侵权责任的问题取决于惠普公司是否向 ULSI 公司销售了 C87 协同处理器。英特尔公司主张不可适用“专利权用尽”原则，因为惠普公司从未向 ULSI 公司销售过产品。尽管英特尔公司坚决主张 C87 协同处理器侵犯了’629 专利，但其坚持认为惠普公司根据代工协议出售的实际上是从属于晶片和化学制品销售的制造服务。英特尔公司主张惠普公司不能销售覆盖’629 专利的产品，因为惠普公司从未获得或保留任何 C87 协同处理器的所有权。因此，根据英特尔公司的主张，没有发生过可以支持 ULSI 公司的“首次销售”抗辩的销售。这种主张不正确。

对合同的解释是我们需要重新审理的法律问题。② 在审查了惠普公司和 ULSI 公司的合同后，我们不能接受英特尔公司将协议描述为惠普公司仅是为 ULSI 公司提供制造服务的说法。这份被称为“交易条款和条件”的协议，充满了关于和 C87 协同处理器设计一致的半导体芯片的销售。例如，协议“第二节产品制造”这一部分载明：惠普公司“将销售 CMOS34 晶片给”ULSI 公司。这一部分描述了晶片的价格，且包含将芯片运输至 ULSI 公司的交货时间表。尽管该协议也包含描述惠普公司提供“工程服务”的部分内容，但该协议明显包括芯片的销售，而不仅仅是制造服务。

并且也不像英特尔公司所主张的那样，专利产品的被许可销售者必须对产品享有知识产权才能够进行销售。英特尔公司承认 C87 芯片是以 ULSI 公司的设计为基础的，但是其混淆了设计来源问题与销售问题。谁设计了芯片，以及芯片是否包含英特尔芯片以外的发明，与惠普公司是否将 C87 协同处理器销售给 ULSI 公司，并因此使英特尔公司对相关产品的专利权用尽的问题无关。

ULSI 公司是否拥有任何芯片的知识产权是 ULSI 公司和惠普公司之间的问题，和英特尔公司无关。英特尔公司并不否认，根据许可协议的整体条款，惠普公司被授权销售本案中的芯片。在英特尔公司享有覆盖芯片的专利权范围内，惠普公司承认只要其售出芯片，那么其销售芯片的权利就使英特尔公司丧失了任何侵权主张。如果它没有授予许可，或者如果许可被以某种相关方式限制，那么就将是与我们当前案子不同的情形。英特尔公司可能因此保

① Unidisco, Inc. v. Schattner, 824 F.2d 965, 968, 3USPQ2d 1439, 1441 (Fed. Cir. 1987), cert. denied, 484 U.S., at 1042, 108 S. Ct. 774, 98 L. Ed. 2d 860 (1988).

② Interstate Gen. Gov't Contractors, Inc. v. Stone, 980 F.2d 1433, 1434 (Fed. Cir. 1992).

留起诉如本案中的代工协议的主体的权利。尽管英特尔公司事后可能对其允许惠普公司进行无限制的销售不满意，但其在1983年授予了惠普公司这一权利，大概是出于当时相信这是有价值的考虑。

我们还反对英特尔公司的另一个主张，即认为惠普公司向ULSI公司销售芯片构成许可协议所禁止的“事实上的分许可”。我们在Lisle v. Edwards案[①]中发现了类似的“没有价值且似是而非”的论证。在Lisle案中，被许可的制造商向第三人销售了包含许可人专利的产品，第三人以原商标进行再销售。许可人同时对被许可人和第三人提起侵权之诉，理由是为第三方制造专利产品构成分许可。由于许可协议禁止此种分许可，因此专利所有人主张产品侵权。然而，Lisle案的法院认为被许可人的销售是经过授权的，且第三方的再销售不构成分许可。[②] 同样地讲，此处惠普公司对ULSI公司的销售不构成分许可。除了那些惠普公司依法销售给ULSI公司的芯片外，惠普公司没有授权ULSI公司制造英特尔的专利芯片，或使用、销售任何类似的芯片，而这些行为才会构成一个分许可。

与此相关，我们也不同意地区法院的结论，即由于惠普公司未被授予分许可权利（再许可ULSI公司设计包含'629专利的产品的权利），因此惠普公司向ULSI公司提供芯片不是“首次销售”。惠普公司无权将'629专利分许可给ULSI公司是与本案无关的问题。惠普公司和ULSI公司之间的协议不是分许可，而是制造和销售芯片的合同。因此，惠普公司没有授予分许可，其销售的是产品，虽然这种产品是由它的卖方设计的。ULSI公司对侵权免责，不是因为分许可，而是因为惠普公司的销售行为是被许可的销售，而该许可是C87芯片的合法来源。此外，ULSI公司未被要求获得分许可以向惠普公司提供自己的芯片设计。

双方都引用了本院之前判决的Atmel案[③]作为支撑己方主张的依据。Atmel案和本案相似，但有区别。根据Atmel案中的协议，英特尔公司许可给三洋公司“非独占的、世界范围内的、免费的许可，除可对其子公司分许可在任何显示在三洋设备上用于直播的英特尔专利外，其不享有分许可、制造、使用和销售这些产品的权利。”英特尔公司主张Atmel及其他一些公司进口侵犯英特尔专利的可擦可编程只读存储器（EPROMs），违反了美国法典

① Lisle Corp. v. Edwards, 777 F. 2d 693, 227 USPQ 894 (Fed. Cir. 1985).

② Id. at 695, 227 USPQ at 895.

③ Intel Corp. v. United States Int'l Trade Comm'n, 946 F. 2d 821, 20 USPQ2d 1161 (Fed. Cir. 1991).

(1998) 第19章第1337节的规定。Atmel公司主张其进口的EPROMs并没有侵权，因为这些EPROMs是三洋公司根据其与英特尔公司之间的协议制造和销售的。另外，英特尔公司则认为三洋公司不被允许向Atmel公司销售EPROMs（这些产品作为Atmel公司的产品继续销售）是因为许可协议只授权三洋公司销售三洋公司的产品。

法院在Atmel案中明确确认：根据代工协议，从被许可方购买的产品免于承担专利侵权责任。法院的表述如下：

> 如果英特尔公司和三洋公司的协议允许三洋公司作为第三方公司的制造商生产包含英特尔公司的专利的产品，那么从三洋公司购买被许可产品的买方将可免费使用或转售这些产品。这种进一步的使用和销售不属于专利法规制的范围。①

因此，法院认为如果Atmel公司能够证明三洋公司已被授权向其销售EPROMs，那么其就不会因英特尔公司的侵权主张而承担责任。

在确定许可协议是否约定了制造权时，法院将焦点集中在协议中“三洋限制”的含义。法院认为这一限制阻止了三洋公司为制造商制造非三洋牌的EPROMs，因为三洋公司仅被允许销售三洋产品。三洋公司被禁止生产和销售EPROMs给Atmel公司（这些EPROMs作为Atmel公司的产品用于再销售）。因此法院认为Atmel公司不可依据许可作为抗辩。② 相反，本案中英特尔公司和惠普公司之间的许可协议不包含对惠普公司销售限制或者作为代工厂权利的限制。

根据上述讨论，我们认为C87协同处理器与英特尔公司的侵权主张是相分离的，因为这些处理器由惠普公司销售给ULSI公司，而根据惠普公司与英特尔公司的许可协议，惠普公司已被授权可以这样做。因此，我们认为英特尔公司在侵权问题上没有胜诉的可能性。

为撤销初步禁令的发布，被诉侵权人必须证明地区法院的判决中所依据的一个或多个因素明显是错误的。③ 尽管这些因素单独都不具有决定性，但就

---

① United States v. Univis Lens Co., 316 U.S., at 241, 250-252, 62 S. Ct. 1088, 1093-1094, 86 L. Ed. 1408, [53 USPQ 404, 408] (1942). 该案表明任何根据专利制造的产品的首次销售，都将该产品置于专利权的范围之外。

② Id. at 828, 20 USPQ2d at 1167-1168.

③ New England Braiding Co. v. A. W. Chesterton Co., 970 F. 2d 878, 882, 23 USPQ2d 1622, 1625 (Fed. Cir. 1992).

任何一个因素而言，考虑到该因素与其他因素之间的权重，缺乏充分的证明可能排除初步禁令救济。[①]

至于初步禁令应考虑的其他因素，地区法院推定存在不可弥补的损害，因为其发现英特尔公司已明确证明了'629专利有效且被侵权。由于该推定的依据是胜诉可能性的错误认定，因此显然也是错误的。地区法院判决困境平衡倾向于支持ULSI公司，以及公共利益不支持任何一方，我们认为这两点没有明显的错误。考虑到地区法院所权衡的所有的这些因素，我们认为地区法院在支持英特尔公司的初步禁令的动议方面滥用了自由裁量权。

我们认为地区法院错误认定了下述问题：对于英特尔公司的侵权主张，英特尔公司和惠普公司之间的许可协议没有为ULSI公司提供相应的抗辩理由；(英特尔公司) 在证明侵权方面有胜诉可能性；以及衍生出的存在不可弥补的损害。

因此，撤销地区法院关于初步禁令的裁决。

**【反对意见】**

Plager法官不同意多数意见。ULSI公司已成功从为包含发明专利的产品的买方提供的法律中免责，并将之转化为消除专利所有人的合法权利的利剑……依据法律，英特尔公司已被授予"排除他人制造、使用或销售"Palmer专利中所主张的发明。[②] 英特尔公司主张ULSI"未经许可销售"Palmer专利范围内的芯片，因此构成侵权。[③] ULSI公司在这一点上是对的：如果之前经过英特尔公司的允许，通过授权惠普公司向ULSI公司销售C87芯片才进入商业市场，那么ULSI公司对他人的销售就不需要获得英特尔公司的授权。[④] 但是如果ULSI公司对他人的销售是这种芯片的首次销售（也就是说，是ULSI公司而不是惠普公司或英特尔公司将C87芯片投放至商业市场)，或者如果英特尔公司从未授权惠普公司在他人的要求之下制造侵犯Palmer专利的产品，以致惠普公司根据许可没有被授权销售，那么ULSI公司的答辩就会失败。在Plager法官看来，两点理由都可以使答辩失败。[⑤]

---

① Chrysler Motors Corp. v. Auto Body Panels of Ohio, 908 F. 2d 951, 953, 15 USPQ2d 1469, 1471 (Fed. Cir. 1990).

② 35 U. S. C. § 154 (1988).

③ 35 U. S. C. § 271 (a) (1988).

④ Bloomer v. Millinger, 68 U. S. (1 Wall.) 340, 350-351, 17 L. Ed. 581 (1864).

⑤ Plager法官详细分析了本案情况，鉴于篇幅原因，此处从略。

【案例要点解析】

本案涉及的问题是：依据惠普公司和ULSI公司的合同，惠普公司仅是为ULSI公司提供制造服务，还是向ULSI销售与C87协同处理器设计一致的半导体芯片。如果是后者，则可适用专利权用尽原则，ULSI的行为不构成侵权；如果是前者，由于惠普公司并未获得分许可权，因此ULSI将构成侵权。地区法院认定惠普公司未被授予分许可（即许可ULSI公司设计包含'629专利的产品的权利），因此惠普公司向ULSI公司的芯片销售不是"首次销售"，本案不适用专利权用尽原则。联邦巡回上诉法院认为惠普公司和ULSI公司之间的协议不是分许可，而是制造和销售芯片的合同。合同所约定的惠普公司"将销售CMOS34晶片给"ULSI公司，晶片的价格、将芯片运输至ULSI公司的交货时间表等都是销售的证明。HP为ULSI加工C87产品的行为构成了销售，从而使英特尔公司在该产品上的专利权用尽。因此，惠普公司没有授予分许可，其销售的是产品，虽然这种产品是由它的卖方设计的。惠普公司的行为属于履行许可合同的行为。ULSI公司对侵权免责，不是因为分许可（实际上还不是分许可），而是因为惠普公司是被许可的因此也是芯片的合法来源。

专利许可与专利分许可是在理论上很容易区分的两种行为，但是在实践中却往往并不是那么容易区分。许可涉及专利权人和被许可人两个主体，被许可人依据许可合同生产或/和销售产品。分许可至少涉及专利权人、被许可人、分许可人三个主体，专利权人允许被许可人继续发放专利许可证，因此，区别许可与分许可的关键是被许可人是否有权继续许可专利权给第三人行使（制造或者销售专利产品）。在本案中，除了那些惠普公司依法销售给ULSI公司的芯片外，惠普公司并没有授权ULSI公司制造英特尔的专利芯片，或使用、销售任何类似的芯片，而这些行为才会构成一个分许可。

此外法院还阐述了本案与之前的Atmel案的不同之处，同为代工厂案件，Atmel案中专利许可协议约定了被许可人三洋公司制造权的限制，三洋公司仅被允许制造和销售"三洋产品"，这一限制阻止了被告为其他制造商制造非三洋牌的专利产品，也就意味着禁止三洋公司为Atmel公司代工制造产品以作为Atmel公司的产品用于再销售。因此该法院认为Atmel公司不可依据专利许可作为不侵权的抗辩。相反，本案中英特尔公司和惠普公司之间的许可协议不包含对惠普公司销售限制或者作为代工厂的权利的限制，所以惠普公司可以依据代工协议为第三人生产产品，第三人的销售使用不构成侵权。

# TransCore 诉 Electronic 贸易咨询公司*

美国联邦巡回上诉法院(2009)

## 【案件事实】

TransCore 公司从事制造、销售、安装自动收费系统，该系统可识别及读取经过自动收费区域的汽车的信息。TransCore 是上述相关技术所涉及数个专利的受让方（assignee）。2000 年，TransCore 诉竞争对手 Mark IV 侵犯其专利权。该诉讼双方达成和解（简称 TransCore-Mark IV 和解协议），Mark IV 同意支付 TransCore 公司 450 万美元作为 TransCore 无条件同意不再对其提起诉讼并撤回当前诉讼的对价。该和解协议涉及本案争议的核心条款如下：

> 3. 以第 1 章约定的付款金额为对价，TCI（TransCore）同意并承诺不对 Mark IV 今后侵犯美国专利……或上述美国专利在其他国家地区对应的专利的侵权行为提起任何要求、索赔、诉讼等。该“不起诉承诺”不适用于自本协议生效之日或之后 TCI 获得的其他任何专利。
>
> ……
>
> 8. TCI，TII 和 Gravelle 及其各自的前身、继受方、继承者和受让人（只要截至 2001 年 6 月 26 日存续的组织），不论是基于普通法还是衡平法，都将完全并永远放弃、免除、撤回对 Mark IV 及其职员、董事、雇员、代表和律师的所有索赔、诉求、诉讼、留置和其他权利。但对违反本协议而提起诉求等权利仍然保留。本协议并不意味着向 MARK IV 或任何第三方授予任何明示或暗示的许可。

几年后，电子交易咨询公司（Electronic Transaction Consultants，简称 ETC，一个从事与收费系统相关的咨询和系统集成的公司）参加伊利诺伊州收费公路管理局（ISTHA）关于安装和测试新的公路收费系统的投标，并赢得该投标。作为合同的一部分，ETC 同意建立和测试收费系统，该系统由 IS-

---

* TransCore v. Electronic Transaction Consultants，563 F. 3d 1271（Fed. Cir. 2009）.

THA 从 Mark IV 处购买。

TransCore 起诉 ETC 侵犯了美国第 5,805,082 号、第5,289,183号、第5,406,275号三项专利（简称'082 专利、'183 专利、'275 专利，这三项专利也是 TransCore 之前起诉 Mark IV 涉及的专利）。同时 TransCore 起诉 ETC 侵犯美国第 6,653,946 号专利（简称'946 专利），该专利在 TransCore 与 Mark IV 达成和解时尚处于专利局待审批状态。

## 【审理过程】

TransCore 向 Texas 州北方地区法院起诉 ETC 侵犯了四项专利。在一审听证阶段，地区法院询问 TransCore-Mark IV 和解协议对 TransCore 诉 ETC 案的法律影响，并下令双方对问题进行简要介绍。ETC 向地区法院提起简易判决的动议，认为基于专利权用尽、默示许可和法定禁止反悔等相关原则，其行为是被 TransCore 与 Mark IV 和解协议所许可的。

2008 年 5 月 22 日，地区法院批准 ETC 的动议，驳回了 TransCore 的诉求，并做出最终裁决。TransCore 向联邦巡回上诉法院提出上诉。联邦巡回上诉法院维持了地区法院的判决。

## 【判决理由】

### 1. 地区法院的简易判决是否适当

如果当事人对事实没有实质性争议，申请人有权要求仅对法律问题做出判决，此时做出简易判决是适当的。① 我们审查地区法院做出的简易判决，并重新适用与地区法院相同的标准来检验做出简易判决是否合适。“在判断做出简易判决是否恰当时，我们需要审查反对简易判决一方所提出的最有利他自己的证据，并检视是否应做出支持反对方的判决……”②

地区法院认为由 Mark IV 销售并由 ETC 安装的收费系统是经 TransCore 与 Mark IV 和解协议授权的，对于这些系统 TransCore 的专利权已经用尽。我们同意该观点。

（1）和解协议是否授权进行销售

在最近的 Quanta 诉 LG 电子公司案③中，最高法院明确重申“长久以来专

---

① Fed. R. Civ. P. 56（c）.

② Ethicon Endo-Surgery，Inc. v. U. S. Surgical Corp.，149 F. 3d 1309.

③ Quanta Computer，Inc. v. LG Electronics，Inc 128 S. Ct. 2109.

利权用尽原则规定专利产品首次授权销售后便用尽该产品的所有专利权，”并且“只有通过专利持有人授权的销售才能触发专利权利用尽原则”。本案的问题是无条件不起诉的和解协议是否授权订约人为专利权用尽的目的进行销售。我们认为答案是肯定的。

TransCore 依据 Jacobs 诉美国任天堂公司案①认为，在无条件不起诉的和解协议之下的销售不是“授权”。在 Jacobs 案中，法官们讨论了许可条款与和解协议的不起诉承诺各自的作用。明确考虑到下游市场的客户责任，法官解释道：“如果专利权人打算通过和解协议免除侵权制造商的侵权责任，协议第 5 款承诺不起诉就足以满足这一目的。然而，第 3 款的许可条款却进一步授予侵权制造商参与制造和销售用于倾斜敏感控制箱的加速度计的确定性权利。该授权不受任何限制。”

在 Jacobs 案中，在分析默示许可的情况下，法院把为缔约双方明示的意图而达成和解条款的情况进行区分。然而，正如最高法院在 Quanta 案中解释的那样，当对专利权用尽进行分析时，没有必要考量缔约双方对下游客户是否有许可的意图：“第三方是否收到默示许可是无关紧要的，因为下游客户认为其享有的权利不是基于默示许可，而是基于专利权用尽原则，而权利用尽仅限于被许可人在许可人专利权范围内销售产品。”因此，Jacobs 案的分析并不适用于此案。

相反的是我们的分析基于一个前提，即任何人不能让与自己并不拥有的东西。这一原则在专利许可中特别重要，因为授予专利不意味着专利权人拥有一项实施专利的确定性权利，而仅仅是排他性权利。“每项专利都应包含授予专利权人及其继承人或受让人排除他人在美国境内制作、使用、许诺销售或销售的权利，或向美国进口该发明的权利。”② “实际上，专利法不会创造任何关于制造、使用或销售任何东西的确定性权利……”③ 最高法院明确指出：专利法仅赋予在有限的时间内排除他人制造、使用或出售发明的有限的权利，但并未赋予任何关于制造、使用和销售专利发明的任何确定性权利。④ 因此，专利权人不能通过许可或其他方式转让制造、使用、销售实施专利发明的确定性权利，专利权人只能授予他人免于被起诉的权利。

---

① Jacobs v. Nintendo of America，Inc.，370 F. 3d 1097.

② 35 USC § 154（a）（1）.

③ Leatherman Tool Group Inc. v. Cooper Indus. Inc.，131 F. 3d 1011，1015（Fed. Cir. 1997）.

④ Bloomer v. McQuewan，14 L. Ed 532（1852）.

出于这个原因，最高法院在De Forest Radio Telephone & Telegraph Co. v. United States案[①]中重申："专利许可并没有赋予垄断的权益，它仅被认为是专利权人放弃了起诉的权利。"该法院及其先例多次解释一个非独占专利许可等同于不起诉的协议："作为一个基本问题，专利许可协议实质上只不过是许可人不起诉被许可人的承诺。即使有条款约定'被许可人有权制造、使用或出售X'，该协议也无法表达绝对的权利，因为即使是X的专利权人也没有被给予这种权利。他的权利仅仅是排除他人制造、使用或销售X的权利。事实上，X的专利权人及其被许可人在制造、使用或销售X时仍可能会受到其他专利的诉讼。在任何情况下，专利许可协议都可以写成不同范围的不起诉承诺。例如，承诺涉及特定专利的不起诉，或者更广泛地说，专利权人承诺涉及其现在拥有的任何专利或未来可能获得的专利的不起诉。"

那么真正的问题不在于该协议究竟是"不起诉的承诺"还是"许可"。这种区别只是形式，并非实质——二者都可被视为"授权"。故而本案的相关问题不是TransCore与Mark IV的和解协议是否属于授权，而是该和解协议授权的内容是什么。具体来说，TransCore与Mark IV之间的和解协议是否授权了销售？我们认为答案是肯定的。

TransCore与Mark IV之间的和解协议的语义是明确的："TransCore同意且承诺不对Mark IV任何未来侵权行为提出任何要求、索赔、诉讼。"没有附加任何明显的限制，因此该条款授权了下列所有行为，即制造、使用、出售或进口专利产品，若无该授权这些行为将构成侵权。TransCore并没有将授权仅限制为"制造"或"使用"（它本来可以这么限制）。事实上，在口头答辩时，TransCore承认其与Mark IV的和解协议不包括对销售的限制。因此，地区法院正确地判决Mark IV向ISTHA的销售行为是获得授权的，并且TransCore的专利权已经用尽。和解协议包含的下列文字"该免除条款并没有授予MARK IV或任何第三方明示或默示的许可或者任何未来的允许"仅指免除条款的效力，因此并不会影响此处的结论。

（2）地区法院并未滥用自由裁量权

关于如何适当解释"不起诉承诺"这个次要问题，TransCore认为地区法院滥用了自由裁量权，排除了证明TransCore和Mark IV在签署和解协议时的意图的口头证据。我们不同意该观点。

---

① 273 U.S., at 236.

本院根据地区巡回法院适用的法律审查了有关证据的规定，它们本质上是程序性规定。[①] 第五巡回法院认为“除非审判法院滥用了自由裁量权并且被告的实质性权利受到了影响，否则我们不会依据对证据性规定提出的质疑而撤销原判决。”[②]

地区法院排除 TransCore 口头证据的决定并未影响 TransCore 的任何实质性权利。在这一点上，Quanta 案阐明得很清楚。与专利权用尽相关的唯一问题是 Mark IV 的销售是否获得授权，而不是 TransCore 和 Mark IV 是否明示或默示地打算将该约定扩张至（包括）Mark IV 的客户。[③] 因此，TransCore 提供的证据表明双方不向 Mark IV 的下游客户授予相关权利的意图是无关紧要的，这不会影响地区法院判决，对此我们维持原判决。

此外，TransCore-Mark IV 和解协议所适用的加利福尼亚州法律禁止接受以下情形的口头证据：①如果合同是该条款的完整并排他性陈述，在书面合同中插入额外条款的口头证据；[④] 和/或②在不存在歧义的情况下影响合同条款含义的口头证据。地区法院正确地认定该和解协议是最终的、完整的、排他性、无歧义的。因此，我们认为地区法院决定不接受 TransCore 的口头证据是正确的。

（3）其他事实问题

TransCore 进一步声称下列几项重大事实仍然存在争议：①Mark IV 实际上将产品卖给了 ISTHA 供 ETC 安装；②Mark IV 向 ISTHA 的销售是否发生在美国境内；③假设 Mark IV US 实际上已将产品出售给 ISTHA，Mark IV US 是否被 TransCore-Mark IV 和解协议所涵盖，即该和解协议的效力范围是否扩大到 Mark IV Canada 的“姐妹”公司。根据地区法院的记录，从最有利于 TransCore（非提出动议者）的角度来看，我们不同意 TransCore 的主张。

尽管双方对实际上是由哪一个 Mark IV 的实体出售了该专利产品尚存争议（不可撤销的要约是由 Mark IV US 做出的，但是购买订单则是由 Mark IV Canada 最终做出并填写的），但是双方对由 Mark IV 集团对出售行为负责这一点并不存在争议。

此外，双方对销售该公路收费专利产品并运送至 ISTHA 的事实并无争议。

---

① Sulzer Textil AG v. Picanol NV, 358 F. 3d 1356, 1363 (Fed. Cir. 2004).

② U. S. v. Saldana, 427 F. 3d 298, 306 (5th Cir. 2005).

③ Quanta 案，128 S. Ct. at 2122.

④ Cal. Civ. Proc. Code § 1856 (b) (d).

即使我们接受 TransCore 关于该产品是从加拿大进口的主张，也并不会改变整个交易最终发生在美国的基本事实。[①]

最后，关于第三个“有争议的”事实，即 Mark IV US 是否被 TransCore-Mark IV 和解协议所涵盖。双方对 Mark IV US 和 Mark IV Canada 都是 Mark IV 集团的全资子公司的事实并不存在争议。由于“姊妹公司”一词通常被使用并理解为一家子公司与另一家子公司之间享有共同的“母公司”，[②] 我们认为 Mark IV US 和 Mark IV Canada 是“姐妹”公司的事实是没有争议的，因此 TransCore-Mark IV 和解协议的明示授权亦适用于任何“姐妹”公司。

**2. 是否存在授权销售，从而导致专利权用尽**

地区法院进一步认为：关于 TransCore 对’946 专利的权利主张（该专利在双方签署和解协议时专利局尚未批准，因此并未明确在和解协议体现），根据普通法的禁止反悔原则，Mark IV 基于默示许可的授权销售行为使得该专利的专利权已用尽。我们再次同意地区法院的意见。

正如先例 AMP Inc. 诉美国案[③]中所述：“如果某人出售一项专利，该专利所采用的发明侵犯了一项在先专利，出售人因为普通法上的禁止反悔原则不得对受让人提起侵权诉讼，即便该先前专利是在出售该专利之后获得的。该原则同样适用于通过许可和转让授予专利权的情形。”尽管 TransCore 声称这种形式的禁止反悔原则仅适用于“先前”或“较早”的专利，但我们认为没有理由对其做如此细致的区分，专利授予时间即专利获得时间与该案并无关联。

事实上，AMP 的法院以如下方式解释了禁止反悔的基本原则：“普通法上的禁止反悔的本质可以在默示许可所涉及的事实中反映出来，即专利权人（或转让人）许可（或让与）他人一项可限定的财产性权利，并获得一定对价，之后试图减损或转移该权利。该授予人基于禁止反悔原则而不得收回那些他已经获得对价部分的权利。”[④]

因此，该基本原则非常简单：“普通法禁止反悔原则适用于一类范畴较窄

---

① Lightcubes, LLC v. N. Light Prods, Inc., 523F. 3d 1353, 1369-1371 (Fed. Cir. 2008)（认定产品向“美国”出售即足以构成侵权责任）。

② Poly-America, LP v. GSE Lining Tech, Inc., 383 F. 3d 1303 (Fed. Cir. 2004)（指两家公司共同为“姊妹公司”）；Humana Inc. v. Comm'r, 881 F. 2d 247 (6 Cir. 1989)，称 Humana, Inc. 所有的子公司为“兄弟姐妹”公司。

③ 182 Ct. Cl. 86, 389 F. 2d 448 (1968).

④ Id., at 452.

的行为，即专利权人已经许可或授予一项权利，并对此收取对价，之后试图减损其已经授予的权利。”①

在简易判决中，ETC 声称（且 TransCore 并没有反对）TransCore 后来获得的’946 专利至少比 TransCore-Mark IV 和解协议包含的’082 专利的范围更广，并且该专利也是实现专利产品必不可少的。事实上，在证据开示阶段，TransCore 关于’082 专利侵权的主张与’946 专利相关。在没有相反主张的情况下，地区法院恰当地得出结论认为，为了使 Mark IV 从其与 TransCore 的协商中受益，应允许其实施与’183 专利、’275 专利和’082 专利范围相当的’946 专利。因此，基于法律禁止反悔原则，TransCore 不得利用’946 专利的权利主张来减损已授权给 Mark IV 关于实施’183 专利、’275 专利和’082 专利的权利。相反的是 Mark IV 实际上是’946 专利的默示被许可人。TransCore-Mark IV 和解协议关于“该不起诉承诺不适用于任何将来获得的专利”的约定并非与上述结论相左。该约定可能会保护 TransCore 对未来范围更广的默示许可主张权利，但这并不意味着允许 TransCore 减损已经明示授予了的权利，因此不能排除禁止反悔原则的适用。

Mark IV 获得的’946 专利的默示许可的权利与基于 TransCore-Mark IV 许可协议的范围相同。因此，Mark IV 向 ISTHA 的销售行为是合法授权的，由此 TransCore 对于已售产品专利权用尽。

综上所述，维持原判，驳回 TransCore 的诉讼请求。

**【案例要点解析】**

本案涉及的主要问题是“不起诉承诺”的和解协议是否授权了销售行为，并由此引发了专利权用尽的问题。联邦巡回上诉法院认为“不起诉的承诺”和“许可”的区别只是形式上的，并无实质的区别，二者都可被视为“授权”。至于授权的内容，主要依据授权合同的规定。然而，在本案中，上诉法院强调了专利权人享有的是一种排他性权利，而非确定性的权利，专利法不会创造任何关于制造、使用或销售任何东西的确定性权利。上诉法院引用最高法院的观点：“专利法仅赋予专利权人在有限的时间内排除他人制造、使用或销售发明的有限的权利，但并未赋予任何关于制造、使用和销售专利发明的任何确定性权利。因此，专利权人不能通过许可或其他方式转让制造、使用、销售专利发明的确定性权利，专利权人只能授予他人免于被起诉的权

① Wang Labs. Inc. 诉三菱电子公司案，103 F. 3d 1571，1581（Fed. Cir. 1997）。

利。”最高法院及其先例多次解释道：一个非独占专利许可等同于不起诉的协议，专利许可协议实质上只不过是许可人不起诉被许可人的承诺。

故而，上诉法院认为本案的相关问题不是 TransCore 与 Mark IV 的和解协议是否属于授权，而是该和解协议授权的内容是什么。TransCore 与 Mark IV 之间的和解协议的语义是明确的：“TransCore 同意且承诺不对 Mark IV 任何未来侵权行为提出任何要求、索赔、诉讼。”该条规定没有附加任何明显的限制，因此该条款授权了下列所有行为，即制造、使用、销售或进口专利产品，若无该授权，这些行为将构成侵权。TransCore 并没有将授权仅限制为“制造”或“使用”（它本来可以这么限制）。事实上，在口头答辩时，TransCore 承认其与 Mark IV 的和解协议不包括对销售的限制。因此，地区法院正确地判决 Mark IV 向 ISTHA 的销售行为是获得授权的，对于获得专利权人授权的销售，TransCore 的专利权已经用尽。

本案是美国联邦上诉法院在最高法院 Quanta 案判决后再次重申专利权用尽原则。另外也明确了专利权的本质为排他权，而不是授予他人销售、使用、制造等肯定性权利。基于此，本案认为不起诉的协议未附加条件，等同于授权许可，被告免予承担侵权责任。

# 霍尼韦尔国际公司诉美国政府*

美国联邦巡回上诉法院(2010)

## 【案件事实】

20世纪80年代，美国联邦政府建立了一个驾驶舱内照明的管理标准，提出了全彩色显示屏与NVG的兼容性问题。1985年10月10日，联合公司（Allied Corporation）递交了第06/786.269号专利申请（简称'269专利申请），旨在提供一种使与NVG兼容的驾驶舱内继续使用红光的方式。依据《发明保密法》（Invention Secrecy Act），美国专利和商标局对'269专利申请施加了保密令，使该专利一直处于保密状态，直至2000年才予以公布。此时，联合公司已经成了联信公司（AlliedSignal Inc.），随后与霍尼韦尔公司（Honeywell, Inc.）合并成立了霍尼韦尔国际公司（Honeywell International, Inc.，简称霍尼韦尔国际）。霍尼韦尔国际随后修改了'269专利申请，后来作为第6,467,914号专利（简称'914专利）发布。2002年，在'914专利公布的两个月后，霍尼韦尔国际向联邦索赔法院起诉美国政府，要求依据《发明保护法》就美国在该发明公布之前的使用，以及依据美国法典第28卷第1498条（a）款对专利公布之后的侵权行为进行赔偿。

## 【审理过程】

联邦索赔法院分析了争讼条款，并且对所诉侵权的三个系统进行了庭审，索赔法院认为所诉的三个系统都侵犯了权利要求2，但是并未侵犯权利要求1和3。索赔法院对霍尼韦尔国际依据《发明保护法》的权利要求、政府对被诉侵权的抗辩和损害赔偿问题进行了分开审理，最终认定：首先，依据美国法典第35卷第103条（a）款，权利要求2是无效的，但法院同时对美国法典第35卷第112条关于书面描述的要求进行了确认。其次，索赔法院认定霍尼韦尔国际缺乏依据《发明保护法》起诉的资格，因受到依美国法典第35卷

---

* Honeywell Intern., Inc. v. U.S, 609 F3d 1292 (2010).

第 181 条颁发的保密令的限制，'914 专利在申请后并未公布。最后，索赔法院判定首次销售原则使霍尼韦尔国际无法从政府在 F-16 飞行器上使用全彩色显示屏和 NVG 的侵权行为中获得补偿，因为霍尼韦尔国际已经生产和销售了上述所称的全彩色显示屏。

联邦索赔法院判决支持美国政府，霍尼韦尔国际不服上诉。联邦巡回上诉法院撤销联邦索赔法院的判决，发回重审。

**【判决理由】**

本案涉及三个重要的问题，一是权利要求 2 是否无效；二是上诉人是否可以依据《发明保护法》获得起诉资格；三是首次销售原则是否会阻碍上诉人获得损害赔偿。

对于前两个问题，联邦巡回上诉法院判定：（1）政府并没有提供清晰和有信服力的证据证明'914 专利的权利要求 2 无效；（2）霍尼韦尔国际有权依据《发明保护法》主张合理赔偿。[①] ……

对于首次销售问题，联邦索赔法院认为：首次销售原则排除了霍尼韦尔国际对政府使用（至少一个）侵权系统的行为获得赔偿。此次上诉涉及三个系统：（1）彩色多功能显示器和在 F-16 飞行器中的被动式夜视镜，（2）雷达显示器和 C-130H 飞行器中的被动式夜视镜和（3）彩色多功能显示器和 C-130J 飞行器中的被动式夜视镜。重要的是霍尼韦尔国际生产和销售了彩色多功能显示器。依据联邦索赔法院的观点，首次销售原则排除了霍尼韦尔国际对政府主张获得对彩色多功能显示器和 F-16 飞行器中的 NVG 的使用的损害赔偿。对于适用首次销售原则，必须存在一个首次授权使用（为了引用对首次销售原则的保护，经授权的第一次销售必须是根据美国专利进行的[②]）。可以肯定的是该案的事实存在特殊性。霍尼韦尔公司向联邦政府出售被诉侵权的彩色多功能显示器时没有获得授权，因为在销售时，霍尼韦尔公司不享有'914 专利的权利，这个专利为联信公司所拥有。霍尼韦尔国际现在拥有专利权的事实并没有溯及较早的销售。因此，首次销售原则不能排除霍尼韦尔国际对政府在 F-16 飞行器中使用被诉侵权的彩色多功能显示器和 NVG 的行为请求损害赔偿。在某种程度上联邦政府有追索权，但该追索权并非源于首次销售原则。

---

① 鉴于这两个问题与本书的主题关系不大，篇幅所限，此处予以省略。——编者注

② See Jazz Photo Corp. v. Int'l Trade Comm'n, 264 F. 3d 1094, 1105 (Fed. Cir. 2001).

本院判定：首次销售原则不能排除霍尼韦尔国际对政府在 F-16 飞行器中使用被诉侵权的彩色多功能显示器和 NVG 的行为请求损害赔偿。撤销联邦索赔法院的裁判，发回重审。本院要求联邦索赔法院根据《发明保护法》处理政府有关专利公布前的损害补偿的抗辩问题，并确定损害赔偿数额。

## 【反对意见】

Mayer 法官对此判决表示部分异议。①

被诉侵权产品中的一种——彩色多功能显示器安装在 F-16 飞机上，是由霍尼韦尔公司（Honeywell Inc.）在 1999 年与联信公司（AlliedSignal Inc.）合并之前制造并出售给联邦政府的，联信公司是'269 专利申请文件的权利人。原审法院认为，霍尼韦尔国际不得通过首次销售原则追回侵权赔偿金，因为专利权人和专利产品的销售者现在是同一个公司实体。② Mayer 法官肯定这种观点。

专利权人的专利产品的销售，用尽了该产品的专利权。③ 虽然彩色多功能显示器的出售者在出售时并未拥有'269 专利申请文件的权利，但申请文件的权利人的利益后来与出售侵权设备的公司的利益合并在一起。由于霍尼韦尔国际公司通过霍尼韦尔公司获得销售补偿，其在这些产品中的专利权被用尽。当霍尼韦尔国际公司本身是销售侵权产品所得利润的最终受益者时，大多数的相反意见却允许霍尼韦尔国际公司获得侵权补偿。

这种情况与之前案例的情况相似。④ 法院认为专利权人被禁止使用先前存在但后来才获得的专利来减损来自另一专利谈判的许可，并指出："因为授权人已经收到了对价，故不得以任何形式反悔。"⑤ 另一个先例认为，一般情况下，卖方销售产品没有提出限制条件时，实际上就是承诺买方以支付价款作为交换，不会干扰买方对已购买产品的充分使用。⑥ 同理，霍尼韦尔国际不应该被允许干涉政府自由使用其前身公司出售给政府的产品。

---

① 编者在此主要叙述第三部分的首次销售原则。

② Invalidity/Defenses Order, 81 Fed. Cl. at 576-577.

③ Quanta Computer, Inc. v. LG Elecs., Inc., 553 U.S., at 617, 128 S.Ct. 2109, 2115, 170 L.Ed. 2d 996 (2008).

④ AMP Inc. v. United States, 182 Ct. Cl. 86, 389 F.2d 448 (1968).

⑤ Id. at 452.

⑥ Hewlett-Packard Co. v. Repent-O-Type Stencil Mfg. Corp., 123 F.3d 1445, 1451 (Fed. Cir. 1997).

【案例要点解析】

本案与专利许可有关的问题是原告的销售行为是否构成首次销售，从而引发专利权用尽。本案中的被诉侵权产品是一种彩色多功能显示器，是由霍尼韦尔公司在1999年根据'269专利申请技术制造并出售给联邦政府的，此后霍尼韦尔公司与联信公司（'269专利申请人）合并成立霍尼韦尔国际。原审法院美国索赔法院认为，霍尼韦尔国际公司基于首次销售原则无权要求侵权赔偿金，因为专利权人和专利产品的销售者现在是同一个公司实体。虽然彩色多功能显示器的出售者在出售时并未拥有'269专利申请，但申请文件的权利人的利益后来与出售侵权设备的公司的利益合并在一起。由于霍尼韦尔国际通过霍尼韦尔公司获得销售补偿，其在这些产品中的专利权被用尽。

然而，联邦巡回上诉法院却不同意美国索赔法院的意见。上诉法院认为：对于适用首次销售原则，必须存在一个首次授权使用。为了适用首次销售原则，经授权的第一次销售必须是根据美国专利法进行的。霍尼韦尔公司向联邦政府出售被诉侵权的彩色多功能显示器时没有获得授权，因为在销售时，霍尼韦尔公司不享有'914专利的权利，这个专利为联信公司所拥有。霍尼韦尔国际现在拥有专利权的事实并没有溯及较早的销售。因此，首次销售原则不能排除霍尼韦尔国际对政府在F-16飞行器中使用被诉侵权的彩色多功能显示器和NVG的行为请求损害赔偿。

首次销售原则必须存在一个首次授权使用才会引发销售权用尽，对于该原则应该没有什么异议。一审二审的主要分歧在于已经被霍尼韦尔国际公司取代的霍尼韦尔公司的行为（包括向美国政府出售产品的行为）的效力是否可以延伸到后来成立的霍尼韦尔国际公司，对后者发生效力。对于这个问题，一审和二审法院给予了不同的回答。一审认为专利权人和专利产品的销售者是同一个实体，二者的利益合并在一起了，因此其专利权通过霍尼韦尔公司销售行为已经用尽。但是二审法院认为霍尼韦尔国际现在拥有专利权的事实并不能溯及较早的销售，因而不适用首次销售原则。

从法律上讲，霍尼韦尔公司和霍尼韦尔国际公司是两个不同的法律主体，每个法律主体的行为只对自己发生法律效力。尽管霍尼韦尔国际是霍尼韦尔公司的权利义务继受者，由于霍尼韦尔销售产品时没有经过专利申请人联信公司的许可，销售当时专利申请人和销售者是各自独立的主体，故而该销售不是一个经授权的销售，不会发生专利权用尽。

# Tessera 公司诉美国国际贸易委员会*

美国联邦巡回上诉法院(2011)

## 【案件事实】

本案所涉及的第 5,663,106 号专利（简称'106 专利）、第 5,679,977 号专利（简称'977 专利）、第 6,133,627 号专利（简称'627 专利）为 Tessera 公司所拥有。这些专利与半导体芯片封装的创新相关，半导体封装技术可以保护脆弱的芯片免受机械和热损伤，防止封装上的暴露端子被污染。

Tessera 公司的主要业务是授权其技术。Tessera 公司经常通过被称为“TCC 许可”的协议将其专利授权给供应商。虽然每个 TCC 许可证的条款因被许可人的不同而不同，这些 TCC 许可证有几个特点：每个 TCC 许可证都要求预付许可证费用，同时在报告期结束时支付所售产品的浮动的许可费（running royalties）。每个 TCC 许可证都包括一个与以下内容基本相同的授权条款：“根据本协议的条款和条件，Tessera 公司在此授予被许可人……Tessera 专利的许可……和销售……和（或）许诺销售这种 TCC 被许可产品。”最后，每个 TCC 许可证还包括一个“许可排除”条款：“被许可人仅被许可销售那些被许可人或第三方已支付 Tessera 专利使用费的被许可产品。”

涉案的所有参与人都从 TCC 许可证的当事人那里购买了一部分被指控的技术包。尔必达存储器公司宣称其产品的 100% 来自 Tessera 公司的被许可人。其余的诉讼参与人承认他们的被诉产品至少有一小部分是来自未经许可的供应商的。无可争议的是一些被许可人没有履行在 TCC 许可证下依据销量支付浮动许可费的义务。Tessera 根据美国关税法第 337 条对本案中的 18 名参与人向美国国际贸易委员会提起了诉讼。

## 【审理过程】

2009 年 4 月 28 日，美国国际贸易委员会（简称委员会）主审行政法官发

* Tessera, Inc. v. International Trade Com'n, 646 F. 3d 1357 (Fed. Cir. 2011).

布了初步裁定，认为被告的进口行为没有违反 337 条款。2009 年 10 月 30 日，委员会裁定被告的进口行为不违反 337 条款。委员会在 2010 年 1 月 4 日发布了最终裁定，认为进口商并没有因进口半导体芯片而侵害专利权人的权利。Tessera 公司将委员会诉至美国联邦巡回上诉法院。

Tessera 公司指控 18 名被告人通过进口某些半导体芯片侵犯了’106 专利、’977 专利和’627 专利。此外，上诉理由还有：第一，Tessera 公司质疑委员会关于’106 专利中的权利要求 1 的解释。第二，Tessera 公司质疑委员会的 μBGA 产品没有侵权的裁决。第三，Tessera 公司质疑委员会关于专利权用尽的裁决。在上诉中，几个诉讼参与人还质疑’106 专利的有效性，理由是存在几个现有技术，这些技术属于在先公开的技术。

联邦巡回上诉法院的判决认为：委员会未发现违反第 337 条款的行为，证据充分，其行为不是任意的、反复无常的、滥用自由裁量权或其他不符合法律的行为。由于委员会关于’106 专利的决定得到了大量实质性证据的支持，并且没有法律错误，因此确认了最终裁定中的这一部分。由于’977 和’627 专利现已过期，本院撤销最终裁定中的这一部分，并存疑驳回与该专利有关的上诉部分，发回委员会根据本院指示重审。

**【判决理由】**[①]

Tessera 公司认为：委员会错误地裁决在没有授权销售的情况下构成专利权用尽。根据 TCC 许可证的条款，其被许可人的销售没有获得许可，因为在许可费支付之前是未经授权的。由于一些被许可人没有支付许可费或者延迟支付许可费，Tessera 认为这些被许可人的销售行为不会引发专利权用尽。专利权用尽是为了防止双倍赔偿（double recovery），Tessera 公司宣称此处专利权用尽的裁决甚至会使其无法获得实际损失的赔偿（single recovery）。

委员会和尔必达存储器公司回应称，根据 Quanta 案[②]的原则，专利权用尽由“专利权人授权的销售”引发。他们认为：当 Tessera 授权 TCC 合同的被许可人销售产品，这些销售就是授权销售，至于被许可人是否及时支付专利许可费，或者延迟支付，与这些销售是否属于 Tessera 初始授权的销售没有关系。委员会和尔必达存储器公司进一步指出：只要 Tessera 公司获得单倍赔偿

① 由于本书的主题是专利许可，因此判决理由中与许可无关的部分予以省略。——编者注

② Quanta Computer, Inc. v. LG Elecs., Inc., 553 U.S., at 617, 636, 128 S. Ct. 2109, 170 L. Ed. 2d 996 (2008).

的能力被考虑，Tessera公司就仍可以寻求其他途径来执行获取使用费的合同权利。这些包括违约诉讼或申请仲裁。

“专利权用尽长期以来的原则就是专利产品的初始授权销售终止了这些专利产品上的所有专利权。”[①] 在此，正如Quanta案一样，Tessera公司的被许可人也被授权销售被诉产品。TCC许可证中没有限制被许可人销售被诉产品的权利。每个TCC许可协议包括一个无条件授予被许可人“为了销售……和/或许诺销售”被诉产品。这些协议要求被许可人对所售产品支付浮动专利许可使用费的义务。在某些情况下，直到合同规定的报告期结束前都不要求向Tessera公司付款。因此，在某些情况下，使用费义务在授权产品销售8个月之后才能累积计算。但是，许可协议中没有任何内容甚至微弱地暗示后续的实质条件的存在，即为了实现专利权用尽的目的，是否支付许可使用费的问题可以将初始授权销售转换为未经授权的销售。

Tessera花费了大量的时间来论证TCC许可中的“许可排除条款”（前述授权“仅限于那些被许可人支付使用费”）及其产生的效果。相对于直截了当的分析，这些论点只会增加不必要的麻烦。正确的注意点应当是销售是否经过授权。Tessera公司忽略了TCC许可证构成的重要方面。这些协议明确授权被许可人出售被许可产品并在报告期结束时支付专利使用费。这样，在这些协议中，Tessera公司授权被许可人基于信用先销售专利商品，随后再进行支付。这样一来，即使有些被许可人后来食言不支付或拖欠其许可使用费，也不会将一次授权销售转为非授权销售。任何后期未支付TCC许可协议下的许可使用费义务的行为都将与被许可人发生纠纷，而不会与被许可人的客户发生纠纷。

Tessera公司的论点是该销售最初是未经授权的，直到其收到专利使用费才算是授权，本院认为这种说法是空洞的且毫无说服力。双方对TCC协议允许被许可人在向Tessera公司支付许可费之前销售被许可产品并没有争议。但根据Tessera公司所说，被许可人的销售是由TCC协议许可的，如果被许可人以某种方式拖欠了后来应付的许可使用费，该行为就成为未经授权的行为。这种荒谬的结果会对每次销售以及被许可人的客户拥有的每件产品笼罩上不确定的阴云，并且完全不符合专利权用尽的根本目的——禁止对专利物品进

① Quanta Computer, Inc. v. LG Elecs., Inc., 553 U.S., at 617, 636, 128 S.Ct.2109, 170 L.Ed.2d 996 (2008).

行售后使用限制。当机器转移到购买人的手里时，就不再属于垄断权的范围。[①]

最后，Tessera 公司质疑了行政法官关于尔必达存储器公司从被许可人处购买了 100%被诉产品的裁决。Tessera 公司起诉称尔必达存储器公司的两家供应商都是被许可人的子公司，未获得 TCC 许可证的许可，并且没有他们以书面形式同意 TCC 许可条款的证据。尔必达存储器公司回应说书面承诺是没有必要的，此外，这些供应商包装的产品被控侵犯了'977 专利和'627 专利，而不是'106 专利。Tessera 公司在答复摘要中没有回应，也没有指出任何相反的记录证据。本院认为没有理由推翻委员会关于尔必达存储器公司购买的被诉侵犯'106 专利的产品 100%来自专利的被许可人的调查结果。

本院肯定了委员会认定 Tessera 公司的专利权已经用尽，所有被诉侵犯'106 专利的产品均是从被许可人处购买的结论。因为尔必达存储器公司的 μBGA 产品是唯一被诉侵犯'106 专利的产品，并且尔必达存储器公司的被控 μBGA 产品 100%从被许可人处获得，因此专利权用尽完全可以作为其抗辩理由。

**【案例要点解析】**

本案争议焦点是限制性销售是否引发专利权用尽的问题。Tessera 公司认为 TCC 许可协议中的“被许可人支付使用费”是被许可人获得授权的前提条件，也即是在未付使用费之前该专利的销售是未经授权的，只有在付了使用费之后才算是授权，其所依据的“排除许可”条款为：“许可证仅被许可给被许可人或第三方已支付 Tessera 特许权使用费的许可产品。”法院认为如果按照 Tessera 的说法，被许可人以某种方式拖欠了后来应付的许可使用费，该销售行为就成为未经授权的行为，这种荒谬的结果会对每次销售以及被许可人的客户拥有的每件产品笼罩上不确定的阴云，并且完全不符合专利权用尽的根本目的——禁止对专利物品进行售后使用限制。Tessera 公司授权被许可人基于信用先销售专利商品，随后再进行支付。这样一来，即使有些被许可人后来食言不支付或拖欠其许可使用费，也不会将一次合法的授权销售转为非法的未授权销售。任何后期未支付 TCC 许可协议下的许可使用费义务的行为都将与被许可人发生纠纷，而不会与被许可人的客户发生纠纷。对合同条款的

① Bloomer v. McQuewan, 55 U.S. (14 How.) 539, 549, 14 L. Ed. 532 (1852).

理解应当结合 TCC 许可协议整体来看，Tessera 公司允许被许可人在未付使用费的情况下先行销售被许可产品，故应当理解为：TCC 协议自一开始就已经授权了被许可人销售专利产品。

本案中的“排除许可”条款属于限制性销售条款，是对专利法授予的权利予以保留的一种方式。专利权用尽原则是否可以被限制性销售条款所排除一直是一个存在争议的问题。但 2017 年美国最高法院在利盟案中，采用了全面的专利权用尽原则。无论是国内销售还是国外销售，只要是专利权人许可的授权销售，均产生专利权用尽的后果，专利权人不能以违反授权许可的限制性条件为由提起专利侵权诉讼。

## （三）方法专利与权利用尽

### Quanta 计算机公司诉 LG 电子公司*

美国最高法院(2008)

**【案件事实】**

LG Electronics, Inc.（简称 LG 电子）在 1999 年取得美国第54,939,641号专利（简称'641 专利）、第 5,379,379 号专利（简称'379 专利）及第 5,077,733 号专利（简称'733 专利）三个与电脑微处理器有关的专利。LG 电子以交叉授权的方式授予英特尔公司相关专利。此交叉授权协议准许英特尔公司制造并且销售和使用带有涉案专利技术的微处理器以及芯片组。LG 电子与英特尔间的授权协议明确指出：英特尔公司有制造、使用、销售（直接或者间接）、以销售为目的进口或其他方式处分其拥有涉案专利产品的权利。该授权协议明确约定，并未授予任何一方或第三人将授权产品与来自第三方的其他原件相互结合的权利或使用、进口、销售该等结合产品的权利。协议还强调本协议并未意图改变或者限制专利权用尽的应有效果。

LG 电子对微处理器和晶片组本身并没有获得专利，但微处理器和晶片组的组装会侵害 LG 电子的各项电脑系统专利权。英特尔依授权协议制造微处理器和晶片组并销售给包括 Quanta Computer USA 公司（简称 Quanta）在内的几家电脑制造商，上述电脑制造商进一步将购买的微处理器和晶片组组装于电脑中。LG 电子与英特尔在授权协议之外的主协议（Master Agreement）中要求英特尔必须书面通知 Quanta 等电脑制造商：虽然英特尔被授权销售微处理器和晶片组给被告，但此等专利授权并不明示或者暗示地扩张至客户把英特尔产品与非英特尔产品结合所制成的任何产品。主协议还规定违反主协议不对许可协议产生影响并且也不是许可协议终止的理由。

Quanta 是一家中国台湾地区的电脑制造商，通过将从英特尔购买的微处

* Quanta Computer, Inc. v. LG Electronics, Inc., 128 S. Ct. 2109 (2008).

理器和芯片组与非英特尔销售的内存和总线进行组装来生产制造电脑，从而实施了 LG 电子的相关专利。LG 电子对 Quanta 提起专利侵权诉讼。

【审理过程】

本案在美国加州北部地区法院起诉后，一审法院以简易判决方式判决被告 Quanta 胜诉。一审法院认为，LG 电子给予英特尔的授权使得其专利权已经用尽，任何合法购买英特尔产品的厂商都可以免于 LG 电子的专利侵权诉讼。[①] 法院认为虽然英特尔产品并未完全实施涉案专利，但该产品并无其他非侵权使用的合理可能性，根据 1942 年美国诉 Univis Lens Co. 案[②]确立的原则，其授权销售用尽了专利权。然而在随后 2003 年的一个裁决中限制了该简易判决的适用，法院认为专利权用尽仅适用于设备或组合物的权利要求，其描述的是一个物理对象，并不适用于描述制造或使用产品的操作过程的过程或方法权利要求。[③] 根据这个原则，因为 LG 电子的每个涉案专利都包括方法权利要求，因此权利用尽原则不适用。

联邦巡回上诉法院对一审判决部分维持并部分撤销。它同意专利权用尽原则不适用于方法权利要求。不同的是，上诉法院认为得出权利用尽不适用的结论是因为 LG 电子并没有许可英特尔将英特尔产品出售给 Quanta，使其将英特尔产品与非英特尔产品进行组合。

Quanta 随后向最高法院提起再审申请，最高法院发出了调卷令，对此案进行了复审，并最终撤销了上诉法院的判决。

【判决理由】

150 年来最高法院一直用专利权用尽原则将专利权限制在专利产品的首次授权销售。本案中，我们需要决定专利权用尽原则是否适用于对专利系统的零部件的销售，所述零部件必须与其他部件组合才能实施专利方法。联邦巡回上诉法院认为专利权用尽原则根本不适用于方法专利，或者另一种理解是在本案中不适用专利用尽原则是因为专利产品的销售不是经过专利权人许可的销售。上述两种观点我们都不同意。因为专利权用尽原则适用于方法专利，并且许可协议授权销售实质性体现专利的组合物，所以销售行为用尽了专

---

① LG Electronics, Inc. v. Asustek Computer, Inc., 65 USPQ 2d 1589, 1593, 1600 (N. D. Cal. 2002).

② United States v. Univis Lens Co., 316 U. S., at 241, 62 S. Ct. 1088, 86 L. Ed. 1408 (1942).

③ LG Electronics, Inc. v. Asustek Computer, Inc., 248 F. Supp. 2d 912, 918 (N. D. Cal. 2003).

利权。

1. 专利权用尽的司法历史

长久以来，专利权用尽原则认为首次授权销售专利产品用尽了专利权。最高法院在19世纪的案件中首次将该原则应用于Woodworth刨床专利延期案件。在原专利期限期间出售和使用机器的许可证购买者寻求在延长期限继续使用许可证。法院认为延长专利期限并不影响已购买该产品的购买者已经获得的权利（“当机器交给买方时，它不再处于垄断的范围内。”）①，法院维持了驳回专利权人诉讼的决定（“当一个人已经购买了专利权人或者其受让人生产的专利产品时，这个购买就带有以一切可能的方式使用机器的权利。”）②。

虽然法院曾在Henry诉AB Dick有限公司案③中允许了专利产品的售后限制，但该决定效力是短暂的。1913年，法院拒绝引用AB Dick有限公司案以支撑专利许可证中的固定价格条款合法性。④ 此后不久，在Motion Picture Patents Co. v. Universal Film Mfg. Co. 案⑤中，法院明确推翻了AB Dick案。在该案中，专利权人试图限制购买者使用其电影放映机，只放映专利权人制作的电影。法院注意到专利权人使用AB Dick式授权限制其产品使用的做法越来越频繁，从而确保对相关非专利产品的市场控制。法院认为：“我们的专利法的主要目的不是积累私人财富，而是促进科学和实用技艺的进步”，“专利法对发明人授予专利的授权范围必须限于权利要求书所描述”⑥。因此，该案重申了这样的规则：“专利权因单一、无限制条件合法销售而用尽，销售的物品不属于专利权的垄断范围，并拒绝供应商可能试图施加的任何限制。”⑦

我们研究了Univis Lens案⑧中专利权用尽情形，Univis案是本案地区法院法官判决的依据。Univis Lens公司是眼镜片专利权人，授权购买者通过融合不同的镜头部分来创建双焦点和三焦点镜头生产镜片毛坯，并以商定的价格将其出售给其他Univis授权许可的人。批发商授权将这些原坯磨成专利成品

---

① Bloomer v. McQuewan，14 How. 539，549，14 L. Ed. 532（1853）.

② Adams v. Burke，17 Wall. 453，21 L. Ed. 700（1873）.

③ Herry v. A. ab. Dick Co.，224 U. S.，at 1，32 S. Ct. 364，56 L. Ed. 645（1912）.

④ Bauer & Cie v. O'Donnell，229 U. S.，at 1，14-17，33 S. Ct. 616，57 L. Ed. 1041（1913）.

⑤ Motion Picture Patents Co. v. Universal Film Mfg. Co.，243 U. S.，at 502，518，37 S. Ct. 416，61 L. Ed. 871（1917）.

⑥ at 511，37 S. Ct. 416.

⑦ at 516，37 S. Ct. 416.

⑧ 316 U. S.，at 241，62 S. Ct. 1088，86 L. Ed. 1408.

镜片，然后以固定价格转售给 Univis 许可的零售商。在将原坯打磨成专利镜片之后，零售商将以相同的固定比率将成品镜片出售给消费者。美国政府根据谢尔曼法案控告 Univis，指控其非法限制贸易。Univis 以专利权是合理垄断作为其辩护理由。我们通过调卷令（certiorari）的方式决定了 Univis 的定价行为是否违反了反垄断法。

法院认为 Univis 在成品镜片中享有的专利是由批发商和成品零售商实施的。批发商、零售商将这些原坯打磨成镜片。法院认为镜片毛坯的销售已将成品镜片上的专利权用尽。法院解释说：原坯镜片实现了专利的基本特征，并且研磨和抛光成为专利的成品透镜的过程并没有体现专利的实用性。法院指出："如果某人销售了一份未完成的物品，但该物品体现了专利发明的基本特征，同时该物品将来只能用于完成该专利，无其他实际的用途，属于专利保护范围"。总而言之，法院的结论是当产品充分体现专利基本特征时，且该产品未来只能用于实现该专利时，专利权用尽原则同样适用。

**2. 方法专利是否适用专利权用尽原则**

LG 电子认为专利权用尽原则在此不适用，因为它不适用于 LG 电子专利中包含的方法权利要求。方法专利不是与有形物品相关，而是与过程相关，所以它们永远不会因销售而用尽。相反的是在每次使用体现方法专利的物品时，实施专利权只有在授权合同中转让权利的情况下才允许。而 Quanta 认为没有理由排除方法权利要求的用尽。如果方法专利不适用专利权用尽，那么这将允许专利持有人通过在其专利说明书中插入方法权利要求来完全避免专利权用尽这一原则。

我们赞同 Quanta 的观点，不支持 LG 电子的观点。方法专利确实不可能像物品或设备一样销售，但方法可能"体现"在产品中，其销售会用尽专利权。我们的判例不会将涉及专利方法或流程的交易与涉及专利产品的交易区分开来。相反的是，我们多次判决：通过销售体现该方法的产品，方法专利已经用尽。例如，在 Ethyl Gasoline Corp. v. United States 案①中我们认为根据一项方法专利生产的机动车燃料的销售也用尽了该方法专利的专利权。同样如前所述，Univis 案中法院认为生产镜片的方法专利因为销售镜片毛坯而用尽，即使这些专利在毛坯被研磨成镜片之前还未完全实施。

上述案例为专利权用尽提供了坚实的基础。如果不认可方法专利随销售

---

① Ethyl Gasoline Corp. v. United States, 309 U. S., at 436, 446, 457, 60 S. Ct. 618, 84 L. Ed. 852 (1940).

用尽将严重破坏专利权用尽原则。专利权人可以单纯地以专利方法而不是产品的形式描述他们的权利声明，以避免专利权用尽原则的适用。产品专利和方法专利可以分别使用方法和产品进行限定，“它们可能非常接近，以至于从产品的功能中区分开来是非常困难的。”① 专利起草人可以通过方法专利权利要求代替产品权利要求，或者通过在可专利机器中包含一个方法权利要求以实现机器的功能，从而达到规避专利权利用尽的效果。

本案表明了如果允许对专利权用尽原则进行规避，将会导致该原则无法适用的危险。依据LG电子所主张的理由，尽管英特尔有权出售实施LG电子专利的完整计算机系统，但系统的任何下游厂商都可能承担专利侵权责任。这样的结果将违反长期遵循的法理，即当一个专利产品经过一次合法销售，从专利权人的利益出发，该专利产品使用应当不受限制。因此，我们不支持LG电子提出的方法专利从不用尽的主张。

3. 未完成产品是否导致专利权用尽

我们接下来会考虑未完成产品必须在多大程度上体现专利才能适用专利权用尽原则。Quanta认为尽管销售不完整的产品并不一定会用尽专利权，但本案中微处理器和芯片组的销售已经用尽了LG电子的专利权。这与Univis中销售毛坯镜头专利权用尽的原理相同。Quanta认为正如Univis中的原坯镜片未完全实现专利一样（它们没有被磨成成品镜片），英特尔产品在它们组装在计算机系统之前不能全部实现LG电子专利（或者更确切地说是全部功能）。如果像Univis案那样，专利权因不完整的产品的销售而用尽，那么LG就没有售后限制的权利（即要求专利只被应用于英特尔产品）。此外，Quata还认为：只要未完成产品体现了专利的基本特征，就能触发专利权用尽原则，否则专利权用尽原则将是一纸空文。如果不这么做的话，专利权人就可以授权销售计算机，但不授权其中一个小部件的使用，如未授权微处理器插入插座，这样他们就可以对每个下游厂家甚至最终用户都主张专利权。

而LG电子认为Univis案的规则并不适用于此案，主要有三个原因。首先，它坚持认为Univis应限于包含实施专利所需的所有物理结构，而英特尔产品在实施专利之前需要额外的物理组件，并非含有实施专利所需的所有物理结构。其次，在Univis案中，镜片原坯和已获得专利的成品镜片之间没有“可授予专利性”的区别，因为它们都受到相同的专利保护。而英特尔产品与

① United States ex rel. Steinmetz v. Allen, 192 U.S., at 543, 559, 24 S.Ct.416, 48 L.Ed.555 (1904).

实施 LG 电子专利的系统相比是“独立和独特的产品”，且享有其他专利。最后，本案英特尔产品只是涉案组合专利的部分元件，如果销售该部分元件意味着整个专利，等于使整个组合专利的地位取决于该个别要素。该推论与 Aro Mfg. Co. v. Convertible Top Replacement Co. 案①的结论相冲突。

我们同意 Quanta 的意见，Univis 案的原则适用本案。正如法院解释的那样，专利权用尽是由销售镜片毛坯引发的，因为他们唯一合理的和预期的用途是实现该专利，并且毛坯镜片体现专利的基本特征，专利权已经用尽。

首先，Univis 案中如果合法销售的产品只有实现专利的用途，那么该合法销售阻碍了专利权人主张专利权。Univis 的镜片毛坯符合这一标准，除非被磨光并抛光成专利的成品镜片，否则它们并没有专利的实用性。而且，销售毛坯镜片的唯一目的是使零售商能研磨并抛光它以供未来的佩戴者使用。在本案中，LG 电子承认，除了组装到实现 LG 专利的计算机系统外，英特尔产品没有其他用途（微处理器或芯片组连接到总线和存储器之前不能运行）。因此，和 Univis 案一样，英特尔向 Quanta 销售的唯一、明显目的是允许 Quanta 将英特尔产品组装到将要实施专利的计算机中。

其次，毛坯镜片在 Univis 案中应体现专利必要特征。Univis 镜片专利的基本或创造性特征是将不同镜片融合在一起以创造双焦点和三焦点镜片。零售商在融合之后进行的打磨过程与打磨组装与一般镜片的加工相比无特别之处。正如法院所解释的那样：“精加工许可证持有人完成 Univis 镜片毛坯的操作与完成所有其他双焦镜片毛坯的操作完全相同。”虽然法院假定精加工过程被该方法专利覆盖，地区法院认为有必要制作一个成品镜片，但研磨过程并不是专利的核心，应属于标准过程，且未包含在任何专利的细节中，完全没有在两项专利中提及。那些确实提到的抛光打磨过程应被认为是对发明的附带解读，例如，权利要求书记载“然后以通常的方式研磨毛坯”，或坯料“然后被研磨和抛光”。

与 Univis 案毛坯镜头一样，英特尔产品构成了专利发明的重要组成部分，并且完全实现了专利。它们控制对主存储器和高速缓冲存储器的访问，通过检查主存储器的高速缓冲存储器并比较读写请求来实现’641 专利和’379 专利。它们还根据’733 专利控制了各种其他计算机组件访问总线的优先权。当然，英特尔产品不能执行这些功能，除非它们连接到内存和总线，但是这些

① Aro Mfg. Co. v. Convertible Top Replacement Co., 365 U. S., at 336, 344-345, 81 S. Ct. 599, 5 L. Ed. 2d 592 (1961).

附加功能是系统中的标准组件，提供了使微处理器和芯片组正常工作的材料。英特尔产品仅在与内存或总线连接时才能正常工作，Quanta 在添加这些部件时不需要做出任何创造性或创新性的决定。事实上，Quanta 没有别的选择，只能按照英特尔的规格将英特尔产品整合到其计算机中，因为不知道它们的内部结构，而英特尔将内部结构作为商业秘密保护。换言之，英特尔通过设计产品已经实现了涉案专利，只是缺少了标准零件。

我们不认同 LG 电子提出的 Univis 案不适用本案的观点。首先，我们认为把 Univis 与本案区分成去除或者增加元件的差别并无意义。重点不在于元件到底是增加还是减少，重点在于下游厂商为了实现涉案专利所操作的最后步骤是否仅为不具有创造性的标准步骤。在两个案件中，最后一步实现专利的过程都是普通的、没有创造性的：根据顾客要求打磨镜片，或者将微处理器和芯片组组装在存储器和总线上。英特尔产品体现了 LG 专利的实质性特点，因为它们在根据英特尔设计与标准组件结合的过程中实现了所有的发明步骤。其次，我们认同 LG 电子主张的专利权用尽原则在不同专利中并不统一适用。如在实施专利 A 的产品的销售不会当然用尽专利 B 的专利权，但是，进一步说，如果该装置实施 A 专利时实质上也体现了 B 专利，那么此时不能单纯因为是两种专利而认为 B 专利权没有用尽。一个微处理器或一个芯片组本来就可能涉及数以千计的专利，重点在于英特尔产品部分地实现了某个专利的重要特征，就应该用尽该项专利。

最后，LG 电子对 Aro 案①的引用是错误的，因为该案只涉及更换专利组合的一部分是否侵犯专利的问题。首先，本案并不涉及替换问题。其次，且更重要的是 Aro 案并不像本案那样完全适用专利权用尽，本案中 LG 电子的专利没有公开现有部分的新组合。Aro 案认为结合的本身才是专利真正的技术特征，个别元件不具有任何的可专利性，也并无任何元件可以被认为是该专利发明的核心。在本案中，本发明的技术核心并非是如何将存储器和总线与微处理器或芯片组相结合，相反的是本案的技术核心在于英特尔产品本身的设计。

#### 4. 向 Quata 出售产品是否导致专利权用尽

在得出结论认为英特尔产品体现了涉案的方法专利重要特征后，我们接下来会考虑向 Quanta 出售的产品是否用尽了 LG 电子的专利权。因为只有通过专利权人授权的销售才能适用专利权用尽原则。

---

① Aro Mfg. Co. v. Convertible Top Replacement Co., 365 U. S., at 336.

LG电子认为这里没有授权销售，因为许可协议不允许英特尔出售其产品与非英特尔产品结合使用以实现LG电子的专利。它引用了General Talking Pictures Corp. 诉Western Elec. 案①。在该案中，法院认为授权协议条款限制仅能销售专利产品给私人或家庭使用，即制造商没有权利将专利产品出售用于商业用途，制造商“并不能向申诉人转让未授权的专利产品，因此专利权用尽不适用。”② LG电子认为同样的原则适用于此：英特尔无法使Quanta取得未授予的权利，即将专利产品元件与非英特尔产品结合的权利。

但是，我们认为LG电子忽略了英特尔-LG电子交易结构的重要方面。在英特尔与LG电子授权许可协议中的任何内容都不会限制英特尔将其微处理器和芯片组出售给有意将其与非英特尔部件结合使用的购买者的权利。它广泛地授予英特尔“制造、使用、销售”，而不受LG电子专利产品的限制。可以肯定的是LG电子的确要求英特尔通知包括Quanta在内的其他客户，LG电子并未授权这些客户实施其专利。但双方均不认为英特尔违反了这方面的协议。无论如何，该条款要求通知义务只出现在主协议中，而LG电子并未暗示违反该协议将构成违反许可协议。因此，英特尔出售其体现LG电子专利产品的权利并非以通知或Quanta在该通知中遵守LG指示的决定为条件。

LG电子指出许可协议明确拒绝任何第三方通过将许可产品与其他组件合并来实施专利的许可。但是，第三方是否收到明示或默示许可是无关紧要的，因为Quanta声称其权利不是基于默示许可而是基于权利用尽。专利权用尽只需英特尔合法销售LG电子专利的产品。

5. 结论

授权销售实质性体现专利产品用尽了专利权人的权利，阻止了专利权人利用专利法控制产品售后使用的行为。本案中，LG电子许可英特尔实施专利，允许其销售实施LG电子专利产品。英特尔的微处理器和芯片组实质性体现了LG电子的专利，因为它们没有其他非侵权用途，并且包含了专利方法的所有创新性组成。许可协议没有限制英特尔销售体现LG电子专利的产品的权利。英特尔被授权向Quata销售产品意味着将这些产品带出了专利垄断权的范围，其结果是LG电子不能再对Quata主张专利权。因此，上诉法院的判决被撤销。

---

① General Talking Pictures Corp. v. Western Elec. Co., 304 U. S., at 175.

② General Talking Pictures Corp. v. Western Elec. Co., 304 U. S., at 175.

【案例要点解析】

本案的焦点问题是方法专利是否适用专利权用尽的问题。美国最高法院对此问题给予了肯定的回答。专利方法虽然不可能像专利商品或设备一样的方式出售，但方法却可能“体现”在产品中，由于产品的出售而用尽方法专利权。若方法权利要求作为一个类别而排除适用专利权用尽原则，那么专利申请人可以仅仅将权利要求撰写成一个方法而不是一个装置就能事实上使所有发明规避专利权用尽原则的适用。如果允许对专利权用尽原则进行规避，将会导致该原则无法适用的危险。

本案认为当未完成产品实质性体现了专利时，也适用专利权用尽原则。最高法院赞同了一审法院的观点，援引了 Univis 案的原则对此进行阐述。Univis 案中法院认为“当专利权人出售一个在其专利权保护范围的未完成的商品，因为该商品体现了专利发明的实质特征，并且购买者必定要依照专利完成该商品，那么就该发明或者体现于特定商品中的发明而言，权利人已经出售了他的发明”。也即当产品充分体现了专利实质特征（即使它没有完全实施专利），以致它唯一的及预期的用途是完成专利描述的技术方案时，则禁止再通过专利权对产品进行售后限制。本案正如 Univis 案一样，未完成的产品充分体现了专利的实质特征。因为除了将英特尔的产品安装到内存和系统中以完全实施 LG 电子的专利外，没有其他合理的非侵权用途，并且关于每项专利的所有创造性特征都体现在英特尔的产品中。

本案还涉及授权销售与专利权用尽的问题。LG 电子与英特尔的许可协议没有限制英特尔将微处理器和芯片组出售给意图将英特尔产品与非英特尔部件结合的购买者。协议宽泛地允许英特尔“制造、使用或销售”产品，不受 LG 电子的专利限制。LG 电子要求英特尔通知其客户（包括 Quanta），LG 电子没有许可这些客户实施其专利，但要求通知的条款只出现在另一个独立的主协议中，并且 LG 电子并没提出违反主协议将构成违反许可协议。法院认为 LG 电子没有注意到它与英特尔的交易分为主协议和许可协议两方面，其中许可协议明确同意了英特尔可以自由地“制造、使用和销售”专利产品，主协议中 LG 电子请求英特尔通知客户，包括 Quanta 在内，但主协议中双方约定了“对主协议的违反不构成对许可协议的违约”，故 LG 电子是否授权并不受是否通知的限制。因此，英特尔是否做出通知或 Quanta 是否遵守 LG 电子在该通知中的指示均不影响英特尔已获得的专利授权，也即英特尔向 Quanta 销售芯片的性质属于获得许可的授权销售。美国最高法院认为LG电子的专利权在授权英特尔公司向Quata出售时就已经用尽。基于上述理由，英特尔对Quanta的销售已获授权，导致该产品已处于专利权的范围之外，LG电子不能再对Quanta主张其专利权。

本案对美国电子产业影响深远，同时美国联邦最高法院确立了三个重要的结论：（1）方法专利适用专利权用尽；（2）当销售的产品体现了专利的重要技术特征时，即使仍然需要其他物理结构或元件结合才能满足专利的全部要件，仍使得该专利权用尽；（3）最高法院并未对附条件销售是否限制了专利权用尽原则的适用给予明确的解读，即专利权用尽原则是否可以因为当事人明确约定而受到限制，但本案中明确了专利权人仅单纯要求交易相对人通知下游客户不足以认定附条件的销售。

## Lifescan Scotland 公司诉 Shasta 科技公司*

美国联邦巡回上诉法院(2013)

### 【案件事实】

原告—被上诉人 Lifescan Scotland Ltd. （简称 Lifescan 公司）就编号为 7,250,105的美国专利（简称'105 专利）享有专利权，该专利是一种方法专利，通过对比试纸带上两种不同工作电极产生的电流检测糖尿病患者的血糖水平。Lifescan 公司基于该专利生产了“稳豪型”血糖检测仪。Lifescan 公司将 60%的血糖仪分发给卫生保健提供者，并由他们免费将血糖仪赠送给糖尿病患者，其余 40%的血糖仪也低于成本价进行销售。Lifescan 公司之所以采取这种销售模式是希望消费者能够购买其生产的“稳豪型”试纸带搭配血糖仪进行使用，从而获得利润。被告—上诉人 Shasta 科技公司不销售血糖仪，但是在试纸带市场上与 Lifescan 公司存在竞争关系。Shasta 设计的“GenStrip”试纸适用于 Lifescan 公司的血糖仪。

2011 年 9 月 9 日，Lifescan 向美国联邦加州北区地区法院递交起诉状，主张 Shasta 对 GenStrip 的制造和分配构成对'105 专利的间接侵权（GenStrip 的使用者是直接侵权人），并向法院申请禁止 Shasta 公司销售或许诺销售其 GenStrip 产品的禁令。Shasta 公司以专利权用尽为理由进行抗辩，主张 Lifescan 的仪表是对'105 专利的实质体现，仪表在销售和分配后，'105 专利权已经用尽，因此对 GenStrip 试纸带的销售不侵犯'105 专利。

### 【审理过程】

地区法院支持了 Lifescan 公司的诉讼请求并授权了初步禁令，地区法院认为：首先，专利权用尽仅适用于“销售”的情形，Lifescan 公司在 60%免费分发的仪表上的专利权没有用尽；其次，专利权用尽不适用于 Lifescan 对剩余仪表的销售，因为'105 专利是方法专利，需要仪表和试纸同时进行操作。虽然地区

* Lifescan Scotland, Ltd. v. Shasta Technologies, LLC, 734 F. 3d 1361 (Fed. Cir. 2013).

法院承认基于 Quanta 案，方法权利要求因为“实质体现”发明的产品的销售而用尽，但是地区法院认为 Lifescan 的仪表可能没有体现’105 专利的发明特性。

Shasta 公司提起上诉。联邦巡回上诉法院判决撤销原判，发回重审。

【判决理由】

1. Lifescan 的方法专利是否随着使用该方法的仪器的销售而用尽

Lifescan 公司主张仪表无论是销售还是赠与都不会引起权利用尽，因为仪表并未实质性实现’105 方法专利的权利要求。

在 Quanta 案之前，最高法院多次判决专利发明的销售使得专利持有人的排他权利用尽，后来有关该发明的销售或使用不会引起侵权诉讼。类似于产品专利，最高法院也将权利用尽原则应用于方法专利。在 1942 年的美国政府诉 Univis Lens Co. 案①中，专利持有人经营眼镜镜片业务。被许可人向批发商和终端零售商销售“毛坯镜片”，这些人随后将毛坯镜片打磨和抛光成为可以用于眼镜上的成品镜片。专利持有人拥有数个有关眼镜镜片的专利权。最高法院认为任何物品被购买后，无论是否被授予专利都会产生对其进行使用和销售的权利，授权销售只能在实践中实现其专利的物品是对其有关该物品销售的垄断权的放弃。对实现发明专利本质特征的物品的销售会用尽专利持有人在该物品上的权利，每一个毛坯镜片都是对发明专利的本质特征的实现。最高法院将方法专利与设备专利视为同样的问题，判决对毛坯镜片的销售也会用尽其方法专利。

2008 年的 Quanta 案明确权利用尽原则应用于方法专利并且阐明了使用标准。在该案中，LG 电子拥有计算机处理器执行功能的方法专利，许可英特尔制造和销售使用该专利技术的处理器和芯片组，条件是英特尔用户不能将含有该方法专利的英特尔产品与非英特尔部件组合。英特尔向计算机制造商 Quanta 电脑公司销售处理器和芯片组，Quanta 将处理器和芯片组与非专利部分进行组合制造了体现方法专利的计算机系统。LG 电子主张 Quanta 对英特尔处理器和芯片组与非英特尔内存和总线进行组合的行为侵犯了其方法专利。最高法院驳回了 LG 电子对于专利用尽不能应用于方法专利的主张。最高法院认为其已经反复判决方法专利会因实现该方法的产品的销售而用尽。其次，最高法院解决了一件产品必须将专利实现到何种程度方能引起用尽的问题。Quanta 案中的产品或方法专利是否用尽取决于使用该产品实现发明所需要的额外步骤是否有创造性。处理器和芯片组除非与总线和内存相连，否则没有

---

① 84 U. S. （17 Wall.） 453，21 L. Ed. 700（1873）.

其他合理而不侵权的使用方法，不能发挥作用。英特尔向 Quanta 销售的唯一明确的目的就是允许 Quanta 将英特尔的处理器和芯片组组合成能够实现专利的电脑。最高法院认为英特尔的产品实质上实现了专利，因为有关专利的全部创造性都具体体现在英特尔的处理器和芯片组上，实施专利唯一必要的额外步骤是应用一般程序或标准部分。

（1）仪表转移导致专利权用尽

双方对于与专利权用尽有关的事实问题没有争议。Shasta 认为根据 Quanta 案和其他最高法院的判决，仪表转移给卫生保健提供者和使用者就用尽了 Lifescan 的专利权。Lifescan 不同意此看法。Lifescan 认为根据 Quanta 案原则，要求英特尔的处理器和芯片组“没有合理而不侵权的使用方法”，但是 Lifescan 公司认为仪表可以进行合理而不侵权的使用，因此 Quanta 案的先例无法适用。Lifescan 公司的理论是：如果仪表有合理的非侵权用途，仪表的转让就不会必然意味着接受者被授权实施专利。但是我们认为当使用方法正是专利发明本身的用法时，我们潜在的不侵权的使用方式不可以用来阻止权利用尽。①

即使产品存在合理而不侵权的使用能够阻止权利用尽，我们也未能在 Lifescan 公司的答辩中发现依据……；没有任何迹象表明使用者能够不侵权地使用 Lifescan 的仪表。

最后根据 Quanta 案，可选择的使用方式只有既合理又是专利权人或被许可人故意为之，才与权利用尽关联。譬如，毛坯镜片销售的唯一目的是购买者能够将其打磨和抛光从而提供给未来佩戴者。Lifescan 承认对仪表的分发是期望并意图使消费者通过稳豪型仪表使用其稳豪型试纸，这样的使用方式才是对’105 专利的实施。因此，即使 Lifescan 提出的可选择的仪表使用方式对使用者而言是可行的，但是他们显然不是故意的，因此不能阻止专利权用尽的适用。

（2）仪表体现了’105 专利的本质特征

Lifescan 公司主张仪表并没有实现’105 专利的本质特征。在 Quata 案中，最高法院强调“每一个专利的每一个发明要点都体现在英特尔的处理器和芯片”上，因为它们“控制”和“展现”专利描述的功能。与此类似的是本案中的问题就是仪表是否“控制”和“展现”’105 方法专利描述的发明的功能。根据’105 专利的申请记录，原申请书要求了两项独立的发明——仪表的比较

① Keurig, Inc., v. Sturm Foods, Inc., No. 13-1072, 732 F. 3d 1370, 1373, 2013 WL 5645192, *3 (Fed. Cir. Oct. 17, 2013).

功能方法以及试纸带上电极的配置方法。其中直接指向比较方法的权利要求通过了，但是指向纸带的申请被驳回。众所周知，多电极生物传感器属于现有技术。专利说明书和专利申请记录均暗示'105专利方法的创造性部分在于仪表而不是纸带。摘要这样描述了该发明：根据本发明，一个测量装置比较两个工作传感器部件产生的电流并且在其差异过大时报错。摘要丝毫没有提及试纸带的配置。说明书也强调了仪表的勘误功能，指出液体样本的不足和测试带产品的缺陷会导致误差的产生，并且通过检测两种工作传感器部件产生的电流，该发明可以检测出两种错误。在执行'105专利申请的过程中，为了通过试纸带产品权利要求的申请，Lifescan修改了试纸带的权利要求，增加了第二个工作电极位于第一个工作电极下游的限制。然而，不出所料再一次遭到驳回。审查员认为"测量""比较"和"报错"的功能使得该方法权利要求区别于现有技术，而不是电极的配置。没有争议的是在Lifescan的血糖监测系统中，是仪表而不是纸带在执行"测量""比较"和"报错"的步骤。因此，仪表实质性体现了'105专利的方法权利要求。

Lifescan公司以专家证词作为论证基础，坚持认为专利审查员错误地反复拒绝了其对纸带专利的申请，纸带应被单独授予专利。但是，Lifescan公司已经通过舍弃最初和后续申请书中的权利要求接受了对纸带专利要求的驳回，因此Lifescan不能再主张这些纸带本身是发明。

确实，如果纸带被授予专利，纸带的可专利性就会与专利权用尽有关。在Morgan Envelope案①中，专利权人就一种特定类型的厕纸与安装在上面的一种固定装置相结合获得了专利权。在得出纸卷本身不可专利的结论后，最高法院接下来考量固定装置的销售是否会用尽组合装置的专利权。被诉侵权人承认固定装置包含专利创新，但是认为仅仅向先前从专利权人处购买过固定装置的人销售新的厕纸并不构成侵权，因为固定装置的销售用尽了专利权。最高法院同意固定装置的销售会用尽专利权。最高法院指出对组合专利中某种元素的销售在某些情况下会构成间接侵权，但是当制造物本质易腐，或是传送装置的客体并且必须周期性更换时，该原则无法适用。当然，如果产品本身是有效专利的客体，向专利权人以外的人购买这样的产品可能构成专利侵权。但是如果该产品不可专利，要求产品必须从专利权人手中购买，会给予专利权人相当于产品专利的利益。最高法院在Morgan Envelope案中举例道：

---

① Morgan Envelope Co. v. Albany Perforated Wrapping Paper Co., 152 U.S., at 425, 14 S. Ct. 627, 38 L. Ed. 500 (1894).

如果原木是锯木机专利的一个组成部分，根据原告的说法，要么要求锯割设备的购买者从专利权人手中购买木材，要么接受侵权指控。这个例子不仅说明该设备不可能成为专利，而且说明了把纸视为组合专利的构成部分的困难之处。因此，Morgan Envelope 案证实：如果组合专利中有一项产品没有专利或者专利无效，创造性部分存在于第二项产品中，那么对第二项产品的销售会导致该组合专利权利用尽。同样的原则也适用于方法专利，如 Keurig 案①中，将咖啡机与一次性套筒一起使用的方法会因咖啡机的销售而用尽。

然而，Lifescan 认为权利用尽无法适用，因为这里的纸带不是“标准”部分。虽然最高法院在 Quanta 案中提及英特尔的处理器和芯片组是作为“标准部分”与其他计算机部分组合在一起，但是 Quanta 案并未表示只有标准部分才被视为是没有创造性的。相反的是最高法院关注的事实在于专利的全部创造性都体现在英特尔的处理器和芯片集上。而且，最高法院提及“标准部分”并不是暗示那些部分与现有技术相同，而是指这些标准部分能够轻易地与英特尔的处理器和芯片集共同应用。确实，在 Quanta 案中没有异议的是为了适应英特尔的处理器和芯片集，计算机制造者根据英特尔的说明书为他们的计算机系统特别设计了额外部分。本案中，带有两个工作电极的纸带属于现有技术。现有技术的纸带在用于 Lifescan 仪表时可能需要重新改变，但是这是无关紧要的。没有任何迹象表明带有两个工作电极的现有技术的纸带不能轻易被设置用于执行比较功能的仪表。

（3）不应禁止将纸带用于仪表

虽然纸带未体现专利也不具备可专利性，但是驳回权利用尽的主张会出现问题，因为 Lifescan 会借此限制纸带市场的竞争。允许 Lifescan 公司控制纸带的销售相当于允许搭售协议，Lifescan 会禁止仪表的购买者将仪表与其他存在竞争关系的纸带一起使用。在搭售和权利用尽案件中，最高法院格外关注需要周期性更新以及本身不具备专利性的产品的专利垄断扩张问题。最高法院的权利用尽案件的基本原则在于授权转让专利产品所有权的，预期使用该产品的权利会随之转让。在本案中，禁止将被诉侵权人制造的纸带用于仪表上将无法实现仪表的预期功能，并不适当地扩大专利垄断。

### 2. Lifescan 公司免费分发的 60% 的血糖仪是否适用专利权用尽原则

Lifescan 最后主张即使仪表实质体现了权利要求，专利权用尽也不应当适

---

① Keurig, No. 13-1072, 732 F. 3d at 1373 (Fed. Cir. Oct. 17, 2013).

用于那60%免费分发的仪表，因为其并未就免费分发的仪表获得“回报”。因此，我们需要解决专利权用尽是否适用于免费分发的产品。我们认为缺乏对价并不会影响专利权用尽原则的适用。虽然最高法院总是以“销售”“购买者”这样的词汇讨论权利用尽，但是最高法院从未将权利用尽的应用局限在这种情况之中。在Bloomer诉McQuewan案①中，最高法院解释了专利权用尽原则背后的基本原理，“为了正常使用目的购买机器的人有权在一定的范围内使用机器。”“当机器传递到购买者手中，就不再属于专利垄断的范围，并且不再受国会法案的保护，但是受其所属的州法律保护。”换言之，专利权人对机器使用权的转让用尽了机器上的专利权。

因此，尽管反复提及销售或购买者，最高法院更多的是在专利产品转移给受让人且合法取得所有权的情况下详细描述权利用尽。权利用尽同样也可发生在经专利权人授权的其他人的转让中。最高法院在相关判决中充分说明所有权转移不等于销售。将权利用尽限制为“销售”的情形不符合最高法院在McQuewan案的判决，在该案中，争议机器未被销售，而是被诉侵权人在专利权人允许下制造的，没有“销售”并不会对专利权用尽造成障碍，因为机器在专利权人授权下制造，并且是被控侵权人的私人财产，因此不再受到专利法保护。Lifescan公司主张的权利用尽的狭义适用不符合该原则背后的基本原理——允许经授权转让获得物的所有权人对该物进行使用。Lifescan使用最高法院在权利用尽判决中提到的专利权人收到“对价”或“报酬”来支持其观点。但是这些案例均未表明赠与转让中缺乏报酬或专利权人报酬不足会阻碍权利用尽的适用。

实际上，专利权人可以选择取得报酬的方式。其可以在交易专利产品时制定一个特定的价格，也可以正如Lifescan公司所做的那样，选择免费赠送期待获得预期利益。但是专利权人不能通过赠送产品（而非销售产品）规避权利用尽原则。专利权人无条件放弃产品所有权的，不能以报酬不足为由而排除权利用尽原则的适用。

此外，虽然版权案件不解决专利法问题，但是可以进一步加强我们的结论——权利用尽原则适用于赠与。在Kirtsaeng案②中，最高法院判决版权法上的首次销售原则同等适用于③美国境内外生产的版权作品。尽管版权法的首次销售原则已经规定在法典中，最高法院还是将此原则追根溯源于“普通法

① Bloomer v. McQuewan, 55 U.S. (14 How.) 539, 14 L. Ed. 532 (1853).

② Kirtsaeng v. John Wiley & Sons, Inc.

③ Kirtsaeng, 133 S. Ct. at 1363.

禁止对动产转让进行限制”。为了陈述普通法上的原则，最高法院引用了库克的观点：“如果一个人拥有一匹马或者其他家畜，他附条件赠与或出售财产，条件是受赠人或者购买人不能受让全部利益，那么该条件是无效的，因为他的全部利益离他而去，因此他没有恢复的可能性，而且恢复会违背贸易和交易，违反人与人之间的讨价还价和条件。”[①]

第九巡回法院特别解决了首次销售原则对赠与的适用。在 UMG 案[②]中，UMG 公司就促销的唱片享有版权，其免费将这些促销光盘赠与私人（如音乐评论家和电台程序员），在取得、销售唱片发生争议时，UMG 提起版权侵权诉讼，主张销售行为侵犯了其就唱片内容享有的排他权利。UMG 的诉讼请求被驳回，第九巡回法院认为：根据版权法，UMG 的赠与行为用尽了版权，首次销售原则不仅适用于复制品被销售的情况，也适用于复制品被赠与或以其他非出售形式的转让，一旦版权产品进入商业流通，版权人控制分配的法定权利便告用尽。

Lifescan 公司的主张明显破坏了专利权用尽和首次销售原则背后的一般政策。如果没有有效的合同限制，不论专利权人当初要求的对价是多少，对专利产品后续使用或销售的限制都“违反了动产交易自由”的原则[③]。将报酬的充足性作为专利权用尽的条件给专利产品的转让带来不确定性，明显违背专利权用尽原则的基本目的——禁止预先限制专利商品的销售。如果专利权人仅仅通过赠与产品或方法专利的一个组成部分，并捆绑该专利的其他部分进行销售（赠与部分只有与购买部分结合方可使用），就能够规避权利用尽，专利权用尽原则将会变成死的条款，消费者对于其私人财产的合理期待将会被严重侵犯。因此，我们得出结论，专利权人不能通过免费赠与体现专利的产品来限制专利权用尽原则的适用范围。

3. **结论**

我们判决专利权用尽原则平等地适用于所有以适当方式（无论是赠与还是出售）授权转让的产品。Lifescan 的稳豪型仪表实质体现了’105 专利的专利方法，其专利权因赠与而用尽。因此，我们撤销地区法院的初步禁令，将案件发回重审。

**【案例要点解析】**

本案的争议焦点有两个：第一，Lifescan 的方法专利是否随着使用该方法

---

① E. Coke, Institutes of the Laws of England § 360, p. 223 (1628).

② UMG Recordings, Inc. v. Augusto, 628 F. 3d 1175 (9th Cir. 2011).

③ John D. Park & Sons Co. v. Hartman, 153 F. 24, 39 (6th Cir. 1907).

的仪器的销售而用尽；第二，Lifescan 公司免费分发的 60% 的血糖仪是否适用专利权用尽原则。联邦巡回上诉法院首先援引美国政府诉 Univis Lens Co. 案以及 Quanta 案，肯定了权利用尽原则应用于方法专利，驳斥了 Lifescan 公司提出的 Quanta 案无法适用于本案的理由。其次通过分析争议专利的专利申请记录以及相关的专利申请文件，法院指出 Lifescan 仪表本身（而不是仪表与纸带的结合）实质性地实现了争议专利的专利方法。法院因此得出结论：Lifescan 仪表实现了'105 专利的专利方法，进而根据 Quanta 案的先例认定仪表的销售会用尽'105 方法专利的权利。

由于 Lifescan 对仪表的分配采用了"销售+赠与"的模式，对于 Lifescan 公司通过医疗机构免费分发给糖尿病患者的仪表是否适用权利用尽原则的问题，联邦巡回上诉法院也给出了肯定的答案。专利权人在转让实现该专利的产品的所有权时，专利产品就脱离专利法的保护范围进入私人财产法领域，受让人对其取得所有权的专利产品享有自由使用和处分的权利。允许专利权人通过赠与的方式对已经转让的专利产品的使用进行限制会造成很多问题。法院认为如果专利权人仅仅通过赠与产品或方法专利的一个组成部分，并捆绑该专利的其他部分进行销售（赠与部分只有与需要与购买部分结合方可使用）就能够规避权利用尽，专利权用尽原则将会变成死的条款，消费者对于其私人财产的合理期待将会被严重侵犯。在本案中，如果通过仪表上实现的'105 专利不被用尽，根据 Lifescan 公司的主张，仪表的购买者必须搭配购买 Lifescan 公司生产的纸带才能使用仪表，相当于变相允许搭售协议的存在，给予 Lifescan 公司在纸带销售市场上的不正当竞争的权利，扩大了'105 专利的垄断权的范围，会对公共利益造成极大的损害。

专利在本质上属于垄断权利，专利法的意义就在于平衡专利权人垄断的私人利益与社会公共利益。出于经济利益的刺激，专利权人会尽可能地扩大专利垄断的范围。通过一系列判例，美国法院不断完善权利用尽原则的适用范围，确立了相对完备的制度体系。在本案中，Lifescan 公司试图通过模糊专利的界限扩大专利垄断的范围导致败诉。

值得注意的是：本案并未否定专利权人在销售专利产品时就专利获得额外报酬的权利，但是专利权人通过制定特别的销售策略实施变相垄断的行为是不被允许的。这不仅体现了诚实信用原则的要求，也是保护公共利益的需要。

## (四) 修理/再造与权利用尽

### Jazz Photo 公司诉美国国际贸易委员会*

美国联邦巡回上诉法院(2001)

**【案件事实】**

依据1930年《关税法》第337条:“进口侵犯了一项有效的、可实施的美国专利的产品,或是进口依据一项美国专利包含的方法而制作、生产、加工的产品,都为违法。”富士相片公司向美国国际贸易委员会(以下简称委员会)起诉包括Jazz相片公司、Dynatec国际公司以及Opticolor公司等27个公司侵犯了富士公司拥有的15项专利。该指控基于被申请人进口一种使用过的“一次性”相机(也称为“配有镜头的胶卷组件”,简称LFFPs),LFFPs是一个相当简易的照相机,其主要元件是一个塑料外壳,该塑料外壳包含快门、快门键、镜头、取景器、送片装置、胶片计数显示器,以及某些型号的闪光灯组件和电池。该塑料外壳还设有放置一卷胶卷的支架,和一个缠绕曝光胶卷的容器。在工厂里,一卷胶卷就被装入相机,然后通过超声波焊接或遮光密闭技术将外壳密封,随后用一个纸板外壳包装相机。LFFPs根据专利权人的设计是一次性使用的。胶卷曝光后,洗照片的人需要取掉纸板外壳,再掰开塑料外壳预先设计好的比较脆弱的部分来取出胶卷。被废弃的LFFPs经多个海外公司(在贸易委员会审查过程中称为“再翻新者”)翻新后,被申请人进口这些使用过的LFFPs。这些被废弃的LFFPs也正是本案的争议标的。

**【审理过程】**

行政法官将再翻新的一般步骤总结如下:去除纸板外壳;打开LFFPs的机身(通常需要切开至少一个焊接点);更换卷片轮或更改要插入的胶片盒;

---

* Jazz Photo Corp. v. International Trade Com'n, 264 F. 3d 1094 (Fed. Cir. 2001).

重置胶片计数器；更换闪光灯电池；重新缠绕新胶卷，用胶带或胶水将产品机身重新封起来；贴上新的纸板壳。委员会认为这些活动构成了被禁止的再造行为。鉴于这一裁决，委员会认为是否获知被申请人全部的行为就没有实质性的意义了，因为在这种情况下，任何进口都是侵权和非法的。

被申请人辩称其没有制造新的产品，只是简单替换使用过的相机的胶卷。他们辩称 LFFPs 相机的使用寿命应长于富士公司设计的一次性使用，并且专利权人就这些相机的专利权已经用尽，专利权人不能限制他们通过必要的插入胶卷与重置机器的过程来重装（refit）相机的权利。委员会认定 26 个被申请人，包括本案的上诉人，侵犯了富士公司 14 项美国专利的全部或者大部分的权利要求，并且签发了一个全面排除令和禁止令。上诉期间，该禁令依然有效。委员会裁决的主要依据在于对使用过的相机进行翻新的行为是被禁止的“再造”行为，而不是被允许的“修理”行为。

经过对法律及其适用进行审查，联邦巡回上诉法院得出结论，认为先例并不支持委员会对于现有事实的法律适用。法院认为对于首次销售在美国境内并经专利权人授权的使用过的相机，被申请人的行为并不满足先例所谓禁止性再造行为的标准。根据先例的要求，被申请人的行为均被视为允许的“修理”行为。对于满足前述标准的相机，推翻委员会专利侵权的决定，撤销其颁布的禁令。对于其他的相机（未满足上述标准的相机），维持委员会的决定。

## 【判决理由】①

### 1. 关于允许的修理行为和禁止的再造行为的法律

关于被专利权人投入商业流通后的专利产品，允许和禁止的行为的区别即被概括为“修理”和“再造”的区别。除了要受到当初购买时的条件限制外，专利产品的购买者拥有该产品的所有权，包括使用、修理、修改、丢弃或再次出售的权利。因此专利产品自出售后就“变为了购买者的私人财产，并且不再受到专利法的特别保护”②。一个产品是专利产品的事实并不会给予购买者更多或更少的使用和处置该产品的权利。然而，所有权并不包括在原有产品的样板上制造一个本质上的新产品的权利，因为制造新产品的权利仍属于专利权人。

---

① 本案仅保留与专利许可有关的部分判决，其他部分与许可关系不大，予以省略。——编者注

② Mitchell v. . Hawley，83 U. S. （16 Wall.） 544，548，21 L. Ed. 322（1872）.

尽管专利产品的所有权并不包含制造一个实质上新产品的权利，但该所有权却包含使专利产品维持其使用寿命的权利。很明显这些概念之间存在一定连续性，很少有先例明晰地将“修理”和“再造”置于两个极端。因此，法律已经在判例中表明应基于不同的事实背景来阐明立法的意图。如在 Goodyear Shoe Mach. Co. v. Jackson 案[①]中，法院认为“由于专利发明的数量和种类繁多，企图制定任何关于这个问题的规则是不可行的，也是不明智的。”

Wilson v. Simpson 案[②]解释了允许和禁止行为之间进行区分的原则。该案中，法院将专利刨床的购买者（当刀片变钝或受损时）更换机器切刀的权利与专利权人制造或更新整个机器的专有权利相区分。法院注意到切刀每 60~90 天就需要替换一次，然而机器可以使用数年，并解释“当购买者仅限于对所购机器受损部件的修理和更换时，不会对专利权人行使其专利权造成任何损害。”该原则强调了法律的适用。在 Aro Maufacturing Co. v. Convertible Top Replacement Co. 案[③]中，法院将该原则适用到一个由可折叠的纺织品的顶部和相应的支撑金属结构的组合专利中。法院认为对于破损的纺织品的顶部进行替换是被允许的修理行为，专利权人不能控制。法院重申了适用于专利产品的非专利部分替换的原则：“法院认为对一个包含非专利部分的专利产品的再造仅限于对该产品的真正的再造，即在这个产品整体上被使用过后，事实上制造了一个新的产品。[④] 为了使专利法赋予的垄断权第二次发挥作用，那必须确实地创造了另一个专利产品。[⑤] 仅仅对单个的非专利部分单次替换，不论是对同一部件的重复替换或不同部件的相继替换都不过是所有者对财产进行修理的法定权利。”[⑥]

关于修理的权利，如果修理行为不会“事实上创造一个新的产品”，那么该修理权利便伴随着该产品赋予其所有者。在 Wilbur-Ellis Co. v. Kuther 案[⑦]中，法院审理了购买使用过的专利鱼罐头机器并对其翻新的案件。法院认为新所有者对于机器整体翻新（extensive refurbishment），包括修改和调整机器的六个独立部分，尽管该翻新超出了常规的维修或更换损坏部件，但它仍然

---

① 112F. 146，150（1st Cir. 1901.

② 50 U. S.（9How.）109，13 L. Ed. 66（1850）.

③ 365 U. S.，at 336，81 S. Ct. 599，5 L. Ed. 2d 592（1961）.

④ United States v. Aluminum Co. of America，148 F. 2d416，425（2d Cir. 1945）.

⑤ American Cotton Tie Co. v. Simmons，106 U. S.，at 89，1 S. Ct. 52（1882）.

⑥ 365 U. S. at 346，81 S. Ct. 599.

⑦ 377 U. S.，at 422，84 S. Ct. 1561，12 L. Ed. 2d 419，141 USPQ 703（1964）.

属于修理而非重造，因为该翻新延长了原机器的使用寿命。[①]

另有先例将维修拆卸和为清洁专利产品而替换非专利部件，以便延长产品最初的使用目的行为进行分类。在 General Electric Co. v. United States 案[②]中，法院认为海军对专利枪托进行的大规模检修，包括拆卸和替换那些不能修理好的部分，是被允许的修理行为。法院解释道：用装配生产线的方法去重组枪托，而不考虑每个组件的来源，仅是一个关于效率和经济的问题，这和对每个枪托进行单独的拆卸与替换少量的磨损部件进行翻新效果是一样的。[③] 类似的是在 Dana Corp. v. American Precision Co. 案[④]中，被告 Dana 公司从原所有人处获取被抛弃的破损的汽车离合器，将它们拆卸、清理并排列好独立的部件，用新的或者修补好的部件替换掉破损或有缺陷的部件，再重新组装汽车离合器。法院认为对于破损汽车离合器的“再造”（rebuilding）虽然是大规模进行的，仍是一种被允许的修理行为。尽管专利权人强调该行为使用了新的部件，并且这种再造行为是大规模的商业性活动，但法院仍然认定这种行为是修理行为。[⑤] 并且法院注意到在通常情况下，离合器的新部件是从 Dana 公司购买的，因此对使用过的离合器进行修理，专利权人是知情的。

“再造”（reconstruction）如先例所示，需要对专利产品更为广泛地重新制造，而不是仅在 Aro Manufacturing、Wilbur-Ellis、General Electric、Dana Corp. 案中所示的情形，类似的案件还有 Bottom Line Mgmt., Inc. v. Pan Man Inc.[⑥]（该案将对厨具添加不沾涂层视为修理行为）；Hewlett-Packard Co. v. Repeat-O-Type Stencil Mfg. Corp.[⑦]（该案将对未使用的打印机墨盒进行修改视为修理行为）；Kendall Co. v. Progressive Med. Tech., Inc.[⑧]（该案将更换医疗器械中使用的压力套视为修理行为）；Sage Prods., Inc. v. Devon Indus., Inc.[⑨]（该案将更换磨损的专利收割机采摘头视为修理行为）；Everpure, Inc. v. Cuno, Inc.[⑩]（该

---

① 425, 141 USPQ at 704-705.
② 215 Ct. Cl. 636, 572 F. 2d 745, 198 USPQ 65 (1978).
③ Id. at 780-786, 198 USPQ at 95-100.
④ F. 2d 755, 3 USPQ2d 1852 (Fed. Cir. 1987).
⑤ Id. at 759, 827 F. 2d 755, 3 USPQ2d at 1855.
⑥ 228 F. 3d 1352, 56 USPQ2d 1316 (Fed. Cir. 2000).
⑦ 123 F. 3d 1445, 43 USPQ2d1650 (Fed. Cir. 1997).
⑧ 85 F. 3d 1570, 38 USPQ2d 1917 (Fed. Cir. 1996).
⑨ 45 F. 3d 1575, 33 USPQ2d 1765 (Fed. Cir. 1995).
⑩ 875 F. 2d 300, 10 USPQ2d 1855 (Fed. Cir. 1989).

案将更换装有废过滤器的整个滤芯视为修理行为）；Porter v. Farmers Supply Serv., Inc.[①]（该案将更换番茄收割机机头视为修理行为）。相比之下，在 Sandvik Aktiebolag v. E. J. Co. 案[②]中，当现有刀片不再锋利和可再利用时，通过制作一个全新的刀片而制造出一个专利钻头，因此该行为被认定为再造。法院解释道：起决定性的并不是因为刀片是发明的一个“新特征”，而是因为一个“新的产品”在专利产品作为整体被使用后被制造出来，该行为构成了再造行为。类似的案件还有 Lummus Indus., Inc. v. D. M. & E. Corp. 案[③]，该案中陪审团裁定切割轮是专利产品的重要部分，因此认定存在再造行为。

强调修理/再造二分法是专利权用尽原则的要求。专利权人不受限制销售专利产品的行为“用尽”了专利权人控制产品之后的销售和第一次销售之后使用该专利产品的权利。在 United States v. Masonite Corp. 案[④]中，法院解释说专利权用尽取决于“对专利产品是否存在一种安排，即专利权人通过这种安排已经获得了使用其专利产品合理的回报。”如 Intel Corp. v. ULSI Sys. Tech., Inc. 案[⑤]中，法律已有规定，判定授权销售的专利产品已经脱离专利权的控制范围。因此，当一个专利产品在美国境内被合法出售后，其随后的购买者也同样获得了专利权用尽原则给予的豁免。然而，禁止将售后产品作为“二次创造专利产品”的载体的规定仍然有效，因为这种再创造行为已经超出了首次销售的权利范围。

富士公司称有一些来源于海外并仅在海外销售的 LFFPs 相机部分被申请人通过翻新进口至美国。有证据证明这一主张，对此双方没有争议。美国专利权不会由国外制造的产品而用尽。援引首次销售原则的保护，授权的首次销售必须发生在美国，该案认定一个合法的外国购买者在将产品进口至美国和在美国销售之前，仍需要从美国专利权人处获得许可。[⑥] 本法院的裁判仅适用于在美国境内首次销售之后专利权用尽的 LFFPs 相机。外国制造进口的 LFFPs 相机不会由于他们翻新的本质而豁免美国专利侵权的责任。

**2. 法律适用**

在委员会的最初决定中，行政法官使用了 Sandvik Aktiebolag 案[⑦]中讨论的

---

① 790 F. 2d 882, 229 USPQ 814 (Fed. Cir. 1986).

② 121 F. 3d 669, 43 USPQ2d 1620 (Fed. Cir. 1997).

③ 862 F. 2d 267, 8 USPQ2d 1983 (Fed. Cir. 1988).

④ 316 U. S., at 265, 278, 62 S. Ct. 1070, 86 L. Ed. 1461 (1942).

⑤ 995 F. 2d 1566, 1568, 27 USPQ2d 1136, 1138 (Fed. Cir. 1993).

⑥ Boesch v. Graff, 133 U. S., at 697, 701-703, 10 S. Ct. 378, 33 L. Ed. 787 (1890).

⑦ 121 F. 3d at 673, 43 USPQ2d at 1623.

四个要素，认为翻新厂商在原有 LFFPs 相机使用过后制造了一个新的 LFFP。因此，行政法官裁决翻新厂商从事了被禁止的再造行为。委员会采纳了行政法官认定的事实和结论，即翻新厂商不是单纯为了生产者或购买者的期待延长产品使用寿命而修理产品，并指出购买者在使用过后会丢弃产品（一次性使用）。因此，委员会认定被申请人并不是为了延长产品的使用寿命而简单地修理 LFFPs 相机，而是制造了一个新的一次性相机，在购买者使用之后会再次被丢弃。

尽管委员会的结论有论据支持并反映了对公共利益的关心，因为有证据表明一些翻新相机存在着缺陷和问题，但根据先例，这些相机应视为被修理过，而非再造。例如，在 Dana 公司案中，汽车离合器经翻新后的使用寿命和原先的离合器的使用寿命一样，法院仍裁定这种对用过的离合器"再次制造"的行为更像修理行为而不是再造行为。在 General Electric 案中对于枪托的拆卸和重造，尽管是大规模的，但仍然被认定是修理行为。Aro Manufacturing 和其他最高法院的判决都强调先例要求被视为侵权的再造行为是对专利产品的"二次创造"。尽管委员会认为这些要求满足了再造 LFFPs 相机的要求，但依据先例，插入新胶卷和胶卷装置器，重置胶卷计数器和再密封破损的外壳的行为都更接近于修理行为。

本法院注意到 Aro Maufactureing 案所提示的不要依赖任何特定的"因素"去区分允许和禁止的行为，即"虽然有些下级法院的判决表明修理或再造的判定取决于若干因素，但重要的是本法院引用的三个案件都认定使用专利组合的许可包括维持产品可使用性的权利……"① 实际上，这一标准是先例判决共同的主线，即需要考虑专利产品剩余的使用性能，以及替代部分在实现该剩余使用性能方面的本质和作用。上诉人强调除了曝光的胶卷及其胶卷盒、被冲洗相片的人掰坏 LFFPs 相机的其他部分、以及特定型号相机的卷曲齿轮以外，翻新的 LFFPs 相机实际上就是最初的相机，而该相机的专利权早已用尽。

委员会强调富士公司设计产品的意图是 LFFPs 相机不会被再次使用。在第 4,884,087 号专利中特别声明："在胶卷盒中形成一个开口使得该胶卷盒不可能再被利用。因此，不可能将新的胶卷重新装到旧的胶卷盒中，以便再利用。"

然而这仅是专利权人单方面的意图，若无其他的约定，不能阻止专利产

① 365 U.S. at 345, 81 S. Ct. 599.

品的再利用，或者将修理行为变成再造行为。Hewlett-Packard 案①判决认为：一个销售者的意图，除非约定在一个可执行的合同中，否则不会对购买者使用、销售或者修改一个专利产品的权利造成任何限制，只要不是对专利组合产品进行再造即可……上诉人称胶卷和其可移除的胶卷盒是商业产品，在相机中对于它们的替换不能被认为是再造。依据 Aro Manufacturing 案的讨论，对这些使用寿命短于整体产品的非专利部件的替换是修理行为而不是再造行为。就整体情况来看，翻新厂商所做的改变都涉及对胶卷的替换，除此之外 LFFPs 相机仍为最初出售时的样子。

本案中 LFFPs 特定的几个部件涉及富士公司的几项专利……将再造的原则适用于这些专利是不正确的，因为翻新的过程仅仅是再利用了原有的部件，不存在更换独立的专利配件的问题。如果所诉部件不是被替换了，而仅是被再利用了，这些部件即没有被修理也没有被再造。

3. 许可

富士公司又提出抗辩称修理专利相机的权利在产品销售时就被隐含地限制了。它指出在 LFFPs 产品的外部包装上印有说明和警示，并称这构成了一次性使用许可的限制。Mallinckrodt，Inc. v. Medipart，Inc. 案②中认定“一次性使用”医疗设备的销售条件能够以合同形式对之后的使用进行限制。行政法官认为“富士闪光快拍一次性相机放置在包装盒中，每一个包装盒以及相机的纸板外壳上都有声明，该声明告知购买者不要自行移除胶卷并应退还相机到冲洗照片处，并进一步告诫购买者如果自己打开相机有触电危险等内容……外包装上也指示一次性相机在冲洗完后也不会退还给购买者，类似的警示也存在其他照相机上。”

许可受合同法的规制，McCoy v. Mitsuboshi Cutlery，Inc. 案③中规定“无论明示或暗示，许可是适用州合同法原则的一种合同行为”。毫无疑问的是出售这些相机时并没有明确的销售条件、许可条款或限制，没有对买方施加明示的合同义务。行政法官认为基于再造行为的侵权事实再讨论默示合同或许可的问题便没有意义。

---

① 123 F. 3d at 1453，43 USPQ2d at 1658.

② 976 F. 2d 700，709，24 USPQ2d 1173，1180（Fed. Cir. 1992）.

③ 67 F. 3d 917，920，36 USPQ2d 1289，1291（Fed. Cir. 1995）.

决定明示或默示的许可或合同是一个法律问题。[①] 正如在 Hewlett-Packard 案[②]中所说，“一个销售者的意图，除非约定在一个可执行的合同中，否则不会对购买者使用、销售或者修改一个专利产品的权利造成任何限制，只要不是对专利组合产品进行再造即可。” 根据包装上的陈述，我们没有识别出这是对这些相机再使用的一个有效的限制。这些陈述是风险指示和警告，而不是对出售相机的相互承诺或施加的条件。在 Kendall Co. 案[③]中法院认为告示是为了确保产品的安全和效率，没有合同意义。

这些包装上的告示不是对购买者重复使用相机进行限制的合同形式，因为这些告示中没有显示出“双方合意”，而只有存在合意，购买者和获得购买者丢弃相机的人的行为才可能会被视为违约或违反一次性使用相机的许可。在 Hercules, Inc. v. United States 案[④]中，“事实上的默示协议源于思想上达成的一致，尽管没有明确体现在合同中，但可根据相应的情况从双方行为进行推断达成默契。”[⑤] 我们认为从销售的具体情况来看并不存在默示的许可限制。

4. 方法专利

第 4,972,649 号专利包含两个用于在 LFFPs 相机中放置胶卷和胶卷盒的方法专利……当专利方法在美国境内被使用且产品被制造后专利权用尽，修理行为的抗辩既适用于专利产品也适用于专利方法。Hewlett-Packard 案[⑥]中规定“当专利权人无条件出售一个产品时，他便放弃了对双方都可合理预期的产品的使用行为进行干涉的权利。” 因此，当同样的方法被使用时，该方法专利的权利已经在 LFFPs 相机第一次在美国境内销售后用尽了。然而，由于被申请人拒绝提供证据证明他们制作的方法，因此我们没有理由推翻委员会的裁决。

5. 小结

委员会对于再造行为的判断是建立在已知的翻新生产商的一般活动之上，考虑到这种证据并不会影响委员会的裁决，因此并不需要证据证明是否有实

---

① Met - Coil Sys. Corp. v. Korners Unlimited, Inc. 803 F. 2d 684, 687, 231 USPQ 474, 476 (Fed. Cir. 1986).

② 123 F. 3d at 1453, 43 USPQ2d at 1658.

③ 85F. 3d at 1576, 38 USPQ2d at 1922.

④ 516 U. S., at 417, 424, 116 S. Ct. 981, 134 L. Ed. 2d 47 (1996).

⑤ Baltimore & Ohio R. R. Co. v. United States, 261 U. S., at 592, 58 Ct. Cl. 709, 43 S. Ct. 425, 67 L. Ed. 816 (1923).

⑥ 123 F. 3d at 1455, 43 USPQ2d at 1659.

施了特定的额外程序。然而，关于修理行为的原则并不是无限制的，毫无疑问的是在某些阶段被允许的修理行为会变为被禁止的再造行为。我们无法认定那些未知的被控侵权的再造行为的过程是否违法。因此，本院推翻委员会裁决的决定不适用于那些拒绝提供证据或提供的证据被行政法官认为不完整或不可信的翻新相机的海外生产商。而对于那些实施行政法官认定的步骤的被申请人的行为被本院认为构成可允许的修理行为。而对于那些拒绝提供证据或获取证据渠道或提供不完整或专为该诉讼设计的证据，或所作证言被行政法官认为不可信或不充分的翻新商，不能认定它们的制造行为是否限于行政法官认定的步骤，因此也不能认定是否属于我们认为的修理行为。对于这部分被申请人，本院没有足够证据推翻委员会的裁决。

由于 LFFPs 相机在美国境内首次销售后即专利权用尽，所以对其专利侵权的判决被推翻，并且认定这是被允许的修理行为。允许的修理行为仅限于以下步骤：去除纸板包装、切开外壳、插入新的胶卷和胶卷盒、重置计数器、重新密封盒子、给产品用纸板重新包装。并且，更换闪光照相机中的电池和相机所需的上缠绕齿轮也属于允许的修理行为。对于这些产品，撤销委员会的禁令。

对于最初销售不在美国境内的 LFFPs 相机，或者对 LFFPs 翻新的方法超过了我们认定的构成修理的范围，或者其翻新方法没有披露或未充分披露给委员会的，仍适用委员会的禁令。对于这部分产品，维持委员会的裁决。

**【案例要点解析】**

本案涉及的焦点主要是专利产品的修理和再造问题，在此焦点问题之下涉及以下几个问题：第一，修理和再造行为的区分；第二，修理和再造与专利权用尽的关系；第三，包装上的警示是否构成限制性销售。

对于修理和再造的区分，法院首先肯定的是专利产品的购买者拥有该产品的所有权，包括使用、修理、丢弃或再次出售的权利，因此专利产品自出售后就变为了购买者的私人财产，并且不再受到专利法的特别保护。法院同时强调所有权并不包括在原有产品的样板上制造一个本质上的新产品的权利，因为制造新产品的权利仍属于专利权人。然而，尽管专利产品的所有权并不包含制造一个实质上新产品的权利，但该所有权却包含使专利产品维持其使用寿命的权利。这是法院认定修理和再造的前提。接下来法院引用了大量的先前判例说明修理和再造的区别（实际上法院引用的都是构成修理的案例）。

法院强调区分修理和再造不应当根据几个因素来判断，而是应该结合案件具体的情况。在本案中法院对于涉及的专利权利要求，以及翻新过程涉及的操作步骤逐一进行了细化的分析，认为相机翻新的过程仅仅是再利用了原有的部件，不存在更换独立的专利配件的问题。如果所诉部件不是被替换了，而仅是被再利用了，这些部件既没有被修理也没有被再造，因此不能认定为创造了一个实质性的新产品。

修理/再造二分法是专利权用尽原则的要求。专利权人不受限制销售专利产品以后，专利权人已经获得了使用其专利产品合理的回报，对授权销售的专利产品已经脱离专利权的控制范围。产品首次销售以后，用尽了专利权人控制产品的权利，也用尽了第一次销售之后使用该专利产品的权利。根据这个专利权用尽原理，产品售后的修理行为属于对专利权用尽后的合理使用。然而，禁止将售后产品作为“二次创造专利产品”的载体的规定仍然有效，因为这种再创造行为超出了首次销售的权利范围。

原告指出在售出产品的外部包装上印有说明和警示，并称这构成了仅限于一次性使用的许可。而法院认为根据包装上的陈述，很难认为这是对这些相机再使用的一个有效的限制。这些陈述仅仅是风险指示和警告，而不是对出售相机的相互承诺或施加的条件。因为这些告示中没有显示出“双方合意”，只有存在合意，购买者或获得购买者丢弃相机的人的行为才可能会被视为违约或违反一次性使用相机的许可。这里需要说明的是本案中回避了在带有限制条件的专利产品的销售中，专利权穷竭是否仍然会发生。在本案中，法院认为在美国境内市场无限制条件的专利产品销售会发生专利权用尽，而对于海外的无限制条件的专利产品销售则不会使美国专利权用尽，而这一观点也已被2017年利盟案推翻。

## (五) 基因专利与权利用尽

### 孟山都公司诉 McFarling*

美国联邦巡回上诉法院(2002)

**【案件事实】**

孟山都（Monsanto）公司研发出抗草甘膦除草剂的基因改造植物，这种植物可以在喷洒除草剂后只杀死杂草而不伤害农作物，为除草节省了劳动力成本。孟山都将这种植物申请了第 5,633,435 号专利（简称'435 专利）和第 5,352,605 号专利（简称'605 专利），范围包括抗草甘灵植物、这种经基因改造的植物种子、特殊改造的基因以及生产基因改造植物的方法。

孟山都授权多家公司生产植物种子并销售给农民，同时要求销售专利种子的销售商与农民或购买者签订《技术协议》，《技术协议》的内容包括：农民按照每包大豆种子（50 磅，1 磅=0.454 千克）6.5 美元的价格向孟山都支付许可费；这些种子只能被用于"种植单季的商用作物"，被许可人不能"保存任何由该种子生产出的作物以重新种植，或向重新种植的人提供种子"。签名行下面紧跟着这样的表述："我已阅读并知道该协议的条款和条件，且同意上述条款和条件。"

McFarling 是密西西比州的农民，在 1997 年和 1998 年购买了孟山都公司授权生产的 Roundup Ready 大豆种子，签订了《技术协议》并支付了许可费。随后，他从上一季收获的大豆作物中保存了 1500 蒲式耳①的种子，并在接下来的生长季节里重复这一行为，直到他打算在 2001 年种植 2000 年收获的种子时才停止这一行为。McFarling 没有为其保存的种子支付许可费，这些种子保留有 Roundup Ready 牌种子的基因改造特点。

孟山都向密苏里东区法院提起诉讼，控告 McFarling 侵犯专利权和违反合同约定，并申请了初步禁令。McFarling 对密苏里州地区法院的管辖权提出异

---

* Monsanto Co. v. McFarling, 302 F. 3d 1291 (Fed. Cir. 2002).

① 英文原文 Bushel，英制的容量及重量单位，主要用于度量干货，尤其是农产品的质量。——编者注

议，并提出了包括违反反垄断法、构成专利权滥用、违反《植物品种保护法》（*Plant Variety Protection Act*，PVPA）等反诉和答辩意见。

【审理过程】

地区法院认为McFarling主张孟山都违反了《植物品种保护法》，实际上是要求宣告专利无效或不可执行，地区法院未支持McFarling的这一主张，而是裁定孟山都的种子和由种子生成的作物属于《专利法》第101条保护的客体。地区法院否定了McFarling关于管辖权异议的主张，判决驳回诉讼请求；支持了孟山都关于初步禁令的请求。McFarling不服一审法院的判决，向联邦巡回上诉法院提起上诉。

上诉法院对McFarling提出的上诉理由进行审理后，维持一审判决。

【判决理由】①

McFarling继续从作物中保存大豆并将它们作为种子种植，违反了他签订的协议，地区法院据此支持了孟山都的初步禁令请求。我们以滥用自由裁量权的标准审查了初步禁令的颁布。② 如果地区法院“在权衡相关事实时做出了明显错误的判断，或者基于错误的法律或明显错误的事实行使其自由裁量权”，那么法院就滥用了自由裁量权。③

授予初步禁令的一般规则为一方必须满足：（1）基于案情有合理的胜诉可能性；（2）不可弥补的损害或不可以金钱补偿的损害；（3）对可能给诉讼双方造成的损害进行权衡，倾向于支持原告一方；（4）禁令不会损害公共利益。④ 法院必须平衡这四个因素作为相关的权衡根据，以服务于公正利益。

上诉中，McFarling以只存在四个因素中的一个因素，即基于案情孟山都有合理的胜诉可能性这一条件，对地区法院的分析提出质疑。McFarling此时没有质疑孟山都专利的有效性，反而认为《技术协议》构成了对贸易的非法限制，违反了《谢尔曼法》且滥用了专利权，因此专利是不可实施的。Mc-

① 由于本书的主题是专利许可，因此本案论述中与许可无关的部分予以省略。——编者注

② H. H. Robertson Co. v. United Steel Deck, Inc., 820 F. 2d 384, 387, 2 USPQ2d 1926, 1927 (Fed. Cir. 1987).

③ Novo Nordisk of North America, Inc. v. Genentech, Inc., 77 F. 3d 1364, 1367, 37 USPQ2d 1773, 1775 (Fed. Cir. 1996).

④ We Care, Inc. v. Ultra - Mark Int'l Corp., 930 F. 2d 1567, 1570, 18 USPQ2d 1562, 1564 (Fed. Cir. 1991); Hybritech Inc. v. Abbott Labs., 849 F. 2d 1446, 1451, 7 USPQ2d 1191, 1195 - 1196 (Fed. Cir. 1988).

Farling 还主张首次销售原则禁止以合同方式限制生产自己的种子。

1.《技术协议》是否违反反垄断法

McFarling 首先认为《技术协议》要求农民每年购买新的 Roundup Ready 牌种子，而不允许他们从上一年的作物中生产自己的 Roundup Ready 种子，形成了非法捆绑协议。McFarling 引用 Jefferson Parish Hospital District No. 2 诉 Hyde 案①支持自己的主张：当销售者利用“其对捆绑产品的控制来强迫消费者购买他一点都不想买或者倾向于从别处以不同的条件购买被捆绑产品时”，捆绑协议就违反了《谢尔曼法》。② 根据 McFarling 的主张，被捆绑产品是孟山都 Roundup Ready 牌种子在未来几年的新货源，而捆绑产品则是最初购买的 Roundup Ready 牌种子。McFarling 认为他不想买将来的 Roundup Ready 牌种子，因为他可以自己生产基因改造后的 Roundup Ready 牌种子。McFarling 还认为即使这些限制没有违反反垄断法，要求农民每年购买新种子超出了专利授权的范围，产生了反竞争的效果。

McFarling 进一步认为孟山都与当地分销商达成的要求农民签订《技术协议》作为购买 Roundup Ready 牌种子的条件，《技术协议》在竞争对手之间构成了非法协议。McFarling 引用 Citizen Publishing 诉 United States 案③，主张竞争者之间固定有关销售的实质条款的协议是非法的。McFarling 认为这种所谓的串通导致美国农民在购买 Roundup Ready 牌种子时比阿根廷农民支付了更高的价格。孟山都认为其作为专利持有人，根据《技术协议》单方面决定了专利的许可条款和产品的销售条款。经其许可生产和销售转基因大豆种子的种子公司没有控制《技术协议》的条款，这些《技术协议》条款是孟山都对选择购买孟山都种子的农民的要求。

地区法院认为 McFarling 关于违反《谢尔曼法》或专利权滥用的主张，没有提出任何《技术协议》构成不合理或非法贸易限制的实质性问题的证据，因此他不可能以此为由获得胜诉。地区法院认定 McFarling 没有义务把购买未来的种子作为购买当前种子的条件，这个判决是没有问题的。地区法院指出：大豆种子有超过 200 种商业来源，其中包括一些抗除草剂的大豆种子，McFarling 在转向其他大豆种子方面不存在障碍。

---

① Jefferson Parish Hospital District No. 2 v. Hyde, 466 U. S., at 2, 104 S. Ct. 1551, 80 L. Ed. 2d 2 (1984).

② Id. at 12, 104 S. Ct. 1551.

③ Citizen Publishing Co. v. United States, 394 U. S., at 131, 89 S. Ct. 927, 22 L. Ed. 2d 148 (1969).

购买者想要购买更高级产品的愿望并不要求高级产品的供应商有善意行为。不能仅因新技术的发明者的专利产品受到消费者的青睐就认定其违反了反垄断法。Abbott Labs 诉 Brennan 案①表明，新技术获得的商业优势及其法定的专利保护并不会将技术所有者转化为法律所禁止的垄断者。

根据《技术协议》，购买者同意使用购买的种子是为了种植作物而不是为了生产新种子。Mallinckrodt 诉 Medipart 案②中，本院曾经判决以违反有效限制的方式使用专利可能会得到专利法的救济，条件是没有其他法律阻止专利的实施。③ 限制制造额外的专利产品构成垄断的，必须符合反垄断法的违法条件且在专利授权的范围外。④ 地区法院认为 McFarling 在反垄断或权利滥用方面未能证明存在胜诉的合理可能性，这一点是正确的。法庭记录未支持 McFarling 关于为了买现在的专利种子而被要求从孟山都购买将来的种子的主张。

**2.《技术协议》是否违反专利权用尽原则和首次销售原则**

McFarling 质疑协议的第二个理由是他认为协议禁止农民使用专利种子生产用于种植的新种子，违反了专利权用尽原则和首次销售原则，因此双方不能达成带有这种效果的有效合同。为了支持这一点，McFarling 引用了 United States 诉 Univis Lens 案⑤，该案认为当专利产品售出时，购买者就获得了“使用和销售专利产品的权利”。而且，当被授权销售的对象仅能以实施专利的方式使用时，销售本身就是对被销售对象专利垄断的放弃。因此，McFarling 认为一旦孟山都将专利种子卖给了 McFarling，那么种子及其产出物品的专利权就会用尽，且不能被协议限制。孟山都答辩称阻止他人以种植为目的用已购买种子批量生产新的专利种子属于孟山都专利权的范围。

《技术协议》的限制是在专利授权范围内的，因为专利覆盖了种子和作物。由于从原来的种子中长出的新种子从未被销售，因此不涉及专利权用尽的“首次销售”原则。买方支付的价款“只反映了专利权人授予的‘使用’权”。⑥ 最初销售的种子没有许可生产新种子，而且由于新种子不是由专利权人出售，所以这些种子不涉及专利权用尽原则。

---

① Abbott Labs. v. Brennan, 952 F. 2d 1346, 1354, 21 USPQ2d 1192, 1199 (Fed. Cir. 1991).

② Mallinckrodt, Inc. v. Medipart, Inc., 976 F. 2d 700, 24 USPQ2d 1173 (Fed. Cir. 1992).

③ Id. at 701, 24 USPQ2d at 1174.

④ General Talking Pictures Corp. v. Western Elec. Co., 305 U. S., at 124, 127, 59 S. Ct. 116, 83 L. Ed. 81, 39 USPQ 329, 330 (1938).

⑤ United States v. Univis Lens Co., 316 U. S., at 241, 249, 62 S. Ct. 1088, 86 L. Ed. 1408, 53 USPQ 404, 407 (1942).

⑥ B. Braun Medical Inc. v. Abbott Labs., 124 F. 3d 1419, 1426, 43 USPQ2d 1896, 1901 (Fed. Cir. 1997).

### 3.《技术协议》是否违反《植物品种保护法》

McFarling认为，《植物品种保护法》的第2543条允许农民保存根据该法案的规定登记的植物种子。当其在之后的生长季中只生产了够自己使用的种子时，合同关于禁止使用专利种子生产用于种植的新种子的内容就违反了该条款。

《植物品种保护法》和《专利法》是对植物"育种者权"的法定保护的相互补充。美国法典第35章（Title 35）专利法之下的实用专利（utility patents）提供了不同于植物品种保护证书（Plant Variety Protection certificates）的权利和特权。J. E. M. AG Supply一案①中，最高法院认为符合可专利性条件的植物和种子可以申请实用专利保护，这是在PVPA规定的权利之外的独立的权利。最高法院发现两个法规的不同点，即"实用专利中没有任何研究或保存种子的豁免权（exemption）。"② 因此，可以认为有权保存PVPA中登记的种子并不表明获得了保存《专利法》中的专利植物种子的授权。

### 4. Roundup Ready种子的收费是否过高

McFarling认为Roundup Ready种子收费高于其他大豆种子。对他而言，自己生产Roundup Ready种子成本更低。而且，孟山都以更低的价格在阿根廷销售Roundup Ready种子。

在市场经济中，供应商可以根据产品本身的情况定价，不要求专利权人必须将价格降低到有较少需求的替代产品的程度，这一点无须我们重复。E. Bement & Sons诉National Harrow案③表明：专利产品的所有人当然能够收取他可以选择的价格；Carter-Wallace诉美国政府案④表明，作为一项基本原则且不存在任何越权性质的非法行为，专利权人有权对其专利产品和专利许可证收取任何市场可以接受的价格。这一点不能进一步证明McFarling提出的关于垄断的主张。

地区法院认定孟山都在侵权和违约方面有极大的胜诉可能性，且不太可能违反反垄断法。我们没有在这些判决中发现错误，而有关诉讼期间授予禁令的其他因素也没有疑问。我们认定地区法院在颁发禁令时没有滥用自由裁

---

① J. E. M. AG Supply, 534 U. S., at 124, 122 S. Ct. at 604-605, 60 USPQ2d at 1873-1874.

② 122 S. Ct. at 604, 60 USPQ2d at 1873.

③ E. Bement & Sons v. National Harrow Co., 186 U. S., at 70, 93, 22 S. Ct. 747, 46 L. Ed. 1058 (1902).

④ Carter-Wallace, Inc. v. United States, 196 Ct. Cl. 35, 449 F. 2d 1374, 1383, 171 USPQ 359, 365 (1971).

量权。维持原判。

【案例要点解析】

专利权滥用和专利权用尽是专利案件中侵权方常用的抗辩理由，专利权人许可他人实施专利，即许可他人制造专利产品或使用专利方法，销售专利产品时也需要考虑专利权滥用和专利权用尽等因素。本案的争议焦点在于孟山都要求购买种子的农民签订的《技术协议》是否涉及滥用专利权，是否违反了专利权用尽原则。具体而言包括以下几个方面：

第一，关于反垄断法的问题。双方签订的《技术协议》约定买方只能将种子用于单季的商业性种植，不能将保存的种子或为他人提供保存的种子用于之后季节的种植。原告与分销商达成协议要求购买者签订《技术协议》的行为以及《技术协议》将专利种子的获得物作为新种子的规定是否构成垄断？上诉法院认为《技术协议》对专利种子做出了限制，没有强迫购买者购买专利种子；此外，市场上大豆种子来源的供应商有很多，农民完全可以从其他渠道获得大豆种子。不能仅因为发明人的产品取得了市场支配地位就认定其构成垄断。

仅取得市场支配地位并不一定构成垄断，构成垄断还要求存在滥用市场支配地位的行为。根据双方的协议，孟山都限制农民保留专利种子的产物作为新的种子，专利权人可以以此种方式许可他人实施专利。这一限制不是强迫购买者购买将来的专利种子的条件，因为购买者不同意《技术协议》的相关条款时可以通过市场上其他的种子供应商获得大豆种子。本案中，虽然孟山都的专利种子在市场中占据了较大的份额，但《技术协议》的相关条款属于专利权的许可范围，没有滥用市场支配地位，因此没有违反反垄断法。

本案原告产品的价格高于其他同类的替代产品，且在美国市场的价格高于墨西哥市场的价格。被告认为原告的种子定价过高，而自己生产种子的成本会更低。根据市场经济一般规则，供应商有权根据产品自身的特点确定产品的价格。供需关系是影响产品价格的因素之一，供应商可以根据这一特点来确定产品的价格，不能仅因消费者有要求就要求供应商降低产品价格。因此，上诉法院审议这点理由时认为价格过高不能起到证明构成垄断的理由。

第二，是否构成专利权用尽。本案原告认为一旦被告将种子卖出，种子上的专利权就用尽了，其无权限制购买者使用专利种子生产在后来的生长季用于种植的种子。根据专利权用尽原则，专利权人只能控制专利产品的首次销售或使用，一旦专利产品卖出，后续的销售或使用无须得到专利权人的许可。专利权用尽只是不能控制专利产品的再次销售或使用行为，但不涉及制造行为。本案被告将专利种子获得的作物作为新种子，相当于利用原专利产品制造出新的专利产品，属于制造行为，不属于专利权用尽的范畴。此外，新的专利种子因没有被销售，不涉及首次销售，因此没有违反首次销售原则。

第三，《植物品种保护法》与《专利法》的关系。育种者对培育出的种子享有“育种者权”，但为了防止种子的价格上涨，《植物品种保护法》规定了农民享有保存登记在《植物品种保护法》中的种子的特权。本案被告就是根据这一规定主张自己保存专利作物的种子的行为合法。但上诉法院认为《植物品种保护法》和《专利法》是对植物“育种者权”的法定保护的相互补充。最高法院认为符合可专利性条件的植物和种子可以申请实用专利保护，这是在PVPA规定的权利之外的独立的权利，有权保存《植物品种保护法》中登记的种子，并不表明获得了保存《专利法》中的专利植物种子的授权。原告对于被告购买专利种子取得的作物做出种植限制没有违反《植物品种保护法》。

# 鲍曼诉孟山都公司*

美国最高法院(2013)

**【案件事实】**

孟山都公司发明了一种基因改变物质，使大豆植物能够耐受许多除草剂（包括孟山都公司自己的 Roundup 产品）中的活性成分草甘膦而继续成活。孟山都公司将含有这种转基因材料的大豆种子作为 Roundup Ready 种子销售。种植这种种子的农民可以使用草甘膦除草剂来除草而不损害农作物。孟山都获得了两项专利，涵盖了 Roundup Ready 技术的不同方面。孟山都自己销售或者允许其他公司销售 Roundup Ready 种子给种植者，种植者需要签订一个特殊的许可合同。合同允许种植者使用购买的种子种植一季作物，并且只允许一季种植。然后种植者可以消化掉生产的作物，或者把其作为商品出售，通常是卖给谷仓或农产品加工商。根据合同，农民不可以留存任何收获的大豆进行再次种植，也不可以把它们提供给其他人种植。这些限制说明生产新的 Roundup Ready 种子是很容易的事。因为抗草甘膦来源于种子的基因物质，这些基因物质的特性会从种植的种子传递到收获的大豆上。事实上，一个单独的 Roundup Ready 种子能够成长为包括成倍增长的相同基因的植物；每一个相同基因的豆子如果再次被种植的话，能够继续生长为此类的植物，就这样循环往复。合同条款不允许农民利用该过程生产自己的 Roundup Ready 种子，取而代之的是要求农民每一季都从孟山都购买种子。

申请人鲍曼是印第安纳州的农民，公正地说，他认可 Roundup Ready 大豆种子。他每年从孟山都的附属公司购买 Roundup Ready 用于第一季的种植。根据前述协议，他把买来的种子全部用于种植，把收获的所有庄稼卖给了一个谷仓（谷仓一般会将之再行销售给农产品加工商以供人畜消费）。

鲍曼对于他每季的第二次种植设计了一种不惯常采用的方式。由于他认为晚季种植作物有风险，因此他不想支付孟山都为其 Roundup Ready 种子所要

---

* Bowman v. Monsanto Co., 569 U. S., at 278 (2013).

的高价。于是他去一个谷仓购买了一些供人或者动物食用的商品大豆，然后把这些大豆种在了自己的田地里。这些大豆来源于其他当地农民收获的作物，由于大部分的农民都使用 Roundup Ready 种子，鲍曼能够预期他购买的许多大豆将会带有孟山都的专利技术。当他在田地里使用草甘膦为主的杀虫剂时，他确认就是这样的：相当一部分新的作物经受住了农药存活下来，继而生产出了新的带有 Roundup Ready 特性的大豆作物。鲍曼把这些作物留作种子用于下一年的晚季种植，然后再下一年，再下一年，直到他用这种方式收获了八季作物。也就是说，每一年他种植上一年留存的种子（有时会添加一些从谷仓中购买的大豆），喷洒草甘膦去除杂草（以及其他没有抗草甘膦特性的植物），生产新的抗草甘膦的作物，即 Roundup Ready 大豆。发现了这个事情之后，孟山都起诉鲍曼侵犯 Roundup Ready 种子的专利权。

**【审理过程】**

孟山都诉鲍曼侵犯其 Roundup Ready 种子专利权，鲍曼用专利权用尽原则进行抗辩，认为孟山都不能控制大豆的使用，因为这些大豆是先前授权销售对象（当地农民将其销售给谷仓）。地区法院拒绝了鲍曼的抗辩，判决鲍曼赔偿孟山都 84456 美元。联邦巡回上诉法院维持了判决。上诉法院认为专利权用尽原则不保护鲍曼是因为鲍曼“生产了一个新的侵权产品”[①]。法院解释道：对经授权销售的专利产品的使用权“不包括按照原始模板再造一个实质的新产品的权利，因为制造产品的权利仍然在专利权人手中。”因此，鲍曼不能“通过在土地上种植产生新的侵权基因物质、种子和植物的方式复制孟山都的专利技术。”美国最高法院发出调卷令，同意审理本案提出的重要的专利法问题，最终维持联邦巡回上诉法院的判决。

**【判决理由】**

根据专利权用尽原则，专利物品的授权销售给予购买者或任何后续所有者使用或转售该物品的权利。然而，这样的销售不允许购买者制作专利发明的新副本。本案的问题是购买专利种子的农民是否可以在未经专利权人许可的情况下通过种植和收获来重新生产这些种子。我们认为他不可以。

专利权用尽原则限制了专利权人对体现或包含发明的物品进行控制的权

① 657 F. 3d，at 1348.

利。根据该原则，“专利物品的首次授权销售终止了该物品的所有专利权。”[①] 并且，通过用尽专利权人对该物品的垄断，该销售赋予购买者或任何随后的所有者以他认为适当的方式“使用［或］出售”该物品的权利。[②] 我们对该原则的解释基于如下理由：“专利权人通过产品销售的方式，就任何特定物品获得报酬时，专利法的目的就实现了。”一旦“目的实现，专利法就无法为限制使用和享有所出售的物品提供任何基础。”[③]

与上述原理一致，该学说仅限制专利权人对出售的“特定物品”的权利。此类限制并没有涉及专利权人阻止购买者制造新的专利复制品的权利。“专利机器的购买者……并没有获得制造另一台机器的权利，无论是用于自己使用或者卖给别人”。[④] Wilbur-Ellis Co. v. Kuther 案[⑤]判决：“购买者再造一台专利机器将会侵犯专利权人‘排除他人制造专利产品的权利’（引自 1964 年美国法典第 35 章第 154 条）”。而且，专利物品的“第二次制造”使得“专利所授予的垄断权第二次发生作用,”[⑥] 因为专利所有人“获得报酬”只针对实际上已经售出的物品，而不包括随后再造的物品。[⑦] 如果物品的购买者可以没完没了地制造和销售复制品，那么专利就只能对一个销售提供有效的保护。鲍曼本人对上述基本原则的分析没有不同意见：他坦率地承认“权利用尽原则不会延伸到‘制造’一个新产品的权利”这一“既定原则”。[⑧]

遗憾的是对鲍曼来说，上述原则对他是不利的。根据专利权用尽原则，鲍曼可以转售他从谷仓购买的专利大豆；他也可以自己食用这些大豆或者用这些大豆喂养他的动物。孟山都公司尽管是专利权人，也无权干涉上述 Roundup Ready 大豆的使用。但是根据权利用尽原则，如果没有孟山都的许可（无论是明示许可还是默示许可），鲍曼不能去制造“额外的”专利大豆，而这正是鲍曼干过的事情。他把购买的大豆带回家；在他认为的最佳时间将它们种植在土地里；应用草甘膦去除杂草（以及任何缺乏 Roundup Ready 大豆特性的大豆植物）；最后收获比种植时多得多的大豆。当原始的产品是一粒种

---

① Quanta Computer, Inc. v. LG Electronics, Inc., 553 U.S., at 617, 625 (2008).

② United States v. Univis Lens Co., 316 U.S., at 241, 249-250 (1942).

③ Id., at 251.

④ Mitchell v. Hawley, 16 Wall. 544, 548 (1873);

⑤ Wilbur-Ellis Co. v. Kuther, 377 U.S., at 422, 424 (1964).

⑥ Aro Mfg. Co. v. Convertible Top Replace-ment Co., 365 U.S., at 336, 346 (1961).

⑦ Univis, 316 U.S., at 251.

⑧ Aro, 365 U.S., at 346.

子的时候，用鲍曼的话来说，上述的过程就是“‘制造’一个新的产品”。[①] 因为鲍曼复制了孟山都的专利发明，前述权利用尽原则并不保护他。[②]

如果事情不是这样，孟山都公司的专利将不会给其带来什么好处。在发明了 Roundup Ready 产品之后，孟山都肯定会对其出售的第一批种子“获得报酬”。[③] 但在短期内，其他种子公司可以复制该产品并将其销售给种植者，从而剥夺了孟山都的垄断地位。农民只需要购买一次种子，无论是来自孟山都公司，还是一个竞争者，或（如此案）谷仓。种植者可以成倍地复制他最初购买的种子，然后再复制新长出的产品，如此无限复制下去——每一次复制都可以从专利种子中收益，但却不需要补偿种子的发明人。鲍曼最近几季的种植就是一个最好的例证。买了一季的大豆之后，鲍曼每年都留存足够的种子用于再生产，或者说不需要额外购买种子。孟山都仍然持有专利，但是却无法从鲍曼每年种植或销售 Roundup Ready 大豆中收获任何东西。权利用尽原则限于销售的“特定产品”就是为了避免发明和报酬之间不一致。

我们今天的判决也遵循 J. E. M. Ag Supply, Inc. v. Pioneer Hi-Bred Int'l, Inc. 案[④]。在那个案件中，我们考量了一个发明人对种子或植物是否可以获得专利保护，还是只能根据《植物品种保护法》（PVPA，7 U. S. C. §2321）获得植物品种证书。我们认为专利保护是可行的，拒绝接受 PVPA 暗含着取消对种子或植物进行专利保护的观点。我们认为两种法律虽然不同，但是并不彼此冲突。获得专利保护的要求“较之于获得 PVP 证书更加严格”，“专利提供的保护”也相对更加有力。[⑤] 更值得注意的是我们认为只有专利权人（非植物品种证书的持有者）有权阻止“合法购买和种植专利种子的农民”留存收获的种子用于“再次种植”[⑥]。（注意，不像 PVPA，专利法包含对于留存种

---

① 申请人诉状 37（Brief for Petitioner 37）；参见韦氏第三部新国际词典 1363（1961）：“make”的意思是“使存在、发生或出现”，或者更具体地说，“种植和饲养（作物）”。

② 然而，这一结论适用于鲍曼获得的 Roundup Ready 种子：专利权用尽原则不保护鲍曼对（从谷仓里购买豆子）进行的第二次制造，也不保护对于（从孟山都的附属种子公司购买用于第一次种植的种子）的再种植。两个不同购买方式的区别在于：第一次伴随着孟山都对种子种植的许可，以及随后的收获和一季庄稼的市场销售。我们还没有遇到过孟山都或者其附属公司在没有明示许可协议的情况下卖给农民 Roundup Ready 种子。由于后面我们将要解释的原因，我们认为前述情况不会出现。其结果是农民可能有理由宣称种子销售伴随着种植和收获种子的默示许可。

③ Univis, 316 U. S., at 251.

④ J. E. M. Ag Supply, Inc. v. Pioneer Hi-Bred Int'l, Inc., 534 U. S., at 124 (2001).

⑤ J. E. M., 534 U. S., at 142.

⑥ Id., at 140.

子“没有例外”的规定。[①]）如果将权利用尽用于保护鲍曼这样的行为，将与前述的这些陈述不一致。如果一个销售切断了控制专利种子继续繁殖的权利，专利权人就不能阻止购买者留存收获的种子，而这种做法与 J. M. E. 案判决相反。的确，专利权人不能阻止购买者销售这样的种子，而这是一个 PVP 证书的拥有者（即被认为享有较少权利的人）通常可以实现的权利。[②] 那些限制将与 J. E. M. 所阐述的法律规定相冲突。

鲍曼主要的辩解是权利用尽应该适用于本案，因为种子就是用来种植的。他提醒法庭说：权利用尽原则主要用于阻止专利权人对已经授权销售的产品的使用进行控制。鲍曼认为在种植 Roundup Ready 种子的过程中，他仅仅是以农民正常的方式使用这些种子。因此，鲍曼认为允许孟山都干涉这种使用将会针对专利种子和其他“自我复制技术”“创造法律不允许的权利用尽原则的例外”。[③]

但是，事实上是鲍曼在要求一个先例没有的例外——对他已经明确承认的原则（“权利用尽原则不能延伸到‘制造’新的产品的权利”[④]）要求例外。复制专利产品在某种程度上无疑也属于“使用”专利产品。但是如前所述，我们已经划定权利用尽原则的边界来阻止该活动，以便专利权人保留原有的权利，禁止他人制造受专利保护的东西。（Cotton-Tie Co. v. Simmons 案[⑤]认为一个购买人不能“使用”受专利保护的棉包带的搭扣去“制造”一个新的带子。）我们再一次强调：如果简单的复制是一个受保护的使用，那么在第一次销售包含发明的物品之后，专利的价值将急剧下降。可以说真正的专利垄断不会延续 20 年（如专利法所承诺的），而只会存在于一次交易。而这样将会减少国会所希望的刺激发明的作用。因此我们再次坚持认为权利用尽原则仅适用于已经销售的特定的物品，不包括复制品。

我们也不认为上述原则会阻止农民合理使用他们购买的 Roundup Ready 的种子。鲍曼本人站在一个特别不利的位置提出这种主张。如前所述，他购买的商品大豆不是为了种植，而是为了消费。的确，鲍曼在证词中承认他并不知道还有其他农民用从谷仓上购买的豆子来种植新作物。所以这里的非复制性使用商品大豆不但是可行的，而且是标准的使用方式。更常见的情况是：

---

① Id., at 143.

② See 7 U. S. C. § §2541, 2543.

③ 申请人概要 16（Brief for Petitioner 16）.

④ See supra, at 5.

⑤ 106 U. S., at 89, 93-94 (1882).

当一个农民购买 Roundup Ready 种子作为种子使用——种子就是用来种植的——他就可以种植这些种子。诚然，孟山都可以限制农民复制种子的能力，但是，它没有——实际上也不可能——阻止所有的种植活动。毕竟不存在那些神志健全的农民买了种子却不会种植大豆作物的情况。因此孟山都足够有远见，卖给农民种子并许可他们种植。把上述通常的规则应用到本案，得出的结论就是允许农民从 Roundup Ready 种子中受益，正如孟山都从发明中获得报酬一样。

鲍曼还有另外一个“种子很特殊”的抗辩：豆子除非以一种可控的方式存储，否则它会自然地“自我复制”或者“发芽”，因此是豆子本身，而非鲍曼，复制了孟山都的专利发明。但是我们认为用责怪豆子的方式进行抗辩很难让人相信。鲍曼不是大豆繁殖的被动观察者；或者换句话说：他购买的种子（虽然在其他方面可能是神奇的）并没有自发地产生连续 8 季的大豆作物。正如我们已经解释过的，鲍曼设计并实施了一种新的方法，从 Roundup Ready 种子中收获庄稼而不用支付通常的溢价。他从谷仓中购买种子，期望里面有更多的 Roundup Ready 种子，使用草甘膦类除草剂剔除那些没有专利特性的作物，从剩余的作物中留种，用于下一季的种植。他挑选合适的时间种植那些 Roundup Ready 豆子，悉心照顾，包括利用专利的抗草甘膦特性收获更多的种子，要么卖掉，要么用于下一季的种植。在这个过程中，豆子肯定会出来。是鲍曼而不是豆子，控制着孟山都专利发明的再生（八个季度）过程。

我们今天的判决仅限于当前本案的情况，不适用于每一个涉及自我复制的产品。我们认识到这样的发明正变得越来越普遍、复杂和多样。在其他案件中，物品的自我复制可能发生在买方的控制之外。或者可能是在为了另一目的使用过程中产生的必要的、附带的步骤。（美国法典第 17 章第 117（a）（1）条规定：如果制作一个新的拷贝或者对软件进行修改是使用一个计算机程序的必要步骤，那么计算机程序复制品的所有人的修改或复制行为不属于侵犯版权的行为。）在这里我们不需要讨论专利用尽原则是否或如何适用于此类情况。目前的案件是鲍曼种植了孟山都的专利大豆，只制造和销售了它们的复制品，剥夺了孟山都公司依据专利法享有的对每一个销售产品的应得的报酬。专利权用尽原则不对鲍曼的行为提供避风港。我们维持联邦巡回上诉法院的判决。

**【案例要点解析】**

本案涉及的核心问题是购买专利种子的农民是否可以在未经专利权人许

可的情况下通过种植和收获来重新生产这些种子，即专利权用尽原则是否适用于具有自我复制特性的种子。鲍曼认为权利用尽原则就是用于阻止专利权人对已经授权销售的产品的使用进行控制，种子这种产品也不例外。对于鲍曼的主张，地区法院、联邦巡回上诉法院以及最高法院都一致予以否定。最高法院指出：如果将专利权用尽原则适用于本案，孟山都公司在发明了Roundup Ready之后，只能对其出售的第一批种子获得报酬。第一次销售之后，其他种子公司可以复制该产品并将其销售给农民，农民无论从何来源，也只需要购买一次种子，就可以成倍地进行复制，并无限复制下去。其每一次复制都可以从专利种子中获益，但却不需要补偿种子的发明人。专利权人虽然持有专利，但是却无法从农民每年种植或销售专利大豆中获取任何利益。专利权人为进行此项发明所付出的，与其所获得的收益将严重失衡，这必将破坏专利法鼓励发明的宗旨。基于种子自我复制的特性，鲍曼种植专利大豆的行为其实就是利用专利制造新产品。权利用尽原则只能适用于首次销售之后的使用与再销售，而不能延伸到“制造”一个新产品的权利。本案中，将权利用尽原则限定于所销售的“特定产品”，而不是所销售的所有产品甚至新产出的产品，避免了发明和报酬之间的不一致，维护了权利用尽原则的本来之意。

正如最高法院所提示的，本案的判决仅限于当前本案的情况，其并不当然适用于每一个涉及自我复制产品的案件。因为涉及自我复制的产品类型多样，情况复杂，应当依据个案的具体情况具体分析，判断权利用尽原则是否可以适用。

# 五 专利许可与权利滥用

## （一）质疑专利有效性与权利滥用

### Lear 公司诉 John S. Adkins*

美国最高法院(1969)

**【案件事实】**

1952 年 1 月，John Adkins 被 Lear 公司（Lear Incorporated）聘用为发明专家和机械工程师，旨在攻克公司为适应航空产业快速增长的需求而产生的陀螺仪技术上的难题。在合作的最初阶段，Adkins 和 Lear 公司之间签订了一个初步的单页协议，约定与垂直陀螺有关的新想法、发现、发明等都归 Adkins 所有，发明人承诺在双方满意的使用费基础上将其许可 Lear 公司使用。在 Adkins 被聘用之后不久，他在加利福尼亚州的公司分部的设备上发明了一种建造陀螺仪的改进方法，实现以低成本提高陀螺仪的精确度。在 Adkins 与 Lear 公司谈判后，于 1955 年 9 月 15 日签订了一个长达 17 页的合同（此时 Adkins 未获得专利授权），详细阐明了 Lear 公司承诺为技术改进支付使用费的条件，并且双方一致同意如果专利局因实质性权利要求而拒绝了 Adkins 最初的专利申请，或者专利被授权但后来被认为无效，Lear 公司将有权终止受到影响的特定条款或者终止整个合同。

Adkins 在 1954 年 2 月 4 日向专利局申请专利，在许可合同达成之时，Adkins 并未从专利局获得其发明可专利性的最后决定，直到 1960 年 5 月才获

---

* Lear Incorporated v. John S. Adkins. 89 S. Ct. 1902 (1969).

得专利授权。在漫长的申请过程中，Lear 公司认为 Adkins 不再会获得专利，并认为自己不应再支付使用费。1957 年在 Adkins 的申请被专利局拒绝两次后，Lear 公司宣布已经搜索到一个专利局公开了的发明并认为它已经充分预见了 Adkins 的发现，故不再支付主产地密歇根工厂的使用费，而只是在少量生产的加利福尼亚地区继续支付。在 1959 年 8 月 8 日，Lear 公司对该地区的使用费也停止支付。

在 1960 年 Adkins 获得了专利后，以违反专利许可协议为由向加州高等法院起诉了 Lear 公司。

【审理过程】

本案初审中原告提出的诉讼请求为：（1）被告公司在密歇根和加利福尼亚地区使用的陀螺仪都包含了他的专利设备；（2）Lear 公司未能支付使用费是同时违反了 1955 年所签订的合同和准合同义务的行为。被告答辩称原告专利是无效的，并称其独立发展了密歇根工厂的设计。初审法官认为 Lear 公司应在加利福尼亚的部分上向 Adkins 支付 16351.93 美元，判定 Lear 公司因签订有许可协议，禁止质疑发明人专利。但在考量密歇根陀螺仪时，法官采用了不同的方法。法官指示陪审团：如果 Adkins 的发明具有新颖性，则应给予发明人赔偿。陪审团认为密歇根部分应支付 888122.56 美元。尽管有此裁决，法庭同意了 Lear 公司提出的动议，即 Adkins 的发明已经完全被现有技术预见了。

双方均不服原审判决，上诉至加利福尼亚地区上诉法院。上诉法院认为 Lear 公司有权依据合同在 1959 年完全终止支付使用费，如果 Adkins 希望获得损害赔偿的话，可以在此后向联邦法院提起侵权之诉。至于 1959 年之前，法院认为合同要求不论专利是否有效，Lear 公司都应当向 Adkins 支付加利福尼亚和密歇根地区的使用费。

双方再次上诉至加州最高法院。加州最高法院否定了上诉法院的“1955 年合同赋予了 Lear 公司于 1959 年终止许可费支付义务的权利”的结论。加州最高法院撤销了二审判决，认为禁止反悔原则使得 Lear 公司不能对专利局的授权行为提出质疑。① 对于 Lear 公司辩称其独立发展了密歇根工厂的设计②，法院认为 Lear 公司实际上在整个争议时期都使用了 Adkins 发明的设备，故恢

① 67 Cal. 2d，at 907，64 Cal. Rptr. 545，435 P. 2d，at 336.

② 67 Cal. 2d at 913，64 Cal. Rptr.，at 564，435 P. 2d，at 340.

复了陪审团的判决，判定 Lear 公司赔偿 88. 8 万美元。

Lear 公司不服判决，向美国最高法院申请调卷令，美国最高法院决定受理。

美国最高法院的判决为：专利局的结论是可以被质疑的，本院正式推翻了专利许可中禁止反悔原则的先例，被许可人应当被允许在签订许可合同后质疑发明的可专利性。如果 Lear 公司能够证明专利无效，就应当被允许不支付 1960 年专利授予后的使用费。关于 1960 年前 Lear 公司是否应基于合同支付使用费的问题，这个重大疑难的问题应当在州法院进行充分的探究后再决定他们可以支持的合同权利的范围，本院不应当在一个有限的范围内下结论。此外，本院认为此时不适合认可 Lear 公司关于专利无效性的论点。因此，撤销加州最高法院的判决，发回重审，与本院观点不一致的部分应当继续审理。布莱克大法官、沃伦大法官、道格拉斯大法官就部分判决持不同意见。

**【判决理由】**

本案判决意见涉及三个方面的内容，一是先例对禁止反悔原则是如何适用的；二是合同法与联邦专利法的冲突如何解决的问题；三是是否应支持 Lear 公司关于专利无效性的主张。

**1. 先例对禁止反悔原则采取何种态度**

19 世纪美国最高法院仅有一个案例适用了禁止反悔原则，这个案件是在《谢尔曼法》明确了对专利权人授予垄断权利是联邦注重自由竞争的政策的一个有限例外之前做出的判决。① 奇怪的是常被引用作为支持禁止反悔原则的第二个裁决却清晰地指向了相反的方向。St. Paul Plow Works 诉 Starling 案②中，最高法院甚至没有质疑下级法院有权认可被许可人证明专利设备不具有新颖性的证据，只是一致同意在对专利新颖性存在相冲突的证据的情况下，其不会推翻下级法院关于专利有效性的裁决。就在第二年，最高法院发现禁止反悔原则不公平，于是拒绝颁布禁令来强制执行被许可人绝不挑战基础专利有效性的承诺。对于社会公众来说，竞争不应被无价值的专利压抑，这与真正有发明价值的专利才应当得到专利法上的特权保护同等重要。③ 在 1905 年的

---

① Kinsman v. Parkhurst, 18 How. 289, 15 L. Ed. 385 (1856).

② St. Paul Plow Works v. Starling140 U. S., 184, 11 S. Ct. 803, 35 L. Ed. 404 (1891).

③ Pope Manufacturing Co. v. Gormully, 144 U. S., at 224, 234, 12 S. Ct. 632, 636, 36 L. Ed. 414 (1892).

美国诉 Harvey 钢铁公司案[①]中，法院适用了禁止反悔原则。之后一直未再应用该原则，直到在 Automatic Radio 制造公司诉 Hazeltine 研究公司案[②]中，禁止反悔原则得到重振，认定禁止反悔原则是一般规则。做出此裁决时，多数人忽略了本院在 Harvey 案之后 45 年来的一系列裁判，这段时间，每一次专利权人寻求适用禁止反悔原则，本院多数人都会创造一个新的例外以允许对专利局授权的有效性进行司法审查。在 Hazeltine 案判决之前很长时间，禁止反悔原则已经被侵蚀得不再被认为是一个一般的规则，只是在一些很窄的情形下适用。

禁止反悔原则第一次受严格限制的情形是：专利权人的权利远比那些在典型的许可协议中规定的权利更应受关注。在 Formica 公司案[③]中，原专利权人在将其权利转让给他人之后，主张专利不包含新的思想，因而是没有价值的。上诉法院拒绝接受这一侵权诉讼抗辩，理由是对于专利权人既销售了专利又保留对该专利的使用，这一抗辩是不适当的。法院认为：转让人不能通过参考现有技术从而直接质疑专利的有效性，他可以提出一些证据来缩小专利的权利要求。

在 Sinko 案[④]中，1940 年第七巡回法院认为：被许可人可以通过现有技术证明许可人的权利要求不具有新颖性，从而为许可使用费抗辩。在 Scott Paper 公司案[⑤]中，法院所采取的立场与第七巡回法院的立场相似，更加削弱了禁止反悔原则的基础，远远超过了 Formica 中的限制。在 Scott 案中，原专利权人试图对其受让人提起的侵权诉讼进行抗辩，其抗辩理由为它的产品是对一个过期专利的使用。法院拒绝承认受让人有权援引禁止反悔原则，认为若一名生产商因使用了依据专利法属于公有领域的信息就被要求支付使用费，专利法的政策会受挫。

在 Sola Electric 公司案[⑥]中，在被许可人不能质疑专利有效性时，法院拒绝认可许可人强制执行固定价格条款。但除了无效专利本身外，由于固定价

---

① United States v. Harvey Steel Co., 196 U. S., at 310, 25 S. Ct. 240, 49 L. Ed. 492.

② Automatic Radio Manufacturing Co. v. Hazeltine Research, Inc., supra

③ Westinghouse Electric & Manufacturing Co. v. Formica Insulation Co., 266 U. S., at 342, 45 S. Ct. 117, 69 L. Ed. 316 (1924).

④ Casco Products Corp. v. Sinko Tool & Manufacturing Co., 116 F. 2d 119.

⑤ Scott Paper Co. v. Marcalua Manufacturing Co., 326 U. S., at 249, 66 S. Ct. 101, 90 L. Ed. 47 (1945).

⑥ Sola Electric Co. v. Jefferson Electric Co., 317 U. S., at 173, 63, S. Ct, 172, 87 L. Ed. 165 (1942).

格条款本就是非法的，所以这个有限的例外可以在不违反禁止反悔原则的情况下就获得支持。因此，该法院进一步发展了观点：因专利权人强烈要求执行固定价格条款，当被许可人能证明专利无效时，就可以拒绝支付许可使用费。这种“反垄断例外”在5年后的其他案件[①]中得到了更广泛的运用。在此，许可人不被允许援引禁止反悔原则，尽管事实是他们仅是为了收取许可使用费。在许可协议中仅存的固定价格条款足以使专利的有效性处于疑问状态，这导致大量案件中所涉及的包含限制性条件的许可协议会在反垄断法下被认为无效，禁止反悔原则成了一纸空文。

在联邦和各州的下级法院中都通过创立例外来避免禁止反悔原则的影响。广为接受的规则是：一旦有第三方证明专利无效，被许可人就可以不支付之后的许可使用费。[②] 部分法院认为：不论其条款如何，被许可人可以通知专利权人否认许可协议，并最终可以通过证明专利无效来对要求支付使用费进行抗辩。[③]

2. 关于合同法与联邦专利法的冲突

合同法与专利法的不同价值取向使得禁止反悔原则中出现了一个不确定的情形：一方面是合同法禁止买方因不满意产品来否认履行承诺[④]；另一方面是联邦专利法要求所有的在公共领域的创造除作为合法专利被保护外都应当服务于社会公共利益。美国各地的法院试图发展出一种居中模式来妥善处理两种不同的利益关系，然而以混乱的相互冲突的判例宣告失败。

本院主要从以下角度来阐述这个问题。

（1）许可协议中的典型情形

如果考虑专利许可谈判的最典型的情形，事情就会简单很多。多数生产商是在专利授权后获得许可，因为专利局授权时会公开发明，生产者选择订立许可协议只有两个优势：一是在被授权获得许可及支付许可使用费的期间可以不需为应对侵权诉讼而支付高额费用；二是一个未被挑战的专利的存在

---

① Edward Katxinger Co. v. Chicago Metallic Manufacturing Co., 329 U. S., at 394, 67S. Ct. 416, 424, 91 L. Ed. 374 (1947); MacGregor v. Westinghouse Electric & Manufacturing Co., 329 U. S., at 402, 67 S. Ct. 421, 91 L. Ed. 380 (1947).

② See, e. g., Drackett Chemical Co. v. Chamberiain Co., 63 F. 2d 853 (6 Cir., 1933).

③ Note, The Doctrine of Licensee Repudiation in Patent Law, 63 Yale L. J. 125 (1953); R. Ellis, Patent Licenses § 328 (3d ed., A. Deller 1958).

④ See 1 A. Corbin, Contracts $ 127 (1963); Treece, Licensee Estoppel in Patent and Trademark Cases, 53 Iowa L. Rev. 525, 528–530 (1967).

可以阻止他人与被许可人竞争。

依据通常的合同法原则，不论专利的有效性如何，仅仅获取利益的事实就足够要求强制履行合同。然而，如果按照诚信商业标准来考察这个结果，似乎很难让人满意。简单的合同方法完全忽略了寻求法院帮助的许可人的地位。比如考虑一下通过对专利局的欺诈行为而获得专利的许可人的权益。很难理解为什么诚信会要求法院应当允许许可人收取许可费，尽管被许可人尝试证明专利无效。甚至在更多典型案例中，在不包括有意识的不法行为的情形下，许可方的权益也远远不能让人信服。

专利只是专利局的法律结论，并且是以一般理性人能明显区分的因素为基础。专利局经常是在单方面程序中做出决定，而没有旨在证明专利无效的利益相关方的论证来协助。因此，要求专利权人在被许可人提出此项问题，特别是在许可人的案件因推定专利有效而受到支持时，捍卫专利局的判断（defend the patent office’s judgement）似乎并非是不合理的。尽管被许可人的禁止反悔原则可能与合同法原则的表述相一致，我们也不能说这是符合合同法的精神的，它只是在基于诚信平衡合同双方当事人的诉求。

当然，与允许对在公有领域的思想的使用进行充分自由竞争的重要的公共利益相平衡时，许可人的权益的分量并不会很重。被许可人往往是唯一能有足够的经济激励去质疑发明的可专利性的人。如果他们不主张，社会公众就会向垄断者进贡，但这些贡品都是公众不需要付出的，或者是在法律上没有依据的。本院认为：合同学说的技术要件在典型情况下很明显必须让位于社会利益的需要，这种典型情况包括在专利授权后进行的许可谈判。Automatic Radio 制造公司诉 Hazeltine 研究公司案关于禁止反悔部分的判决被本院正式推翻，其不再是有效的法律。[①] 被许可人应当被允许在签订许可合同后质疑发明的可专利性。

（2）关于 1960 年后 Lear 公司是否应支付使用费

然而本案提出了比一般许可更为复杂的禁止反悔的问题，即 Lear 公司在 Adkins 于 1960 年获得专利授权的 4 年多之前，也就是在 1955 年就获得了许可。从双方一开始建立关系，Lear 公司就获得了专门的渠道以获知 Adkins 的想法，并承诺支付令人满意的补偿。在 Adkins 尝试获得专利授权的漫长的时间里，Lear 公司获得了一般情况下并非由通常的被许可人所获得的重大利益。

---

① Automatic Radio Manufacturing Co. v. Hazeltine Research，Inc.，339 U.S.，at 827，836，70 S. Ct. 894，899，94 L. Ed. 1312（1950）.

在一项专利公布之前，潜在的被许可人仅仅靠询问专利局是无法获知许可人的创意的。在发明人寻求专利保护期间，联邦法规要求专利局对发明人的专利申请保密。如果被许可人希望了解保密的专利申请，他必须与发明人联系。Lear 公司通过承诺向 Adkins 支付许可使用费，直接获得了在 1960 年专利局公开 Adkins 发明的细节之前所不可能获得的创意。本案的一个核心问题就是：联邦专利政策是否禁止各州执行一个规定取得未获专利的秘密想法的合同。

Adkins 主张不论专利是否有效，Lear 公司在 1960 年前以及 1960—1977 年都应当支付许可使用费。我们不能支持如此广泛的主张。Adkins 提出 1955 年合同条款中要求 Lear 公司支付使用费“直至专利被认定无效”，而本案中专利有效性问题并未有最终定论。因此，可以表明尽管 Lear 公司被允许在目前的诉讼中质疑专利的有效性，但他同样也被要求遵守合同并持续支付使用费，直至他的主张受到法庭支持。无论专利是否有效，至少可以支付一部分专利授权后的许可费。我们不能支持这个观点。决定性的问题是如果被许可人在向法庭质疑专利有效性期间而被要求继续支付使用费，重要的联邦政策是否会被显著地挫败。我们认为这种要求不符合联邦专利政策的目标。执行这个合同条款会给许可人带来额外的经济激励，使得其设计一切可以想象的拖延战术来努力拖延最后的司法审判。我们认为没有理由来鼓励这种拖延战术，进一步说，进程缓慢的审判程序和不可避免的上诉程序所带来的成本可能会使众多被许可人不愿意在法庭上尝试证明专利无效，这种遏制作用在发明速度快的科学领域尤其严重。在这些领域，一个专利在其有效期届满之前可能早已过时了。若一名被许可人有理由相信他能在不远的将来用一个新的想法来代替这个已获专利权的发明，他就没有动力去开启长时间的法庭诉讼，除非从他拒绝支付许可使用费时就被免责。最后，执行该合同条款会削弱鼓励充分自由使用公有领域思想的联邦政策。基于上述理由，我们认为如果 Lear 公司能够证明专利无效，就应当被允许不支付 1960 年专利授予后的使用费。

（3）关于 1960 年前专利授权之前，Lear 公司是否应基于合同支付使用费

这个判断的关键在于对于未获得专利授权的发明许可人，各州是否或者说可以在何种程度上保护愿意以许可使用费形式作为条件将创意传达给生产者的发明人。加州最高法院对这个问题并没有准确地表达其意见，因为它坚信禁止反悔这一古老的教义已经为 Lear 公司提出的诉求提供了足够的答案。如果州法院认识到之前所确立的禁止反悔原则不能再被适用于 17 年的专利保

护期间内的许可使用费，那么它是否还会判给 Adkins 专利授权前的使用费，我们不得而知。但本院认为州法院需要重新思考执行发明人的合同权利的判决的理论基础。即使一个重要的联邦法律问题存在于该阶段的争议之中，本院也不应当试图在一个有限的范围内去界定在何种程度上各州可以采取适当的措施去执行发明人对未获专利的秘密想法的合同权利。这个重大疑难的问题应当在州法院进行充分的探究后再决定他们可以支持的合同权利的范围。

**3. 是否应支持 Lear 公司关于专利无效的主张**

本院认为此时不适合就 Lear 公司关于 Adkins 专利无效的论点发表意见，原因为：Lear 公司没有在申请调卷令时提出这个请求，而且加州最高法院没有以清晰明确的方式判断关于专利有效性的疑问，而这一点对于本院对此进行适当裁决是必要的。

撤销加州最高法院的判决，发回重审，与本院观点不一致的部分应当继续审理。

## 【案例要点解析】

本案涉及的核心问题是发明人与被许可人签订了许可使用合同，之后被许可人是否可以质疑作为许可合同标的的专利的有效性，并拒绝支付使用费。发明人认为：既然双方签订了许可协议，被许可人就有义务支付约定的使用费而不论专利是否有效。加州最高法院支持发明人观点的理由是：一般来说，生产商可以自由挑战发明人专利的有效性，而专利法领域最古老的一个原则是只要被许可人依据许可协议履行，那么在许可使用费的诉讼中，他就被禁止否定许可人专利的有效性。该原则背后的理论是不能允许被许可人一方面享有许可协议带来的利益，另一方面却强烈要求构成合同基础的专利无效。被许可人因签订许可协议避免了被诉专利侵权的风险和高额费用，也因阻却了未获得许可的其他竞争者而获取了市场利益。依据通常的合同法原则，不论专利的有效性如何，仅仅获取利益的事实就足够要求强制履行合同。合同法禁止买方因后期对商品不满意而拒绝履行承诺。被许可人签订合同，承诺依约履行，就不应事后反悔。

而专利法鼓励创新，保护真正有价值的发明，即符合专利法保护条件的发明。专利授权程序具有单方性，缺乏反对意见的争辩，因此，获得授权的专利只是推定有效，只要之后提出专利不符合法定授权条件的观点能够成立，则该专利应被无效，不能再享有专有权。竞争不应当被本不该授权的专利所限制。公有领域的知识应当服务于社会公共利益，应当被自由和充分地使用。这对于社会公众而言十分重要。

那么被许可人发现许可合同项下的专利不应当获得授权时是否可以提出无效呢？依据禁止反悔原则，被许可人应遵照合同履行，不得事后反悔。但从专利法的角度，应当允许任何人质疑专利的效力。而被许可人往往是唯一能有足够的经济动力去质疑发明的可专利性的人。如果他们不主张，社会公众就会向垄断者进贡，但这些贡品都是公众本不需要付出的，在法律上也是没有依据的。此时，出现了合同法与专利法的冲突。最高法院充分考量了合同法与专利法的价值取向及各自所保护的利益后得出结论，专利法所保护的对在公有领域的思想进行充分自由使用的公共利益重于许可人的权益，合同学说的技术要件在典型情况下必须让位于社会利益的需要，被许可人应当被允许在签订许可合同后质疑发明的可专利性。最高法院在本案中推翻了之前确立的禁止被许可人质疑专利有效性的禁止反悔原则的先例。

对于被许可人何时停止支付使用费，在本案中，发明人提出合同条款中要求被许可人支付使用费“直至专利被认定无效”，因此，在专利有效性问题有最终定论之前，被许可人都应遵守合同并持续支付使用费。对此，联邦最高法院认为这种要求不符合联邦专利政策的目标。执行这个合同条款会给许可人带来额外的经济激励，使得其设计一切可以想象的拖延战术来努力拖延最后的司法审判，这种做法不应得到鼓励。进一步说，进程缓慢的审判程序和不可避免的上诉程序所带来的成本可能会使众多被许可人不愿意在法庭上尝试证明专利无效，这种遏制作用会使被许可人没有动力去开启长时间的法庭诉讼，除非至少从他拒绝支付许可使用费时就被免除责任。最高法院认为：只要被许可人能够证明专利无效，其停止支付使用费的时间不必推迟到专利被确定无效之时，其可以在拒绝支付使用费时免责。

该案的重要性在于其澄清了之前关于禁止反悔原则适用的模糊认识，推翻了禁止被许可人质疑专利有效性的先例，确立了允许被许可人质疑专利有效性的原则。同时该案的另一个重要意义在于确立了“权衡测试”原则，用以权衡“发现无效专利”的公共利益与其他联邦政策所保护的利益。

# Chromalloy 公司诉 Fichmann*

美国联邦第九巡回上诉法院(1983)

## 【案件事实】

Chromalloy American Corp.（简称 Chromalloy 公司）是一家位于特拉华州的公司，Fichmann 是一个自然人。双方于 1968 年达成一项交易，Chromalloy 公司从 Fichmann 处获得生产一种用来滚压、测量和切割地毯及其他材料的名为“蝎子”的机器所必需的专利许可、相关专有技术以及商业性资产。为此，Chromalloy 公司支付了 36.5 万美元的专利许可费。此外，进一步考虑到交易中获得的许可权利、其他利益和资产，Chromalloy 公司同意以“蝎子”及实质相关的机器的未来销售额的 3% 支付许可使用费，并在专利保护范围内的相关附属设备支付 2% 的许可费。

1976 年，Chromalloy 公司对 Fichmann 提起跨州诉讼，要求法院做出确认判决，宣告由于专利无效和专利权滥用导致协议无效和不可执行，并主张反垄断损害赔偿金。

对 Chromalloy 公司的起诉，Fichmann 予以否认，并提出了反诉，要求 Chromalloy 公司支付自 1975 年以来拖欠的许可使用费。

## 【审理过程】

加利福尼亚州中央区法院对案件进行了审理，一方面支持了 Chromalloy 公司的请求，宣告专利无效；另一方面判 Chromalloy 公司应当向 Fichmann 支付 25.8 万美元作为未支付许可使用费的损害赔偿金，支付利息 5.9 万美元，以及律师费 25 万美元。

在做出初审判决后，原被告双方均表示不服，Chromalloy 公司和 Fichmann 都向第九巡回上诉法院提起了上诉，其中 Chromalloy 公司上诉声称自己没有理由为诉争专利支付使用费，而 Fichmann 的上诉则是为了向

---

* Chromalloy American Corp. v. Fichmann, 716 F.2d 683 (1983).

Chromalloy 公司主张更多的损害赔偿金（即许可使用费）和律师费。第九巡回上诉法院最终裁决就损害赔偿金与律师费部分发回重审，就其他部分维持地区法院判决。

**【判决理由】**

在本案中，值得我们实质讨论的法律问题只有一个，那就是在专利无效的情形下，Fichmann 所获得的赔偿（即许可使用费）的性质。在本案中，Fichmann 是“蝎子”这一商业交易的出让方，该交易包含一个专利许可。而 Fichmann 在诉讼中所主张的使用费依据协议主要是基于专利许可。

事实上，根据 Automatic Radio Manufacturing Co. 案①确立的规则，法律禁止被许可人就许可人专利的有效性提出质疑。但这一规则被最高法院审理的 Lear 案②打破，自 Lear 案之后，类似本案的地区法院判决 Chromalloy 公司支付使用费的情形就变得不可避免了。

在 Lear 案中，最高法院确立的规则是：如果一个专利被宣告无效，那么关于该专利使用费的合同条款则不可执行。法院强调如果允许执行该条款，将会与支持公有领域思想充分自由使用的联邦政策产生强烈的冲突。为了推动该政策，在 Lear 案中，法院鼓励快速解决专利权人与被许可人之间围绕专利权有效性的争议，法院认为被许可人是唯一一个有充分的经济动机来对专利有效性提出质疑的人。本院认为：根据 Lear 案确立的规则，就无效专利支付许可使用费的义务，应自被许可方为了获得专利无效的判决而采取确定的步骤时终止。

因此，如果 Chromalloy 公司和 Fichmann 之间的交易仅仅涉及专利，那么 Chromalloy 公司的付款义务在 1976 年就已经终止，也就是说，当 Chromalloy 公司在 1976 年主张合同不成立并在不久后提起诉讼时，其支付专利使用许可费的义务就已经终止了。但地区法院在审理后认为 Chromalloy 公司和 Fichmann 在 1968 年达成的交易不仅仅是一个专利的交易，其事实上是一个关于正在进行的商业活动的交易。在这个交易中，Chromalloy 公司获得的不仅仅是一个使用专利的许可，还包括其他的非专利技术，这使得该案中的许可使用费具有混合性质，即其既包括许可使用专利而应支付的许可使用

① Automatic Radio Manufacturing Co. vs. Hazeltine 339 U. S., at 827, 70 S. Ct. 894, 94 L. ED. 1312 (1950).

② Lear v. Adkins, 395 U. S., at 653, 89 S. Ct. 1902, 23 L. Ed. 2d 610 (1969).

费，还包括许可使用非专利资产而应支付的许可使用费。

基于 Lear 案，本院认为：此类混合性质的许可使用费协议属于不可执行的协议，法院不支持依该协议条款提出的要求履行的请求。之所以如此，是因为 Lear 案表明：在是否为无效专利支付许可使用费上，法院更倾向于不鼓励支付。正如在 St. Reggis Paper Co. 一案[①]中强调的那样，许可人无权要求就无效专利支付许可使用费，但必须允许其就转让给被许可人的非专利财产，如专有技术请求损害赔偿。本院认为：如果许可使用协议已经就专利和非专利财产分别约定了许可使用费用，那么对非专利财产部分可以依照协议请求被许可人支付相应的报酬，法院也应保障该协议的执行。

正如第八巡回法院在 Span-Deck 一案[②]中指出的那样，将 Lear 案的规则适用于混合许可协议，并判决该类协议为不可执行的协议，这完全符合 Lear 案考虑的联邦政策，也与最高法院在 Aronson 一案[③]中的意见相一致。在 Aronson 案中，最高法院认为：如果联邦专利法中国会的立法目的的实行并未受到影响，那么专利法就并未取代合同法中关于商业秘密协议执行的规定。因此，在一个许可协议中，尽管专利许可使用费支付义务不可执行，但就转让的非专利财产仍可要求损害赔偿（支付报酬），St. Regis 案确立的这一规则是合理的。

本案在事实上区别于 St. Regis 案和 Span-Deck 案，本案中的交易的标的与其说是专利和非专利财产，不如说是一项业务，但是本案中要求支付的许可使用费同样具有混合的性质，Lear 案确立的原则同样适用于本案。无论是 Fichmann 还是地区法院，都未注意到这一不同。在第七巡回法院审理的 Roberts 一案[④]中（该案也被 Fichmann 援引以作为支持自己请求的依据），法院判决：当发明者因专利无效而无法通过许可使用费而获得赔偿时，他可基于欺诈获得赔偿。由于在本案中没有证据表明存在欺诈、恶意或存在其他不公平的情形，Fichmann 也无权以此为由要求获得赔偿。

为此我们判决如下：

第一，在 Chromalloy 公司于 1976 年主张协议不成立的情况下，地区法院支持许可协议依据其条款执行的判决是错误的。Fichmann 在 Chromalloy 公司主张协议不成立后，无权就“蝎子”专利、相关的专利或机器要求使用费的

① St. Reggis Paper Co. v. Royal Industries 552 F. 2D 309, 315 (9th Cir.).

② Span-Deck, Inc. v. Fab-Con, Inc., 677 F. 2d1237 (8th Cir.).

③ Aronson v. Quick Point Pencil, 440 U. S., at 257, 99 S. Ct. 1096, 59 L. Ed. 2d 296 (1979).

④ Roberts v. Sears Roebuck and Co 573 F. 2d 976 (7th Cir. 1978).

赔偿。发回重审后，地区法院应当允许 Fichmann 就协议中涉及的非专利财产的转让和使用向克罗马罗公司要求损害赔偿。

第二，剩余的问题仅须简要讨论。在初审中，Chromalloy 公司提交了一份证据，该证据表明：在诉争标的中一款名为“系统 800”的机器与许可协议中专利产品“蝎子”的功能实质上并不相同，Chromalloy 公司因此主张“系统 800”的销售不应成为使用费计算基数的一部分。对此证据和主张，地区法院在审理中未予采纳，Chromalloy 公司认为地区法院的这一立场是错误的。我们认为这个问题是一个合同的解释问题。鉴于加利福尼亚法律承认合同解释的外部证据①，本院裁定 Chromalloy 公司提交的证据应予以采纳。

第三，鉴于 Fichmann 并未在其关于违反协议的全部诉讼请求上获胜，因此地区法院关于律师费的裁决也应重新予以考量，并根据可能的情况予以扣减。Fichmann 关于在 25 万美元律师费之外额外要求律师费赔偿的请求，不应予以支持，因此地区法院驳回其请求的行为并未滥用自由裁量权。

第四，关于 Fichmann 对 Chromalloy 公司 1969 年销售 Waterco 的收入的权利主张，Fichmann 认为根据合同其有权要求 Chromalloy 公司按照合同约定的比例向自己支付报酬。对此，地区法院认定，Fichmann 收到了 Waterco 交易的通知，以及 Chromalloy 公司拒绝支付费用的通知。地区法院裁决，根据关于 4 年诉讼时效的规定，任何关于 waterco 交易的主张都不被允许，因为争议发生时已经超过了时效。本院认为地区法院对事实的认定并无明显错误，判决是正确的。

第五，最后是关于第 82-5471 号案件的上诉的问题，该案与本案存在一定的关联。在第 82-5471 号案中的初审中，Fichmann 并非诉讼的发起方，其被列为非自愿性原告（involuntary plaintiff），但在自愿性原告主动撤诉后，Fichmann 提起了上诉。地区法院驳回其起诉，但该驳回并未对 Fichmann 造成任何实质上的不利影响。本院认为 Fichmann 的上诉缺乏理由（lack of standing），为此本院裁决驳回上诉。

总之，驳回第 82-5471 号上诉。将第 82-5452 和 82-5469 号案件发回重审，以就赔偿数额和律师费用重新裁决。

**【案例要点解析】**

本案的核心问题有两个：其一，在一个专利许可使用协议中，如果诉争

---

① Pacific gas and Electric Co. v. G. W. Thomas Drayage & Rigging Co., 69 Cal. 2d 33, 69 Cal. Rptr. 561, 442 P. 2D 641 (1968).

专利被宣告无效，那么许可人是否可以依据原来的使用许可协议，要求被许可人支付许可使用费？其二，如果专利使用许可协议中不仅涉及专利，还包括其他的非专利资产，如商业秘密、技术秘密等，那么专利的无效对非专利资产会产生什么影响，许可人是否因为专利无效而丧失对非专利财产部分的许可使用费请求权？

关于第一个问题，美国法院长期以来一直遵守 Automatic Radio Manufacturing Co. 案确立的规则，即禁止被许可人对专利权提出异议，该规则直到 Lear 案才被打破。公有领域的思想应当得到充分和自由的使用，而无效的专利则应属于公有领域，被许可人是最有经济动机来就专利有效性提出质疑的人，应当鼓励其挑战专利有效性，而不是禁止其这样做。由此导致的后续问题是：既然专利许可使用费是以专利为前提，如果专利无效，那么自然也谈不上专利许可使用费。所以，在 Lear 案中，法院判决：在一个专利许可使用协议中，如果诉争专利被宣告无效，那么原来的许可使用费协议条款沦为一个不可执行的条款，被许可人支付许可使用费的义务终止。

第二个问题是本案的真正核心。在商业交易中，有时交易的内容并不局限于某个专利，还可能包括其他的非专利资产，如技术秘密、特种设备等，此时，许可使用费具有混合性质，其既针对专利，也针对非专利财产，如此导致的问题是在专利无效后，许可人是否仍可主张许可使用费？对这种具有混合性质的许可使用费，St. Reggis Paper Co. 案确立的规则是：如果专利无效，根据 Lear 案的规则，许可权人无权就无效专利主张许可使用费，但这不应影响许可人对技术秘密等非专利财产主张许可使用费。本案的判决也对此予以确认。

本案也属于一个混合性质的许可使用费案件，其特点是许可的对象是一项包含专利、专有技术和其他资产的整体的商业交易，由于专利无效导致许可使用费支付的条款不可执行，被许可人不需依据协议支付许可使用费，但是 Fichmann 就协议中涉及的非专利财产的转让和使用有权向 Chromalloy 公司要求损害赔偿。

总之，美国法院在专利许可合同纠纷中鼓励被许可人对专利的有效性提出异议，并认为在专利被宣告无效后，专利许可使用费支付的协议不可执行，被许可人支付专利许可使用费的义务也就随之终止，但这不影响许可人就非专利财产，如技术秘密等主张许可使用费。

# Medimmune 公司诉 Genentech 公司*

美国最高法院(2007)

**【案件事实】**

美国 Medimmune 公司制造了单抗（Synagis），一种用于预防婴幼儿呼吸道疾病的药物。1997 年，Medimmune 公司与 Genentech 公司达成了一项专利许可协议。该项许可涵盖了一项已授权的有关嵌合抗体的制造专利，以及一项当时尚未得到授权的有关“重组宿主细胞中免疫球蛋白链的联合表达”的专利申请；Genentech 公司授权 Medimmune 公司制造、使用和销售“许可产品”，后者就“许可产品”的销售支付许可费。协议将“许可产品”定义为一种特别的抗体，未经许可制造、使用或销售该产品的，构成对“被覆盖的专利”（the covered patents）的侵权，截至目前，这些专利既未超过保护期也未被法院或其他有法定管辖权的机构宣告无效。

2001 年 12 月，1997 年的许可协议中的“联合表达”专利申请获得授权，成为“Cabilly Ⅱ”专利。随后，Genentech 公司致函 Medimmune 公司表示，“单抗”落入了“Cabilly Ⅱ”专利的保护范围，要求其支付自 2002 年月 1 日起算的许可费。Medimmune 公司认为“Cabilly Ⅱ”是无效且不可执行的，单抗无论如何不侵犯该专利的权利要求，因此其并不欠付使用费。但是，如果拒绝支付许可费，Genentech 公司可能会提起专利侵权之诉，导致 Medimmune 公司面临三倍赔偿、律师费负担以及被停止销售的风险，而该产品占自 1999 年以来总销售收入 80% 以上。基于对该侵权诉讼风险的回避，Medimmune 公司在进行抗议和保留所有权利的同时，向 Genentech 公司支付了许可费，而后向法院提起了确认“Cabilly Ⅱ”专利无效的诉讼。

**【审理过程】**

美国加利福尼亚中区联邦地区法院依据联邦巡回上诉法院在 Gen-Probe

---

* Medimmune, Inc. v. Genentech, Inc., 127 S. Ct. 764 (2007).

案[①]中的判决，以缺乏诉讼标的管辖权（subject-matter jurisdiction）为由驳回了 Medimmune 的诉讼请求。Gen-Probe 案判决：一个适格的专利被许可人无法就专利有效性、可执行性和专利范围确立宪法第三条所规定的案件或争议，因为许可协议消除了被许可人将会被诉侵权的合理忧虑。联邦巡回上诉法院亦依据该先例维持了地区法院的判决。Medimmune 公司不服，向美国最高法院申请调卷令，最高法院同意受理。

最高法院认为：被许可人在取得联邦法院确认有关专利无效、不可执行或未侵权的判决之前，不被要求终止或违反许可协议，上诉法院以缺乏诉讼管辖权为由维持地区法院驳回诉讼请求的判决是错误的，故撤销上诉法院的判决，将案件发回重审。

## 【判决理由】

### 1. 确定当事人之间的争议问题

我们首先需要解决一个关于争议问题本质的争论，即本案涉及的仅仅是专利无效的独立请求，还是由于专利无效且不构成侵权而不欠付使用费的请求。专利权人主张：（1）单抗侵犯了“Cabilly Ⅱ”专利，应当支付许可费，这一点双方不存在争议；（2）尽管专利有效性存在争议，但是合同规定无论专利是否有效都应当就侵权产品支付许可费。

第一点恰恰与被许可人的主张不符。其第一个诉讼请求是“对合同权利和义务进行确认判决”，并且，“根据 1997 年许可协议，其是否有支付费用的义务是存在争议的，因为被许可人对单抗产品的销售不侵犯‘Cabilly Ⅱ’专利任何有效的权利要求”，类似的内容在起诉状中通篇可见。

至于第二点，被许可人的确认为其没有义务就无效专利支付许可费，这不是无意义的争论。许可协议诚然要求被许可人支付使用费直到专利被法定机关宣告无效，并且“Cabilly Ⅱ”专利并没有被宣告无效，但是在 Lear 案[②]中，争议的许可协议同样要求“使用费需要支付……直到专利被宣告无效”。我们不认为一个拒绝履行的被许可人必须遵守合同支付许可费直到其请求被法院支持。一个“同意履行的被许可人”（nonrepudiating licensee）在成功挑战专利有效性时是否相当于解除了合同义务（被许可人禁止反悔在这些情形下的适用），对此我们不发表意见。我们需要确定的是被许可人是否提出

---

① Gen-Probe Inc. v. Vysis, Inc., 359 F. 3d 1376 (2004).

② Lear, Inc. v. Adkins, 395 U. S., at 653, 673, 89 S. Ct. 1902, 23 L. Ed. 2d 610 (1969).

了一项合同争议，事实上其已经这样做了。

2. 法院对本案是否具有管辖权

（1）对“案件或争议”管辖权的解释

《确认判决法》规定，“美国的任何法院在其管辖范围内均可在存在实质争议的情况下，对于任何寻求确认判决的利害关系人的权利及其他法律关系进行确认宣告，无论是否寻求或能够得到进一步救济。”曾经最高法院对于确认判决诉讼与宪法第三条的“案件或争议”（case or controversy）[①] 要求的兼容性问题存在疑问。然而，在1993年的Nashville诉Wallace案[②]中，我们认为请求确认性救济的正当诉讼（包括州法院的确认判决案件），可以是宪法第三条规定的“案件或争议”。次年，《确认判决法》签署生效。1937年，我们在Aetna Life诉Haworth案[③]中确认了上述规定的合宪性。我们认为“存在实际争议的案件”在法案中指的是根据宪法第三条具有可诉性的“案件”和“争议”。

Aetna案以及后续案件并没有在那些是否满足“案件或争议”要求的确认判决诉讼之间划出最明确的界限。我们认为争议应当是“确定的、具体的，涉及具有相反利害关系的当事人之间的法律关系”，是“真正的、实质的”，“可能通过一个确定的裁决获得特定救济，而不是基于对事实的假设认为法律应当是什么的意见。”正如我们在Maryland Casualty案[④]中总结的：“基本上每个案子的问题都在于：在所有情形下，当事人主张的事实是否都表明在利益对立当事人之间存在实质争议，并且这些争议具有足够的即时性和现实性以确保做出确认判决。”

（2）本案是否符合“案件或争议”的管辖权要求

如果被许可人拒绝支付1997年合同项下的许可费，这些标准毫无疑问都能满足。许可人主张许可协议的许可费权利，被许可人因为Cabilly Ⅱ专利无效且未被侵权主张其不欠付许可费；并且被许可人主张其受到许可人威胁，如果不提前支付许可费将被禁止销售。争议的事实和法律范围被界定得很清

① Case or controversy“案件或争议”，指美国宪法所确定的联邦法院的司法管辖权规则，即法院只能就基于“案件或争议”所产生的问题行使司法裁判权。——编者注

② Nashville, C. & St. L. R. Co. v. Wallace, 288 U. S., at 249, 53 S. Ct. 345, 77 L. Ed. 730 (1933).

③ Aetna Life Ins. Co. v. Haworth, 300 U. S., at 227, 57 S. Ct. 461, 81 L. Ed. 617 (1937).

④ Maryland Casualty Co. v. Pacific Coal & Oil Co., 312 U. S., at 270, 273, 61 S. Ct. 510, 85 L. Ed. 826 (1941).

晰，如果不是被许可人持续支付了许可费，该争议完全适于司法解决。许可人不能主张预期违约和拒绝履行许可，许可费的持续支付尽管不会消灭威胁，至少会推迟紧迫的威胁的到来，只要支付了许可费就不存在许可人试图禁止被许可人销售的风险。被许可人自身的行为（支付许可费）排除了紧迫威胁（被起诉预期违约和禁止销售）造成的损害。这是否导致争议不再属于宪法第三条意义下的案件或争议。

（3）被许可人持续支付许可费是否导致案件不存在“实际争议”

首先我们必须承认：对于被政府威胁而提起的诉讼，我们不要求原告在起诉质疑威胁的基础（如威胁执行的法律是否具有合宪性）之前就要承担责任。原告自身未违反法律的作为（或不作为）行为消除了起诉的紧迫威胁，但不会排除宪法第三条的管辖权。例如，在 Terrace 案①中，州政府威胁表示，如果原告违反州的反侨民土地法将土地出租给外国人，州政府将对原告处以没收农场、罚款的处罚并追究其刑事责任。鉴于存在这种真实的执行威胁，我们不要求原告以采取违法行为的方式，赌上农场，作为在禁止令诉讼中检验该法律是否有效的先决条件。正如在 Steffel 案②中，在原告取得确认判决认可这种禁止分发传单的州法律的合宪性之前，我们不要求原告冒着真实的被起诉风险不断分发传单。正如当时的 Rehnquist 法官所言，“确认判决程序是追究有争议的违法行为的一种选择方式。”在这些案件中，原告通过单纯地不为其主张有权去做的行为（出租或在购物中心分发传单），就消除了紧迫威胁造成的损害，但是不会排除诉讼管辖权，因为这种消除危险的行为实际上是被强制的。这种强制将挑战者置于放弃权利或面临起诉风险的两难选择之下，这种进退两难的境地正是确认判决法要改进的目的。

最高法院的判例法很少将《确认判决法》应用于这种情形，即原告是由于受到私人主体而非政府提起执行诉讼的强制威胁而采取对紧迫损害的自我避免。意外的是最高法院有一个相关判决涉及的案件事实与本案相近。在 1943 年的 Altvater 诉 Freeman 案③中，最高法院认为被许可人未能中止许可费的支付不会导致法院对专利有效性争议无管辖权。在该案中，专利权人起诉被许可人要求执行许可的地域限制。被许可人提起反诉，请求确认专利无效，同时支付专利权人在之前案件所获得的禁令所要求的许可使用费。专利权人

① Terrace v. Thompson, 263 U. S., at 197, 44 S. Ct. 15, 68 L. Ed. 255 (1923).

② Steffel v. Thompson, 415 U. S., at 452, 94 S. Ct. 1209, 39 L. Ed. 2d 505 (1974).

③ Altvater v. Freeman, 319 U. S., at 359, 63 S. Ct. 1115, 87 L. Ed. 1450 (1943).

主张只要被许可人持续支付许可费，在当事人之间就只存在理论上的而非真实的争议。我们认为：确认判决请求指明了一个可由司法管辖的案件或争议，支付许可费的事实并不导致案件有特殊性或成为假设、抽象的争论。许可费在保留异议的情况下支付，并且受到禁止令的威胁。除非禁止令被修改，否则唯一的途径是违抗禁止令并且要冒着在侵权诉讼中支付三倍赔偿金的现实风险。我们认为：当支付的主张作为权利的要求而提出，支付已经完成，但是强制获取的非自愿性和强迫性使被许可人得以保留收回已支付使用费或挑战权利主张合法性的权利，这种情况下，“案件或争议”的要求就得到了满足。

联邦巡回上诉法院在 Gen-Probe 案①中的判决区别于 Alvater 案，理由是 Gen-Probe 案的强制来自于禁令，该禁令是被私人获得并且最终被专利权人控制。但 Alvater 案并没表示该案中决定性的强制是政府性的，反而恰恰做出了相反的暗示，被许可人可以选择停止支付禁令中的费用，但将面临专利权人提起的侵权诉讼并被要求三倍赔偿的实际风险。Alvater 案并未提及因藐视法庭罪或者任何其他种类的政府制裁而被起诉的威胁。而且 Alvater 案赞同私人主体“对商业或雇佣关系施加的实际的或威胁的严重损失”——这种强制能够与其他形式的强制相提并论（如普通法上恢复原状），对一个人的生命、商事企业或清偿能力的危害通常都如同“扣押他的财产”一样具有强制性。

本案的管辖权与 Willing 案②的结论并不矛盾。在 Willing 案中，土地承租人想要拆除陈旧的会堂代之以现代的商业楼。承租人认为其有权这么做，即使没有出租人的批准，但是承租人不愿以身犯险，因为那时联邦和州还没有确认判决法，承租人提起诉讼试图移除限制租赁的“阴云”。最高法院认为：宪法第三条的“案件或争议”尚未出现，因为“被告没有委屈原告也没有威胁要这样做。”虽然共同出租人之一不同意承租人对租赁的解释，但是这种异议发生在诉讼提起一年之前的一场“非正式的、友好的、私下的对话中”，承租人甚至没有努力去接触其他共同出租人。最高法院进而表示：“原告寻求的仅仅是一个确认判决”，并且“授权这种救济超越了联邦的管辖权。”Willing 案是在确认判决法颁布之前做出的判决。如果其在法案颁布之后做出，并且如果双方之间关于法律问题的分歧如同本案这般激烈，我们相信会得出不同的结论。在寻求争议法律权利的确认判决之前，原告必须破坏一幢大楼，赌上农场，或者冒三倍赔偿以及损失 80% 利润的风险，这样的规则并没有宪法

---

① Gen-Probe Inc. v. Vysis, Inc., 359 F. 3d 1376 (2004).

② Willing v. Chicago Auditorium Assn, 277 U. S., at 274, 48 S. Ct. 507, 72 L. Ed. 880.

第三条的依据。

(4) 1997 年许可协议的签订是否意味着被许可人不可以质疑专利的有效性

许可人主张双方实际上在达成 1997 年许可协议时就解决了这个争议，被许可人签订协议本质上是购买了一份保险，只要其持续支付许可费并且不质疑专利，就可以避免被起诉侵权，允许被许可人在不中止或违反协议的前提下质疑专利的有效性是对协议的更改。被许可人可以在提起诉讼的同时享有豁免，不将此规定在合同中是专利权人的交换条件。即便该论点是成立的，但对于被许可人所提出的其产品未侵犯专利，因此协议没有要求使用费的主张也不具有效力。至于专利无效的问题，我们认为其观点也是错误的，在哪里可以找到禁止质疑专利有效性的规定是不明确的，这几乎不能从单纯的支付专利许可费的承诺上得到暗示，承诺就未被宣告无效的专利支付许可费并不等于承诺不去主张其无效。

被上诉人援引普通法规则——合同的一方当事人不能在质疑专利有效性的同时持续获取利益。很难看出普通法的规则如何可以适用于本案。被许可人并未在否定或质疑合同的同时获取合同利益。经过适当地解释，合同没有阻止被许可人质疑专利，而且没有要求支付许可费，因为产品不侵犯专利并且专利是无效的。当然，即使被许可人是对的，许可协议或普通法排除了这样的诉讼，结果将会是许可人在这点上赢得诉讼，而合同本质争议并没有解决，宪法第三条管辖权条款对于这样的“保险单”争议无能为力。

**3. 确认判决应由下级法院依自由裁量权做出**

最后许可人催促我们基于自由裁量而维持对确认判决的驳回。确认判决法规定：法院“可以确认权利和其他有关当事人的法律关系，”并不意味着其必须这样做。长久以来这段话被理解为：“在决定是否确认当事人权利的问题上，联邦法院拥有独特而重大的自由裁量权。”然而，我们认为：“授予地区法院在初审时以自由裁量权更加符合法律规定，因为确认判决救济的效力所依据的事实，以及案件解决方法的适当性，有效地掌控在他们手中。”① 许可人第一次在本院与被许可人就不公平行为相互指控。综合考虑以上情况，由我们来决定地区法院是否应当驳回确认性救济请求是不明智的。我们将此种关于依自由裁量予以驳回的关于公平性、审慎性和政策性的争论留给下级法院在重审中考虑。

---

① Wilton, supra, at 289, 115 S. Ct. 2137.

我们判决：在宪法第三条的范围内，被许可人在寻求联邦法院确认有关专利无效、不可执行或未侵权的判决之前，不被要求违反或终止 1997 年许可协议。上诉法院以缺乏诉讼管辖权为由维持驳回诉讼请求的判决是错误的。上诉法院的判决被撤销，理由部分发回重申以保持与本判决意见一致。

**【案例要点解析】**

美国宪法第三条规定了司法管辖权可以延及的案件或争议。美国《确认判决法》规定："美国的任何法院在其管辖范围内均可在存在实质争议的情况下，对于任何寻求确认判决的利害关系人的权利及其他法律关系进行确认宣告，无论是否寻求或能够得到进一步救济。"所谓"存在实际争议的案件"在法案中指的是根据宪法第三条是具有可诉性的"案件或争议"。本案中，被许可人一方面依据许可协议支付使用费；另一方面向法院提起诉讼，认为涉案专利是无效且不可执行的，自己生产的产品不侵犯该专利的权利要求，因此不应支付使用费，请求法院发布宣告确认判决。地区法院和联邦巡回上诉法院依据 Gen-Probe 案的先例，认为既然被许可人接受了许可协议，并履行了支付许可费义务，则双方当事人不存在实质争议，不满足"案件或争议"要求，因此法院对该确认诉讼请求没有管辖权，并据此驳回了被许可人的确认专利无效请求。最高法院对此做出了相反的判决，认为虽然被许可人履行了支付许可费义务，但双方当事人之间存在实质争议。因为许可费是在保留异议的情况下支付，如果不支付使用费，被许可人则面临被禁止使用专利进行生产，支付三倍赔偿、律师费的重大风险。因此，本案依据协议支付使用费是基于强制而被迫无奈的选择，不能代表双方之间无实质争议。相反的是双方之间的争议是非常严重的。支付许可费的事实并不导致案件有特殊性或使双方的争议成为假设、抽象的争论。本案被许可人提出的确认判决请求指明了一个可由司法管辖的案件或争议。最高法院认为：在寻求争议法律权利的确认判决之前，原告没有必要违反协议，冒三倍赔偿以及承受被禁止生产的风险，宪法第三条以及《确认判决法》不要求这样的行为去满足实质争议和案件的条件。

本案判决的意义在于最高法院进一步澄清了被许可人提出专利无效诉讼不受到支付使用费等行为的限制和约束，保护被许可人免受不履行许可协议带来的不利后果，消除了被许可人对承担风险的担忧，事实上为被许可人"挑战"专利有效性打开了一扇大门。

# Rates 技术公司诉 Speakeasy 公司*

美国联邦第二巡回上诉法院(2012)

**【案件事实】**

原告—上诉人 Rates 技术公司（简称 RTI）享有两项根据费用自动选择电话线路的发明的专利权。被告 Speakeasy 公司（简称 Speakeasy）是一个提供宽带、语音和数据服务的电信公司。2007 年 4 月，原告发现被告存在侵权行为，于是主动提出磋商。2007 年 4 月 30 日，原被告达成协议，该协议被视为“不起诉保证协议”（covenant not to sue，简称协议）。根据该协议，RTI 公司承诺免除 Speakeasy 的侵权责任，并不再起诉 Speakeasy 过去或将来的专利侵权行为。作为交换，Speakeasy 向原告 RTI 一次性支付 475000 美元。协议进一步记载，被告 Speakeasy 认可专利的有效性和可执行性，但否认侵犯专利权。协议还包括一个条款，禁止 Speakeasy 质疑或协助他人质疑原告专利的有效性，若违反该约定，Speakeasy 须向 RTI 支付 1200 万美元的损害赔偿金以及必要的法律费用。该协议进一步认定“Speakeasy”既包括 Speakeasy 公司，也包括先前声明计划收购 Speakeasy 的百思买公司。协议达成后不久，百思买公司完成了对 Speakeasy 的收购。

2010 年 6 月 10 日，百思买公司（被告—被上诉人）宣布出售 Speakeasy 的计划，并将其与一系列其他公司合并为科瓦德①（被告—被上诉人）。在并购交易期间，RTI 再次获知其专利被侵权。2010 年 6 月 25 日，原告 RTI 通知科瓦德公司（科瓦德被告之一）侵权的事实，并提出由科瓦德公司支付依照 RTI 的分层定价结构计算的一次性费用来免除侵权责任的解决方案。科瓦德公司并未作出回应，而是在 2010 年 7 月 23 日向美国加利福尼亚北区联邦地区法院提起了要求确认原告 RTI 的专利无效且不可执行的确认判决（简称加州诉讼）。

2010 年 8 月 31 日，RTI 提起诉讼，主张在并购的尽职调查期间，另一个

---

* Rates Technology Inc. v. Speakeasy, Inc., 685 F. 3d 163 (2nd Cir. 2012).

① 被告科瓦德，包括 Platinum Equity 有限责任公司、CCGI 控股公司、科瓦德通讯集团（科瓦德集团）、科瓦德公司以及 Speakeasy 公司。

科瓦德被告，科瓦德集团对 RTI 与 Speakeasy 之间的协议是知悉的。并且主张 Speakeasy 公司和/或百思买公司向科瓦德集团提供了有关 RTI 专利的特定信息，这些信息被科瓦德集团或该并购中的某一方提供给了科瓦德集团的子公司，即科瓦德公司。同时，RTI 主张 Speakeasy 和百思买公司违反了约定的不可质疑条款——该条款包括禁止协助他人质疑专利的有效性，即禁止通过提供 RTI 专利的有关信息帮助科瓦德公司在加州诉讼中质疑 RTI 专利的有效性。RTI 还主张科瓦德集团的所有被告都应当就违反合同约定负责，即科瓦德集团的所有被告应当依据 1200 万美元的损害赔偿金条款承担连带赔偿责任。

**【审理过程】**

在 RTI 起诉的几个月后，科瓦德公司在 RTI 答辩前自愿撤回了加州诉讼。依据最高法院在 Lear 案[①]中的判决，即"被许可人禁止反悔"原则[②]不得适用于质疑专利有效性的案件中，地区法院认为：根据 Lear 案及后续判例，当事人在任何诉讼发生之前达成的不可质疑条款违背了通过诉讼质疑专利有效性的公共利益，因此是无效的，故判决驳回 RTI 起诉。

原告 RTI 不服，向联邦巡回上诉法院提起上诉。被告 Speakeasy 以联邦巡回上诉法院对本案没有管辖权为由，主张驳回上诉或者移送案件至美国第二巡回上诉法院。2011 年 9 月 8 日，联邦巡回上诉法院确认其对本案没有管辖权并将案件移交给美国第二巡回上诉法院。

2012 年 7 月 10 日，美国第二巡回上诉法院根据 Lear 案等先例，判决双方当事人在诉前和解协议中达成的禁止专利被许可人质疑专利有效性的条款因违反公共政策而无效，维持了纽约南区联邦地区法院驳回起诉的判决。

**【判决理由】**

本案要解决的问题是：最高法院做出的 Lear 案等先例是否适用于本案，当事人在诉前和解协议中约定的不可质疑条款是否有效。

---

① Lear Incorporated v. John S. Adkins. No. 56., 395 U. S., at 653 (1969). 在 Lear 案中，最高法院判决，"知识产权的被许可人实际上承认了权利的有效性并不得在未来的争议中质疑权利有效性"的被许可人禁止反悔条款是不可执行的。

② "被许可人禁止反悔"（licensee estoppel）原则指知识产权的被许可人"对该知识产权产品的有效性进行有效认定后，则不得在今后的争议中质疑其有效性。"

1. Lear 案及后续判例

（1）被许可人禁止反悔原则的效力

在 Lear 案中最高法院否定了被许可人禁止反悔原则在专利法上的适用。最高法院认为：禁止反悔原则源于合同法，其本意为“即使购买者对当初所做的交易感到不满意，也禁止他对自己当初做出的承诺反悔。”① 然而，联邦专利法的规定则相反，即要求“所有思想流通都应当服务于公共利益，除非被有效的专利所保护。”法院认为：当两者出现冲突时，专利法的考虑优先于合同法，因此拒绝专利许可人禁止反悔原则的适用。

法院的分析理由如下：法院认为授予一项专利“仅意味着专利局做出的一个具有法律意义的结论，该结论是基于单方的申请程序并且依据理性人能分辨的要素为基础做出的。”因此，法院认为：当被许可人质疑专利的有效性时，要求许可人对专利局做出的决定进行辩护并无不公平之处。正如法院在 Lear 案中所述：“许可人的利益并不明显高于重要的公共利益（此公共利益指公共领域内思想的充分和自由使用）。被许可人通常可能是唯一有经济动力去质疑专利有效性的主体，如果被许可人被‘封口’，有可能致使不必要的垄断持续存在，损害公共利益。我们认为：在涉及专利授权后进行许可谈判的典型情形下，合同原则的技术性要求应该让位于公共利益。”②

（2）许可费支付条款的可执行性

除此之外，最高法院还针对有关专利许可合同履行的条款做出了判决，被许可人不必遵守“持续支付许可费直到专利被宣告无效”的合同条款。因为执行这样的合同条款会给许可人提供额外的经济动力去设计任何可能的拖延战术，以推迟最后司法审判日的到来。此外，进程缓慢的诉讼程序和高额的诉讼费用将极大地打击众多被许可人以诉讼方式证明专利无效的积极性。最后，执行该合同条款将会破坏保护公共领域内思想充分和自由使用的联邦政策。

（3）利益权量问题

本院认为：Lear 案的重要性不仅在于其关于被许可人禁止反悔原则的规定，以及关于合同约定的许可费用执行问题，而且确立了“权衡测试”（balancing test）原则，用以权衡“发现无效专利”的公共利益与其他相冲突利

① Lear，395 U. S. at 668. 89 S. Ct. 1902.

② Lear，395 U. S. at 670-671，89 S. Ct. 1902.

益。在 Lear 案之后数十年，下级联邦法院不断地被要求权衡确认专利无效的公共利益与支持争议解决的联邦政策。在回顾这些判决后，本院总结了解决专利争议的几个途径：

第一，法院有权就专利侵权和无效争议做出最终判决，并且不违反一事不再理原则。

第二，专利侵权和无效性争议可以通过在诉讼中达成和解令的方式来解决，和解令禁止将来对专利有效性提出质疑。正如在 Wallace Clark 案中所述："通过和解令产生的一事不再理的效果，对专利侵权和有效性进行裁定很好地满足了诉讼双方和公众的利益。但在其他一些案件中，这很可能会导致一些无效专利仍旧存在，在这种情况下，双方当事人可以达成协议，对经过对抗辩论以及证据开示程序就专利侵权和有效性问题的诉讼达成和解，该协议并且处于法院的审查之下。这和 Lear 案之前基于纯属私人许可协议基础上的禁止反悔原则截然不同。"[①]

第三，在起诉之后，即使没有获得一个和解令的许可，当事人也可以私下达成和解，但是该和解不能禁止被许可人在未来的许可费争议中质疑专利的有效性。但是，若此类协议中包含一个"不得质疑"条款，则本院认为 Warner-Jenkinson 案确立的原则会导致不同结论，即"如果一个和解协议包含明确的禁止将来可能发生的被许可人诉讼，法院则应该考虑该条款的效力。"[②] 尽管 Warner-Jenkinson 案所确立的标准存在矛盾之处，但联邦巡回上诉法院曾认定和解协议中"不得质疑"条款的有效性。联邦巡回上诉法院的结论是：相比合同法原则的技术性要求，法律更倾向于保护诉讼和解协议涉及的利益。Hemstreet v. Spiegel[③] 的判决认定：和解协议的一方必须支付许可费用，即使专利在另外的法院被判决不可执行，因为执行和解协议也包含着一个公共政策（这个原因在 Lear 案中并不存在），该公共政策即是鼓励诉讼双方达成和解协议。

第四，专利侵权和有效性争议可以在任何诉讼发生前通过协议解决。在 1971 年的 MCA 案[④]中，MCA 声称其专利遭到侵权，并威胁要提起诉讼。争议各方达成了一个书面和解协议避免了诉讼发生，GoldenState 作为协议一方承

---

① Wallace Clark & Co. v. Acheson Indus., Inc., 532 F. 2d 846, 849 (2d Cir. 1976).

② Warner-Jenkinson Co. v. Allied Chemical Corp., 567 F. 2d, 188 (2d Cir. 1977).

③ Hemstreet v. Spiegel, Inc., 851 F. 2d 348, 350 (Fed. Cir. 1988).

④ Massillon-Cleveland-Akron Sign Co. v. Golden State Adver. Co., 444 F. 2d 425.

认专利的有效性并且承诺不得直接或间接质疑专利的有效性。数年后，MCA起诉GoldenState声称它再次专利侵权，从而违反了和解协议。GoldenState以专利无效为抗辩理由，MCA声称和解协议禁止GoldenState质疑其专利的有效性。第九巡回法院援引Lear案中重申的“坚实的联邦政策”为由，判决被许可人不可质疑条款无效并不可执行，第九巡回法院认为不论该条款是庭外和解协议的一部分还是一个典型的专利许可协议都无关紧要，因为若要区分这种不同，则会引导人们通过达成和解协议的形式来实施许可协议。

2. 将Lear案适用于诉前和解协议

本案的主要任务在于衡量Lear案中确立的专利法政策考量（积极认定无效专利以使得思想自由流通并服务于社会）与“当事人依据和解协议条款解决法律争议”的法律政策。

本案的情形与第九巡回法院在MCA案中的判决很相似，RTI在2007年4月意识到Speakeasy存在侵权行为，在同月双方通过达成协议解决了初期争议。双方都没有提起诉讼，因此，Speakeasy没有机会就RTI专利的有效性进行证据开示。和MCA中的和解协议类似，Speakeasy签订的协议包含了Speakeasy不得质疑专利有效性的条款，该条款也是Speakeasy和其他被告现在辩称的无效条款。

本院认为第九巡回法院在MCA案的判决是有说服力的。专利权人发现侵权后，双方当事人通过达成专利许可协议的方式避免侵权诉讼是很常见的。在这种情况下，专利权人希望避免未来对专利效力的质疑，因此怀有强烈的动机以和解协议的形式来安排许可协议，在协议中包含专利是有效的声明。如果诉前协议中的不可质疑条款被判决有效并可执行，Lear案强烈支持的“对公有领域思想的充分自由使用”的专利法政策会被专利权人通过此种“权宜之计”加以规避。专利的范围和有效性经常遭受争议，并且任何关于专利许可的谈判都有可能使将来的被许可人就专利有效性提出质疑以获得更优惠的价格。允许许可协议以“和解协议”的形式存在并在和解协议中载入不可质疑条款，相当于对大量的被许可人关上了法院的大门，而他们才是最具有经济动力去质疑专利效力的当事人。

此外，本院注意到，在最初起诉之前专利争议的当事人没有机会进行阐明专利有效性的证据开示程序，然而，我们认为当事人就专利效力进行证据开示意义重大：第一，这意味着被控侵权人有充分的机会去判断专利的有效性并决定是否进行质疑。第二，证据开示程序证明当事人对专利效力存在实质性争议，并且专利权人没有试图通过以和解协议的形式（实质上）签订普通许可协议以避免其垄断权遭受质疑。

因此，尽管我们认识到基于和解协议背后的政策考量（这与诉讼开始之后达成的和解协议中所包含的不得质疑条款适用的原则不同），并且我们也意识到专利诉讼的高额成本，但是我们认为执行一个在诉前和解协议中达成的不可质疑条款会极大损害“发现无效专利的公共利益”。因此，本院判定该诉前和解协议中的不可质疑条款不可执行，不论该协议是以和解协议还是许可协议的形式达成。

我们认为 RTI 要求本院认定协议中不可质疑条款有效的主张不应得到支持，理由如下：第一，本院和其他法院的确都认识到诉讼和解协议背后具有坚实的司法政策原因，但是本案涉及的是一个诉前和解协议。本院认为：在专利的背景下执行一个诉讼和解协议中的不可质疑条款会轻易地让专利所有人“封住”被许可人之口，而他们往往是最有经济动机质疑专利有效性的主体。

第二，RTI 声称我们适用的原则很可能“使得本来希望不通过诉讼程序而对争议达成和解的诉讼双方装模作样地提起侵权诉讼并积极参讼，然后达成一个可执行的和解协议。”我们不同意 RTI 的主张，不论是我院还是最高法院在 Lear 案中都没有阻止双方在诉讼开始前达成本案中 RTI 与 Speakeasy 所签订的几乎所有协议。但是，RTI 不得通过订立协议永远使自己免于专利有效性诉讼，这些诉讼可能是将来由 Speakeasy 提起，或者其协助其他人提起。因此，本院适用的原则并不阻碍任何形式的诉前专利和解协议的签订，因此专利权人没有必要为了获得许可费用而“佯装”提起侵权之诉，我们也怀疑当事人会仅为了使不可质疑条款有效而承担证据开示的高昂成本。我们的原则仅是为了阻止将“不可质疑条款”写入许可或和解协议，这也是 Lear 案所希望达到的结果。

第三，RTI 主张我们应当遵循联邦巡回上诉法院在 Baseload 案①的判决，即在先诉讼和证据开示程序不是认定“不可质疑条款”有效性的必要前提。在 Baseload 案中，联邦巡回上诉法院认为：基于违约诉讼的和解协议中的“放弃权利条款”（release provision）并不禁止当事人一方将来质疑另一方所有的专利有效性，因为该“放弃”缺少“必要的清晰且不模棱两可的语言来放弃对专利有效性的抗辩”。但是，联邦巡回上诉法院也认为：如果该放弃权

① Baseload Energy, Inc. v. Roberts, 619 F. 3d 1357 (Fed. Cir. 2010).

利条款包含清晰的约定，那么它将禁止任何未来提出的对专利有效性的诉讼，尽管该先诉讼仅包含合同争议，而不是专利侵权或无效争议。因为 Baseload 案中的放弃权利条款是合同之诉的一部分，并且该诉讼与专利侵权和效力问题无关，因此 Baseload 案的法院不用考虑专利权人可能存在以和解协议形式安排许可协议以避免专利有效性被质疑的动机。此外，本院不受其他联邦上诉法院判决的约束，但需遵循最高法院在 Lear 案确立的先例判决。因此，本院驳回 RTI 将 Baseload 案的原则扩展适用于本案使得不可质疑条款具有执行性的请求。

第四，RTI 试图区分 Lear 案为涉及“持续许可费支付”的案件的主张不具说服力。本案中所涉协议给 Speakeasy 施加了一个持续性义务，即 Speakeasy 不得协助其他方质疑专利的有效性，但 RTI 并没有解释为什么该持续性义务应该豁免适用 Lear 案。并且，Lear 案不仅涉及被许可人禁止反悔和许可费支付的问题，而且还确立了在专利案件和其他知识产权案件中适用“权衡测试”的原则。因此，我们认为将该“权衡测试”原则用于分析本案中的不可质疑条款是非常合理的，通过适用该原则，我们没有理由认定被许可人一次性支付许可费比持续性支付许可费会对公共利益的损害更小，也没有理由认定一次性支付许可费用会减少不可置疑条款带来的不利效果。

基于以上理由，本院维持地区法院判决。

**【案例要点解析】**

本案同样是有关被许可人不质疑条款效力的诉讼，但是与 Lear 案的区别之处在于，本案的被许可人禁止质疑条款达成于诉前的和解协议，而 Lear 案中被最高法院否定的被许可人禁止反悔条款达成于专利许可协议之中。第二巡回法院分析了 Lear 案及相关先例确立的原则，认为 Lear 案应当在本案中加以适用，并最终判决诉前和解协议中达成的被许可人禁止反悔条款无效。

通过分析 Lear 案及相关先例，第二巡回法院认为最高法院在 Lear 案中做出了两个贡献：第一，为否定被许可人禁止反悔条款的效力提供了理由。一方面，最高法院认为专利权是授权机构单方审查的结果，本身就不是绝对正确的，应当允许被质疑；另一方面，专利被许可人是最具经济动力去质疑专利有效性的主体，如果认可不质疑条款的效力，被许可人无法质疑专利的效力，可能会导致许多潜在的无效专利持续存在，严重损害社会公共利益。在专利领域，合同原则的技术性要求在面对公共利益的需要时必须做出让步。

第二，针对发现无效专利的公共利益与合同法的禁止反悔原则以及通过认可诉前和解协议效力及时息讼的公共政策的冲突处理问题，最高法院确立了“利益衡量”的判断标准。第二巡回法院据此梳理了解决专利侵权问题的几条处理思路，其中最重要的是关于如何判断 Lear 案的判决能否延伸适用于本案的诉前和解协议。

第二巡回法院援引了同样通过诉前和解协议达成不质疑条款的 MCA 案的先例。在 MCA 案中，美国第九巡回法院援引了 Lear 案判决诉前和解协议中的被许可人禁止质疑条款是无效的。第二巡回法院指出：无论是诉前和解协议还是专利许可协议，不质疑条款的达成都存在一个共同的特点，就是未经过双方对抗、证据开示以及法院审查的程序，这样的条款存在损害公共利益的危险。由于 Lear 案确立了否定专利许可协议中被许可人禁止反悔条款的效力，因此实践中存在这种情形，专利权人在发现他人未经许可实施自己专利时，通过侵权诉讼“威胁”对方与自己达成和解协议，并要求对方在协议中承诺未来不得质疑专利的效力及可执行性。这样就巧妙地规避了 Lear 案中“专利许可协议中的不质疑条款无效”的先例。第二巡回法院认为：禁止反悔原则无论达成于诉前和解协议还是专利许可协议之中，都无法改变其剥夺社会公众（尤其是被许可人）质疑专利有效性的权利和损害公共利益的本质。

第二巡回法院在充分权衡“发现无效专利以使得思想自由流通并服务于社会”的公共利益与鼓励诉讼双方达成和解协议的公共政策之后，认为执行一个在诉前和解协议中达成的不可质疑条款会极大损害“发现无效专利的公共利益”，因此 Lear 案的先例应当被允许延伸适用于本案之中，将被许可人不质疑条款无效的适用拓宽至专利侵权的诉前和解协议之中。这不仅体现了对知识产权领域保证“公有领域知识充分自由流通”这一核心价值的追求，也为合同法和专利法的价值冲突的解决提供了思路。

## （二）搭售与权利滥用

### Morton 食盐公司诉 G. S. Suppiger 公司*

美国最高法院(1942)

**【案件事实】**

G. S. Suppiger 公司于 1936 年 11 月 10 日被授予专利号 2,060,645 的专利是存储盐块的机器。在罐装工业中，据称此种装置对于在罐头中加入预先确定量的盐块是有用的。其子公司作为利润主要来源的业务为盐块销售。G. S. Suppiger 公司在此项业务之外也附带着将其专利机器（总数约为 200 台）租给罐头制造商。专利机器的租赁条件是：根据专利许可合同，承租方在这种专利机器中只准使用该子公司生产的盐块。Morton Salt 公司（简称 Morton）也制造和销售罐装工业中此种有用盐块。这些盐块形状较特别，便于其在 G. S. Suppiger 公司的专利机器中使用。Morton 公司未经授权制造了非专利盐块存储机，并将其出租给罐头制造商。G. S. Suppiger 公司在地区法院起诉，要求法院颁布禁令，禁止 Morton 公司继续侵犯其专利，并要求赔偿损失。

**【审理过程】**

初审法院在对专利有效性和侵权问题做出结论之前就做出简易判决，驳回了起诉。判决依据为：G. S. Suppiger 公司利用其专利限制了那些与其自己的非专利盐块销售进行竞争的对手，因为其要求被许可人在使用专利机器时只能使用其生产的盐块。第七巡回上诉法院推翻了初审判决，因为上诉法院认为 G. S. Suppiger 公司对其专利的使用并没有违反《克莱顿法》第 3 节，并无迹象表明其对专利的使用大大削弱了竞争，或有在盐块销售上造成垄断的趋势。

---

* Morton Salt Co. v. G. S. Suppiger Co., 314 U. S., at 488 (1942).

Morton公司作为申请人，以G. S. Suppiger公司作为被申请人，请求最高法院颁布调卷令。最高法院认为本案涉及的问题对于公众十分重要，而且上诉法院的判决与另外两个判例以及最高法院早期一些判例所包含的原则相冲突，因此准许颁布调卷令。最高法院在审理之后认为地区法院驳回G. S. Suppiger公司请求衡平补救的起诉是正确的，因而推翻了上诉法院的判决。

**【判决理由】**

《克莱顿法》授权因他人企图垄断的违法行为而致损失的受害者，得起诉要求获得三倍的损害赔偿金，并可在适当案件中申请法院颁布禁令。但是本案诉讼针对的是专利侵权。在本案中，我们必须解决的问题不一定是被申请人有没有违反《克莱顿法》，而是被申请人在利用其专利垄断作为限制他人与其非专利产品的销售进行竞争的有效手段时，衡平法院是否要保护此种专利垄断。因此就出现了这种情况：被申请人利用其专利垄断限制非专利产品的市场竞争，从而有助于对并不在专利授权范围内的盐块销售形成有限垄断。专利的实施是设置并授予专利权人制造、利用和销售其专利中所描述和要求的特定装置的专属权。但是，专利并没有给予专利授权范围之外产品的垄断。Interstate Circuit Inc. 诉美国①和Ethyl Gasoline Corp. 诉美国②两案及利用授权专利来抑制非专利产品销售的竞争可能会使专利权人丧失向衡平法院寻求帮助以制止竞争对手侵权行为的权利。如果专利权人在授予他人专利许可时要求被许可人只能利用许可人提供的非专利材料来实施专利发明，他就不能以共同侵权连带责任为由限制他人将这种材料销售给被许可人，这是一项已经确立的规则。

授予发明人专利垄断的特权是贯彻由美国宪法和法律采纳的一项公共政策，即“通过赋予发明者对他们的‘新而有用’的创造物有限的专有权来促进科学和有用艺术的进步”。但是，将发明创造包括在授权垄断范围内的公共政策，排除了所有该发明不包括的东西。这项公共政策同样禁止使用专利来获得专利局未授予的专有权或有限垄断，这是与专利授权的公共政策相违背的。

法院，尤其是衡平法院，可在原告使用其所主张的权利却与公共利益相

---

① Interstate Circuit v. United States, 306 U.S., at 208, 228, 230, 59 S. Ct. 467, 475, 476, 83 L. Ed. 610.

② Ethyl Gasoline Corp. v. United States, 309 U.S., at 436, 456, 60 S. Ct. 618, 625, 84 L. Ed. 852.

抵触时适当地不给予支持。这是一项普遍适用的原则。被申请人辩称：这一原则的适用限于专利权人企图通过将非专利产品出售给被许可人来限制共同侵权，而不适用本案中被申请人限制申请人的直接侵权行为，即制造和销售盐块存储机。“一个寻求衡平法院支持的当事人必须两手清白地来法院。”据称这句衡平法格言仅适用于产生衡平问题并寻求衡平救济中的某项具体交易中原告的错误行为。在本案中，专利权人企图限制专利产品的制造和利用，其利用专利来限制盐块销售竞争这一行为，并不会妨碍行为人请求法院发布禁止制造和销售侵权机器本身的禁令以获得相应的司法救济。

毋庸置疑的是“衡平法并不要求衡平救济请求人应过着无可指摘的生活”。但是，当诉求涉及公共利益以及起诉人的私人利益时，法院就必须考虑一些其他因素。当专利被用于限制与专利权人的非专利产品的竞争时，其专利侵权诉讼一旦成功，哪怕并不针对这种竞争，也会是一种强化其非专利产品垄断企图的有力手段。其因而成为与专利授予所包含的公共政策相抵触的因素。维持和扩大对非专利产品的垄断意图，在某种程度上取决于能否说服公众，使他们相信这种垄断是基于专利权的有效性。此种有效性也正是提起专利侵权之诉的原因。衡平法院可以通过驳回侵权之诉，正确地对此种专利不当使用行为，至少在其停止这种不当做法以及因滥用专利所导致的后果消失之前，不予支持。本院于今日做此判决。

专利权人的行为已使他没有资格进行这个诉讼，而使其胜诉则与公共政策相悖，无论一个特定的被告是否受到专利滥用的损害。与之类似，如果原告通过其商标本身或者标签对其产品性质向公众做出了错误陈述，那么他就不能获得对其商标侵权的衡平救济。如同其他基于公共政策而授予的独占权一样，专利权人在其专利使用有悖于该政策时不能要求法院保护这种专利权。

没有必要对被申请人是否违反了《克莱顿法》做出决定，因为我们得出如下结论：无论在何种情况下，支持被申请人限制本案申请人对所谓侵权产品的制造或销售的诉求都与公共政策格格不入。地区法院正确驳回了请求衡平救济的起诉。本院特此推翻上诉法院的判决。

**【案例要点解析】**

G. S. Suppiger 公司对一种储存盐块的机器拥有专利，其许可罐头制造商使用专利机器的条件是在这种专利机器中只准使用其子公司生产的盐块。Morton 公司生产非专利盐块，也生产了专利机器。Suppiger 公司起诉其侵犯专利权。本案的争议问题是：Suppiger 公司利用其专利限制非专利产品的使用的行为是否正当，该行为是否会阻碍其在专利侵权诉讼中胜诉。此案最终经由最高法院审理。

美国最高法院认为专利并没有给予专利授权范围之外产品以专有权利。利用授权专利来抑制非专利产品销售的竞争可能会使专利权人丧失向衡平法院寻求帮助以制止竞争对手侵权行为的权利。当专利被用于限制与专利权人的非专利产品的竞争时，其专利侵权诉讼一旦成功，哪怕并不针对这种竞争，也会强化其非专利产品垄断企图。其因而成为与专利授予所包含的公共政策相抵触的因素。Suppiger 公司利用其专利要求被许可人使用其非专利产品，利用其专利垄断限制非专利产品的市场竞争，从而对并不在专利授权范围内的盐块销售形成有限垄断，因此，其提出的专利侵权诉讼不能得到支持。在此案中，最高法院认为利用专利限制非专利产品的使用的行为系滥用专利权。

但应留意本判例发生于 20 世纪 40 年代。从 30 年代到 60 年代，美国反垄断法的执法力度相对较为严格，在这种背景下，美国最高法院对专利许可合同采取了较为严厉的态度。20 世纪 70 年代以来，“芝加哥学派”逐渐兴起，最高法院对很多市场竞争行为采取了较为宽容的态度。2010 年的 Illinois 案就否定了 Morton 案确定的原则，认为专利并不当然就有市场支配力。

# Zenith Radio 公司诉 Hazeltine 研究公司*

美国最高法院(1969)

## 【案件事实】

被告 Zenith Radio Corporation（简称 Zenith）位于特拉华州，主营业务是在美国以及其他国家从事收音机和电视机的生产，并在过去的几年中取得了很大的成功。原告 Hazeltine Research Incorporation（简称 HRI）位于伊利诺伊州，拥有多项关于收音机和电视机的专利，是 Hazeltine Corporation（简称 Hazeltine）公司的一个全资子公司，后者是一家更大和拥有多家子公司的集团公司，拥有数量众多的外国专利。在本案中，Hazeltine 将其拥有的专利权分为两个部分，其中国内许可使用权由 HRI 持有，国外专利许可使用权则由 Hazeltine 持有。为了生产的需要，Zenith 与 HRI 签订了一份专利许可协议。

在 1959 年之前，Zenith 与 HRI 关于国内专利的许可交易相安无事，许可的方式是按照 HRI 提出的所谓的标准打包许可进行的。但在 1959 年，当 Zenith 的专利许可即将到期时，便拒绝与 HRI 续订合同，理由是它不再需要获得 HRI 的专利许可，双方的谈判很快陷入僵局。在 1959 年 11 月，HRI 向伊利诺伊州北部地区法院提起诉讼，诉称 Zenith 的电视设备侵犯了 HRI 拥有的关于自动控制系统的专利。Zenith 答辩称，HRI 的主张不可执行，因为其行为构成专利权滥用以及通过与外国专利池共谋而适用不洁之手原则。

1963 年 5 月 22 日，距离 Zenith 提交答辩状已有三年之久，Zenith 以 HRI 的专利滥用行为违反《谢尔曼法》为由向法院提起反诉，要求 HRI 向其做出三倍赔偿，并申请法院颁布禁令作为救济。其主张的事实依据除了 HRI 提起的诉讼外，还包括 Hazeltine 在加拿大、英国和澳大利亚的专利池，理由是在 Zenith 看来，上述三个国家的专利池形成专利垄断，给 Zenith 和其他寻求将美国制造的无线电设备出口到外国市场的公司的贸易行为造成了障碍。

---

* Zenith Radio Corporation. v. Hazeltine Research, Inc., 395 U. S., at 100 (1969).

**【审理过程】**

伊利诺伊州北部地区法院在没有陪审团参与的情况下审理了该案，对于侵权之诉，作出了有利于 Zenith 的判决，这部分判决也得到了上诉法院的认可。

对于反诉，地区法院则判决：

第一，由于 HRI 试图强迫 Zenith 接受一个长达五年的专利许可协议，并通过该专利许可协议就非专利产品收取额外的专利许可费，因此其行为构成专利权滥用。法院支持了 Zenith 公司三倍损害赔偿的请求，要求 HRI 赔偿 Zenith 约 5 万美元。此外，法院还针对将来的专利权滥用颁发了禁令。

第二，判决认定 Hazeltine 和 HRI 共谋将 Zenith 从加拿大、英国和澳大利亚市场排挤出去。Hazeltine 在上述三个国家分别设立了三个子公司，分别拥有在该国的独占专利许可权，三个国家的子公司共同分享专利收益。三家子公司的做法是拒绝许可进口其专利产品或者通过威胁发起专利侵权诉讼的方式来阻止进口专利产品。基于以上事实，地区法院判决：HRI 与其共谋者 Hazeltine 通过构建专利池的方式来限制美国的贸易或商业，违反了《谢尔曼法》第 1 条规定，美国法典（U. S. C.）第 35 编第 1 条，并应就其专利池给 Zenith 造成的商业损失承担赔偿责任。该赔偿额还应是三倍的赔偿，共计 3500 万美元。

在本案中，虽然合同是由 Zenith 公司和 HRI 签订的，但考虑到 HRI 和 Hazeltine 公司是一个整体，因此初审法院裁定：其判决内容无论是三倍赔偿还是颁发的禁令，对 HRI 和 Hazeltine 都有效。

HRI 和 Hazeltine 随后提起了上诉，上诉法院完全撤销了损害赔偿和禁令部分，裁定地区法院对 Hazeltine 没有管辖权，认为尽管存在协议，但这并不足以构成地区法院针对 Hazeltine 判决的充分理由。关于 Zenith 专利滥用的请求，上诉法院支持了其三倍赔偿的主张，但对地区法院对将来的滥用行为颁布的禁令做出了部分修改。

上诉法院还撤销了因共谋行为限制 Zenith 的出口贸易而给予的三倍赔偿的判决。上诉法院认为：依据《克莱顿法》第 4 章的规定，Zenith 没有满足其举证责任，即证明在 1963 年 5 月 22 日（即 Zenith 提起反诉之日）之前的四年时间里其经营受到损害的事实。最终上诉法院撤销了对 HRI 参与限制 Zenith 在外国市场经营活动的禁令。

美国最高法院颁布调卷令以审查上诉法院是否尽职履行了《联邦民事诉讼规则》第52条规定的上诉法院的职责，即对地区法院在无陪审团情况下对事实部分做出的认定不予撤销，除非存在“明显错误”。

最后上诉法院的判决，部分被维持，部分被推翻。

**【判决理由】**

1. 法院对于Hazeltine的管辖权

最高法院指出：一个基本原则是若某人没有被列为诉讼当事人也没有在诉讼中已经被作为当事人，那么该诉讼产生的对他不利的判决将不对其产生约束力。[①] 本案中，Hazeltine并未被列为当事人，也从未正式参与案件的审理。HRI和Zenith的声明并不能视为获得对某人或某公司享有管辖权的替代方法。地区法院驳回Hazeltine关于法院没有管辖权的主张是错误的。

2. 外国专利池

（1）三倍损害赔偿

在上诉审理中，HRI的主要理由是没有证据表明在已被证明的损害期间内，Zenith的经营活动曾受到损害。如果Zenith受到损害，它应该全部或部分由1959年5月22日之前的行为导致，但对该行为的主张受到以下两个限制：即诉讼时效的限制和Zenith在1957年与RCA、通用电气和西部电子公司关于反垄断诉讼达成的和解协议的限制，该和解协议免除了所有HRI在达成该和解协议之前有关外国专利池的行为的责任。因此，HRI认为Hazeltine并非对外国专利存在非法共谋行为，关于其承担损害赔偿的判决是不合理的。上诉法院认为Zenith未能成功地举证证明其出口业务由于专利池的行为受到损害（无论在损害期开始之前或之后），因此地区法院的结论是明显错误的。

本院认为上诉法院撤销地区法院关于在加拿大的损害的事实认定是错误的。Zenith的证据足以表明其业务在某种程度上受到了加拿大专利池对进口收音机和电视机进行限制的损害。另外，上诉法院裁定地区法院关于英国和澳大利亚市场的判决错误，本院同意上诉法院的认定。

①加拿大专利池

加拿大专利池，即加拿大无线设备专利有限责任公司，简称CRPL，由美国通用公司通过其子公司加拿大通用公司和西屋电器公司通过其在加拿大的

① Hansberry v. Lee, 311 U.S., at 32, 40-41, 61 S. Ct. 115, 117, 85 L. Ed. 22 (1940).

子公司于1926年设立。该专利池由绝大部分加拿大的生产商构成，并且这些生产商大部分又都是美国公司的子公司。该专利池在很多年里都拥有独占许可的权利，也包括独占再许可 Hazeltine 的专利的权利。该专利池拥有5000项专利可用于许可，并且仅能通过打包的方式获得许可，该打包包括专利池里所有专利并且严格限制仅许可给加拿大的生产者，而进口者则不得获得许可。其主要目的是通过专利许可来保护其专利池的生产商成员和被许可人免于遭受来自美国及其他试图将产品出口到加拿大市场的外国公司的竞争。

CRPL 阻止从美国进口无线电设备的工作是有计划、有组织和非常高效的。专利权人、调查员、制造商和分销商联合起来组成一个市场监督的有机体系，通过向经销商、交易商、甚至消费者发出警告的方式来反对销售或者使用非许可产品。经常提起的侵权诉讼或诉讼威胁有效地阻却了经销商销售美国制造的产品。

长期以来，Zenith 试图在加拿大建立自己的销售体系，但经销商都被该专利池所吓退，Zenith 的努力没有成功。为此，Zenith 在加拿大提起了针对 RCA、通用公司和西屋电器公司的反垄断诉讼，并获得了对其有利的和解。Zenith 获得了在世界范围内上述三公司专利的许可。

在获得这些许可之后，Zenith 在1958年开始向加拿大出口无线电设备产品。但其很快就收到了 CRPL 的通知，声称为了继续在加拿大的经营活动，Zenith 被要求签署 CRPL 的标准许可，该许可不允许进口，即所有在加拿大销售的产品都需在加拿大生产。Zenith 被通知其至少侵犯了一项 Hazeltine 的列入 CRPL 在加拿大的专利。随后，HRI 对 Zenith 提起侵权诉讼。

地区法院关于加拿大专利池运作和它对 Zenith 外国贸易的“严重”影响的认定并没有指明时间，也没有说明它们是否在1959年5月22日之前或之后发生的。损害赔偿被限于诉讼时效之内，但法院认为损害发生在损害期间开始之前或之后并不重要。损害赔偿基于一个假设，即如果没有专利池的共谋行为，那么 Zenith 在1959年5月22日时起至整个损害期间可以获得加拿大电视机市场16%的市场份额，而不是现在的3%的市场份额。由于专利池的影响，从损害期间的第一天起就无法获得16%的市场份额，所以这些行为必须发生在1959年5月22日之前。因此，部分损害赔偿其实是由损害期间之前的行为导致的。

上诉法院推翻地区法院判决的理由是认为证据不足以证明 Zenith 在1959年5月22日之后受到了损害。先不考虑 HRI 诉讼时效的抗辩，上诉法院考虑的重点是：在1959年5月22日之后，Zenith都没有受到任何专利池行为的损害，无论该行为是发生在这个时间节点之前还是之后。上诉法院推翻了原审判决，其核心在于如果专利池从未在加拿大存在过，那么1959年5月22日之后，Zenith在加拿大不会有任何的业务。

上诉法院的观点明显是错误的。本案的证据足以证明竞争企业和专利权人将其加拿大的专利联合起来，仅可以打包许可，并且不得许可给进口的产品。其目的是将类似Zenith这样的企业从加拿大的市场中排挤出去，除非他们在加拿大生产专利产品。随后Zenith从未获得许可。上述事实以及专利池强大的联盟，以及该联盟对进口商、分销商、交易商和消费者的各种管制措施实质地阻碍了Zenith在加拿大市场获得竞争优势，直到1957年获得反垄断诉讼和解为止。即便如此，在1958年当Zenith试图建立自己的销售体系以及向市场销售自己的产品时，Zenith还是受到了来自专利池的诉讼威胁。

这些证据足以表明CRPL的行为在1959年以及之后的时间里阻碍了Zenith在加拿大建立销售体系，给Zenith在加拿大业务造成了困难。

……

②英国专利池

Hazeltine在英国的专利池建于1930年。该专利池仅打包许可，并且只许可给本国生产商。Zenith对英国市场感兴趣，并与一个经销商签订了独家销售协议。但是直到损害期间内及之前，Zenith都没有提供任何实质数量的电视机供英国市场销售，也没有真正做出进入市场的努力。因此，Zenith并未在英国市场上获得什么市场地位。

一开始地区法院认定专利池需要为Zenith未能进入英国市场负责，但随后的审查表明：英国政府的禁运令，而非专利池，才是Zenith在1959年之前未能进入英国市场的唯一原因，但地区法院却并没有撤回之前做出的专利池阻碍Zenith市场准入的结论。在这一点上，本院与上诉法院观点一致，认为初审法院的判决是错误的。本院认为英国专利池不是阻碍Zenith进入英国市场的原因，因为即便在1959年中期，即英国政府颁布的禁令的末期，Zenith也还面临着其他的障碍，而这些障碍都有效地阻止了Zenith进入英国市场。

假定Zenith不能从英国专利池获得许可，并且在损害期限之前或之内都不能进入英国市场，那么问题的争议点在于：一旦政府禁令解除，Zenith希望并试图进入市场（如果它也有能力这么做），它是否会因为不能获得专利许可或英国专利池的其他行为而被阻止进入市场。《克莱顿法》第四部分要求

Zenith 证明“其经营活动或者财产由于反垄断法禁止的行为而受到损害”。如果 Zenith 没能进入英国市场是因为它缺少进入的动力，或者缺乏生产的能力，或者其他独立于 HRI 违法行为的因素造成的，Zenith 都没能满足《克莱顿法》规定的证明责任。

的确，Zenith 对英国市场感兴趣，但是 Zenith 产品的显示器的标准设置是 525 和 625，而英国市场的产品标准是 405。此外，在美国，对于音频的传输使用的是 FM，而在英国则是 AM。这意味着 Zenith 的常规产品在英国不具有可销售性。因此，Zenith 要么需要生产不同的设备，要么对它的常规产品进行大规模修改。毫无疑问，Zenith 有能力和设备去这么做，但是 Zenith 却并没有这么做。因为，这样 Zenith 的产品价格将会远高于英国市场同类产品的价格，再加上关税和运费，这个差价将会更大。为英国市场单独生产新产品或者大规模修改现有产品，其成本都是巨大的。

基于现有证据，包括 Zenith 与其英国销售代表之间的通信证据，本院认为上诉法院拒绝认可“Zenith 打算和已经准备在损害期间进入英国电视机市场”的推断是正确的，并且认为上诉法院正确地认定“Zenith 事实上正在等待英国将产品标准改为 625 标准。”考虑到以上情形，本院认为无论是专利池还是专利池对其发出的诉讼威胁都未对 Zenith 进入英国市场造成实质影响。

③澳大利亚专利池

澳大利亚的专利池拥有对 Hazeltine 专利的独占许可权，但该许可仅可授予本国生产者。如果 HRI 的确与 Hazeltine 共谋将 Zenith 从澳大利亚市场排除出去，那么无疑可以依据反垄断法提出损害赔偿。但初审法院对澳大利亚专利池对 Zenith 的影响一字未提。Zenith 的一位官员证实，自 20 年代和 30 年代早期之后，Zenith 就未再向澳大利亚出口过产品，Zenith 在该诉讼开始前的 20 年时间内也都没有向专利池申请过许可，地区法院发现在直到损害期间，一项政府禁令限制了 Zenith 进入澳大利亚市场，高额关税和运费也是阻碍其进入市场的原因。也没有任何证据表明在诉争的时间段内 Zenith 打算或准备进入澳大利亚市场。因此，上诉法院驳回地区法院给予的关于澳大利亚市场的赔偿的认定是正确的。

（2）禁令

地区法院颁布的禁令广泛地禁止 HRI 不得和其他人合谋限制或阻止 Zenith 进入任何外国市场。为了行使该衡平法上的管辖权，一个联邦法院享有广泛的权利，基于被告以往行为的预测以限制那些现在已发生或将来可能发生的违法行为。鉴于 HRI 曾和加拿大专利池有过共谋，它们将 Zenith 排挤出加拿大市场的目的和其违反《谢尔曼法》的行为已被清楚证实。它们想在英国和澳大利亚的专利池进行类似的行为的倾向也被现有证据揭示。尽管地区法院可能无法禁止被告所有未来的违法行为，或者未来所有的违反反垄断法的行为，但只要限制竞争的意图很明显，那么此种禁令就是合理的。这也适用于三倍赔偿的案件，虽然它们是为了私人获偿而提起的，但它同样也有公共利益的考量，它们有效地撬开了那些被被告的违法行为封锁的市场。

3. 专利权滥用问题

鉴于地区法院关于专利权滥用做出的三倍赔偿被上诉法院所认可，而且 HRI 也未就此提出上诉，因此本案需要我们关注的有关专利权滥用的唯一问题就是上诉法院驳回地区法院颁布的禁令中 A 段的最后一句话是否正确。该句禁止 HRI "直接或者间接附条件授予与 Zenith 或其附属公司任何本国专利的许可，该条件包括需获得其他专利的许可，或者对非专利包含的产品的生产、使用、销售支付费用。"

通过驳回最后一段话，上诉法院事实上做了两个决定：

第一，要求对非专利产品支付费用以作为获得专利许可的条件并不构成专利权滥用；

第二，既然这种行为不构成专利权滥用，所以 HRI 并未违反《克莱顿法》第 16 条规定，而 Zenith 寻求禁令救济和初审法院颁发的禁令正是基于该条规定。

对于第一个决定，本院决定推翻上诉法院的意见。本院认为以对非专利产品支付许可费用作为获得专利许可的条件已构成专利权滥用。

初审法院的禁令并不旨在阻止当事人相互给予便利，该便利是指计算专利许可费的基础是销售收音机和电视机的总收入，即将专利许可收费基于销售的产品的所有收入，而不考虑单个的收音机和电视机是否都用到了专利权人的专利。同样，禁令仅在以下情况下生效，即专利许可以对没有使用专利的产品收取费用为条件，也就是许可明确规定或其效力在于通过对专利的垄断权的使用来收取费用，而这种垄断权并不是基于被许可的发明，而是来自于对专利没有覆盖的产品的使用、制造或出售来获得的。

专利权人有生产、使用和销售他的发明的独占权利，该垄断权的核心在于他有权借助国家的强制力来阻止任何未经他同意的人使用他的发明。法律允许其将专利全部或者部分授予他人，或者许可他人利用它的发明。但该权利并非没有界限，即专利权人不能够超出其专利权的范围使用专利。除此之外，其他限制还包括，专利权人不能利用其专利要求被许可人同意购买、使用、销售或者不购买、不使用或者不销售超出其专利范围的产品。至于专利许可的定价权，法律允许专利权人通过谈判取得尽可能高的许可费。正是由于法律禁止专利权人利用专利优势来从被许可人那里获得购买、使用和销售其他产品的承诺，相应地也禁止专利权人利用专利优势来从被许可人销售其他产品那里获得专利许可使用费。无论属于哪种情况，专利权人都不能通过利用专利权的原理来试图扩大其专利垄断权从而获益。

在 Brulotte et al. v. Thys Company 案①中，专利权人许可使用某种机器，被许可人承诺在专利过期后继续支付同样的专利许可使用费。该案确立的原则是专利权人不能利用其专利权而就专利权限范围之外制造、使用和销售产品进行收费。

Automatic Radio Manufacturing Co. v. Hazeltine Research 案②也不例外，即专利权人没有完全的权利对专利许可施加条件，即对非专利产品收取许可费用。在本案中，Automatic Radio 获得了使用 HRI 所有现在以及将来的专利的许可，并承诺支付一定比例的专利许可使用费，该许可使用费是基于无线电接收器的销售价格，许可费至少为每年 1 万美元。HRI 起诉要求支付最低限额的专利许可使用费以及其他费用。Automatic Radio 认为这是一种专利权滥用，因为在计算使用费时并未考虑产品是否使用了专利。但地区法院和上诉法院认可了协议的有效性，认为该许可费条款是许可双方设计的一种方便计算费用的方法，这可避免对无线电接收器究竟哪一部分使用了 HRI 专利进行判定带来的麻烦。许可费用的比例可以视为一次性支付费用方式的替代。本院对此予以认可。

在 Automatic Radio 中，初审和上诉法院并未就许可协议的谈判进行探讨，也未表明 HRI 使用了它的专利优势来强迫对方承诺支付专利费。即便真的只有一些产品或者没有任何产品利用了专利，这不意味着，只要专利费的收取是依照全部销售额计算那就是专利权滥用。正如初审法院指出的那样，这么计算可能仅仅是因为，许可人和被许可人认为相较于根据实际使用来计算专利费，用整体销售额来计算专利使用费——无论从任何角度——都最为方便和有效。如果当事人之所以选择用总的销售额计算专利费是出于方便的考虑，

① Brulotte v. Thys Co., 379 U.S., at 29, 33, 85 S. Ct. 176, 179, 13 L. Ed. 2d 99 (1964).

② Automatic Radio Manufacturing Co. v. Hazeltine Research, 339 U.S., at 827 (1950).

而不是专利权人的专利优势所致，那就不能认为是专利权滥用。

在 Automatic Radio 案中，初审法院认为：如果被许可人同意就专利许可一次性支付一笔金额或者就总的销售额支付一定比例的专利许可费，这意味着基于该协议，即便将来被许可人能够证明其不再使用该专利，但仍需支付许可费。我们既不同意，也不认为初审法院的禁令会对此类交易造成影响。如果被许可人是通过谈判要求使用任何或全部的专利，那么即便他选择不使用任何专利，也不能抱怨其必须支付许可费。

但是，我们不能将 Automatic Radio 案解读为法院准许专利权人利用自己的专利优势坚持要求以总的销售额为基础计算专利许可费，或者专利权人可以不顾被许可人的反对，即被许可人认为他的某些产品并不适合使用专利，或者被许可人的某些产品线不需要也无意购买该专利。在这些情形下，对非专利产品收费以及对未使用专利支付费用的义务，很明显都属于利用专利优势的行为。

本院还认为：专利滥用存在于专利权人坚持要求以销售比例收取许可费，而不论被许可人是否真的使用，并且拒绝被许可人提出的按照实际使用情况来收取许可使用费的情况。当然，被许可人使用专利时应当支付费用。但是，他也同样可以坚持要求就使用的专利支付许可费，而不是以总的销售额为基础来计算许可费，包括那些在产品中可能使用其他具有竞争关系的专利或者产品中根本未使用专利的情形。但法律授予专利权人的专属权利不包括专利权人有权坚持对没有使用他的专利的产品生产进行收费，否则他将有权阻止他人使用、销售、生产他的专利。

当然，被许可人不能期望专利权人在不计成本的情况下授予其专利许可。被许可人不能坚持仅就使用支付许可费，否则很可能发生的是被许可人发现根本就无须使用专利也可以生产产品，那么此时他一分钱都不用支付。如果侵权的风险是真实存在的，而且专利许可能够使被许可人避免这些风险，那么被许可人理应预料到应对专利许可支付最低程度的费用，至少应足以保证专利权人弥补其协商许可和管理其专利的成本，即使专利实际上根本未被使用。但是没有任何一部法律允许专利权人利用他的专利权去强迫、要求他人同意就未使用其发明的产品支付一定比例的专利许可使用费。

尽管本院已经指出 Automatic Radio 案并未否定初审法院颁布的禁令，但这并不意味着该禁令就是合适的。对于初审法院是否正确地判定了 HRI 以要求就非专利产品支付许可使用费为条件而授予专利许可，上诉法院并未做出裁判。如果的确存在专利权滥用，那么它也不必依据《谢尔曼法》第 1 条或第 2 条，或者依据《克莱顿法》第 16 条认为 Zenith 受到违法行为的威胁而有权要求法院颁布禁令。对于证据是否足以证明存在真实的或潜在的违反反垄断法的情形，以证明地区法院做出的禁令救济的合理性问题，由于上诉法院未予考量，所以我们将把这些问题留给一审法院审理。

综上，本院判决：上诉法院的部分裁决被支持，部分裁决被推翻，本案的其他问题则由该法院依照我们的意见继续审理。

【案例要点解析】

本案重点讨论了与专利许可相关的专利权滥用的认定标准问题，具体而言是关于要求对非专利产品支付使用费以作为获得专利许可的条件是否构成专利权滥用。在本案中，初审法院与上诉法院对该问题认识不一致。最高法院在再审判决中对此进行了阐述。

法律赋予专利权人有生产、使用和销售其发明的独占权利，该垄断权的核心在于他有权借助国家的强制力来阻止任何未经他同意的人使用他的发明。法律允许专利权人将专利全部或者部分让与他人，或者许可他人利用其发明。但该权利并非没有界限，即专利权人不能够超出其专利权的范围使用专利。例如，专利权人不能利用其专利要求被许可人同意购买、使用、销售或者不购买、不使用或者不销售超出其专利范围的产品。

最高法院认为：对于根据被许可人的全部销售额来收取一定比例的许可使用费，而该销售额包含了未使用专利的产品的销售额，这种行为本身并不构成专利权利滥用。如果其仅是一种计算使用费的方式，而这么计算可能仅仅是因为许可人和被许可人认为相较于根据实际使用来计算专利费，用整体销售额来计算专利使用费——无论从任何角度——都最为方便和有效。如果当事人之所以选择用总的销售额计算专利费是出于方便的考虑，而不是专利权人的专利优势所致，那就不能认为是专利权滥用。而如果专利权人因其垄断权的优势，强制要求以总的销售的一定比例收取许可费，而不论被许可人是否真的使用，并且拒绝被许可人提出的按照实际使用情况来收取许可使用费，这种情况就构成专利权滥用。

正是由于法律禁止专利权人利用专利优势来从被许可人那里获得购买、使用和销售其他产品的承诺，相应地也禁止专利权人利用专利优势来从被许可人销售其他产品那里获得专利许可使用费。也就是说判定是否构成专利权滥用不在于表面呈现出的现象，即计算使用费的基础包含了未使用专利的产品，而在于采用该种计算使用费的方式是基于交易的便利还是专利权人利用其专利优势的强制行为，如果是后者的情形，被许可人为了获得专利许可而不得已接受对不使用专利的产品也支付使用费，则构成专利权滥用。因此，本案中，专利权人要求被许可人对非专利产品支付使用费以作为获得专利许可的条件，即被许可人要想获得专利许可，必须接受对非专利产品支付使用费的条件，否则专利权人拒绝给予许可，该行为就属于利用专利优势迫使被许可人接受对非专利产品支付使用费的不合理条件，因此构成专利权滥用。

# Plastic 隐形眼镜公司诉 Young 隐形眼镜实验室*

美国马萨诸塞联邦地区法院(1972)

## 【案件事实】

本案是两个角膜接触型隐形眼镜生产商之间关于专利非专有许可协议下的专利许可使用费计算的纠纷案件。根据该专利许可协议（该协议于 1961 年 1 月 1 日生效，1961 年 4 月 17 日开始执行），Young 隐形眼镜实验室（被告）同意支付 Plastic 隐形眼镜公司（原告）许可使用费。该许可使用费不仅基于原告所拥有的 Tuohy 专利而生产的镜片的销售数额计算，而且基于被告生产的所有角膜接触型隐形眼镜的销售数额来计算。

被告从 1961 年 4 月起按月向原告支付许可使用费，直到 1963 年 12 月被告的法律顾问告知被告该专利许可协议不可执行，被告即停止支付原告许可使用费。在本案中，原告主张被告应支付其自 1963 年 12 月到 Tuohy 专利失效期（1967 年 6 月 6 日）的许可使用费。被告在答辩状中声称，该专利许可协议之所以无效，是因为它基于对非专利产品的销售数额收取许可使用费。诉讼双方对事实部分无争议，并且同意在责任明确之后再认定赔偿问题。

## 【审理过程】

该案的审理没有使用陪审团，法院收取了被告董事长 Young 和原告负责 Tuohy 专利的专利律师的当庭证词，以及原告董事长的证言及其他证物。争讼双方也都在庭审前后提交了陈述状和意见书。法院判决被告应当依据双方约定的数额支付原告许可使用费，若双方无法商定，则由法院指派的特别专家确定。另外，驳回被告的另外两项反诉。

## 【判决理由】

本案唯一的争讼点集中在原告是否符合 Zenith Corp. v. Hazeltine Research

---

* Plastic Contat Lens Company v. Young Contact Lens Laboratories, Inc., 1972 WL 17730 (D. Mass. 1972).

案[①]所确立的不当使用专利，即通过对专利许可附加条件，要求被告对没有使用 Tuohy 专利生产的镜片支付许可使用费。具体来说，法院对以下事实进行认定：

第一，一个角膜接触型隐形眼镜是基于 Tuohy 专利生产的，还是基于其他专利生产的，或是同时在两个专利基础上生产的，或者根本没有使用任何专利，对这些问题，眼镜生产商是很难判断的。因为一项专利的可使用性很大程度上取决于镜片和眼睛角膜表面的接触关系如何，这种关系除了内科医生或者其他有资格判断某类隐形眼镜是否适用某类眼睛的专业人士外，眼镜生产商是很难知晓的。通常的做法是眼科医师对人们眼球的表面轮廓进行测量，然后向生产商订购某种特定的镜片。生产商在接到某一镜片订单的时候，他也许可以选择使用某一个专利或某几个专利来生产镜片，但这样做不符合商业便利。

第二，在原告于 1961 年春获得 Tuohy 专利的所有权之前，Tuohy 专利的所有人是 Solex 实验室（简称 Solex），当时 Solex 仅对使用 Tuohy 专利生产的镜片收取许可使用费。1960 年 12 月，Solex 的代表和众多生产商在纽约召开了一次会议，旨在为促进商业便利而采用一种新的专利许可形式，即许可使用费基于所有镜片的销售额计算，但单位镜片的使用费率将大幅降低。在这次会议上，Solex 明确说明生产商仍然可以选择继续沿用原来的专利许可协议（即仅基于使用 Tuohy 专利生产的镜片收取许可使用费）。当原告获得 Tuohy 专利之后，沿用 Solex 的许可政策，即生产商仍然可以对专利许可协议进行选择，即可以选择仅基于 Tuohy 专利生产的眼镜片支付许可使用费，但单位镜片的许可使用费比新的许可形式费率高很多。

第三，由于被告当时并不是 Solex 的专利被授权人，因此没有参加 1960 年在纽约召开的会议。1960 年 12 月被告收到了 Solex 寄给被告的一份专利授权协议，被告的专利律师于 1961 年 1 月 23 日书面询问原告 Tuohy 专利的有效性问题。在原被告之后的沟通中，原告极力劝说被告成为 Tuohy 专利的被许可人，但遭到了被告专利律师的反对。随后，原告告知被告，若被告不签署该专利授权协议，原告将会起诉被告及其客户。最后，被告的董事长 Young 还是签署了该协议。

第四，被告对原告的专利许可政策毫不知情，即被告不知道其有权仅基

---

① Zenith Radio Corp. v. Hazeltine Research, Inc., 395 U.S., at 100 (1969).

于 Tuohy 专利生产的镜片支付许可使用费。换言之，被告从来没有提出或要求仅限于 Tuohy 专利生产的产品支付许可使用费。但事实上，被告不愿意成为专利被许可人并不是因为原告对非专利产品也要收取许可使用费，而是被告质疑 Tuohy 专利的有效性。

法院认为原告并没有以对不包含 Tuohy 专利的镜片生产支付使用费作为向被告授权专利许可的条件。本案并没有 Zenith Corp. v. Hazeltine 案所确立的滥用专利许可权的情况。原告的代表 Zabner 的确告知被告董事长 Young 除了签订许可协议外没有其他选择，否则将被诉专利侵权，并且被告很可能由此破产。但是这种类型的强迫与对非专利产品收取使用费没有关系。原告的专利许可政策实施状况良好，即其他生产商有权选择对仅基于 Tuohy 专利生产的产品支付许可使用费，但承担一个更高的费率。被告并没有提出仅对 Tuohy 专利生产的产品支付许可使用费，这是因为至少在 1961 年的时候，被告根本没有签订这种协议的动机，即选择此类许可协议并不会实质性影响被告的利益。

在答辩中，被告强调原告并没有提供一位证人，即该证人是选择了仅基于 Tuohy 专利生产的产品而支付许可使用费（但基于一个较高的费率）的被许可人。但我们认为这种说法是“将脚放进了错误的鞋子里”。根据 Plastic Contact Lens v. W. R. S. Contact Lens Labs 案①的判决所述“被告为了证明存在专利滥用，需要举证证明存在强迫或附加条件，即证明原告拒绝了被告提出的其他可替代方案。”但本案对争讼双方的举证责任没有争议，在我们来看，这是一个很明显地为了双方商业便利而进行的许可协议，而非原告基于其专利权而迫使被告对所有产品的销售支付许可费用。

因此，本案判决被告应当依据双方约定的数额支付原告许可使用费，若双方无法商定，则由法院指派的特别专家确定。另外，驳回被告的另外两项反诉。

**【案例要点解析】**

专利许可协议中通常会涉及许可使用费计算的问题，往往需要协议双方对许可使用费的计算基础达成一致。美国最高法院通过两个案例对许可使用

① Plastic Contact Lens v. W. R. S. Contact Lens Labs, Inc., S. D. N. Y., 1970, 330 F. Supp. at 441, 443.

费的计算基础进行了规制。一个案件是 Automatic Radio v. Hazeltine Research, Inc.,① 最高法院在该案中认为许可使用费可以基于双方协商一致认定的被许可人销售产品数量的一个百分比来计算，并且此处的“产品”可以包括不使用许可人专利的产品。法院认为这样的计算模式是一种计算许可使用费最方便的方式，特别是当被许可人的产品涉及数量众多的专利时。另一个重要的案例是 Zenith Corp. v. Hazeltine Research, Inc.,② 这个案件所确定的原则作为先例也被本案的法院所提及。最高法院在 Zenith 案中认为对专利许可附加条件使得被许可人对没有被专利覆盖的产品支付许可使用费的事实构成了专利滥用。③

最高法院在 Zenith 案的判决和 Automatic Radio 的判决并没有冲突。因为，Automatic Radio 案中法院最重要的一个理由是基于许可协议双方商业便利的考虑，这和 Zenith 案的情况有本质不同。Zenith 案的专利许可人没有给予被许可人选择权，被许可人要么接受条件，要么不能获得专利许可，而并非基于商业便利的考虑。最高法院认为 Zenith 案中的许可是一种专利权滥用的行为，因为“专利权人利用其专利垄断权坚持基于所有产品的销售收取专利使用费，而不顾被许可人的反对，即被许可人主张其部分产品并不适合使用专利并且部分产品生产线其实根本没有必要购买专利使用权。”④

随后下级法院进一步明确了合理的许可使用费计算基础（包括基于商业便利囊括未使用专利的产品）和施加条件的不合理的许可使用费计算基础之间的界限。例如，联邦第七巡回上诉法院确立了两个认定不合理的许可使用费计算基础的要件：第一，施加条件；第二，不适当地将专利垄断权扩展到非专利产品。⑤

本案便是下级法院适用 Zenith 案和 Automatic Radio 案所确立的原则的重要案件。法院指出：本案原告并没有以对不包含 Tuohy 专利的镜片生产支付使用费作为向被告授权专利许可的条件，因此不存在利用专利垄断权的优势和迫使被许可人接受对并未利用专利的产品支付使用费的不合理条件。专利权人给予被许可人以不同的许可费基础和费率计算使用费的选择，本案被许

---

① Automatic Radio Mfg. Co. v. Hazeltine Research, 339 U. S., at 827 (1950) (overruled in part on other grounds by, Lear, Inc. v. Adkins, 395 U. S., at 653 (1969)).

② See Zenith, supra note 1.

③ Zenith, supra note 1, at 136.

④ Automatic Radio, supra note 3, at 834.

⑤ See Beckman Instruments, Inc. v. Technical Development Corp., 433 F. 2d 55 (1970).

可人不知该选择，也并未提出其所愿意采取的选择，而仅仅是由于质疑专利的有效性而拒绝支付使用费。本案所涉许可是一个明显的为了双方商业便利而进行的许可协议，而非原告基于其专利权而迫使被告对所有产品的销售支付许可费用。仅基于被告不得不签订许可协议否则就会被诉专利侵权的这个事实还不足以构成对许可使用费计算基础施加条件的专利权滥用的行为。[①]

① See David M. Epstein, § 8E: 20. Patent practices—Royalties based on unpatented goods in Eckstrom's Licensing in Foreign and Domestic Operations, November 2017 Update.

# 美国飞利浦公司诉美国国际贸易委员会*

美国联邦巡回上诉法院(2005)

**【案件事实】**

飞利浦公司拥有制造可刻录光盘与可擦写光盘的专利技术。自20世纪90年代起，飞利浦公司就开始通过打包授权的方式授权许可这些专利技术。飞利浦公司规定无论被许可人使用了多少专利包中的专利来制造光盘，专利许可费率对每一个光盘都是一样的。潜在被许可人不允许挑选个别的专利来进行授权，而且不会因为所授权的专利数目较少而获得较低的许可费率。

飞利浦公司提供四个不同的专利池以备授权：(1)一个联合CD-R专利池，包括飞利浦及其他两个公司（索尼和太阳诱电）的专利；(2)一个联合CD-RW专利池，包括飞利浦公司与其他两个公司（索尼和理光）的专利；(3)一个CD-R专利池，仅包括飞利浦公司的专利；(4)一个CD-RW专利池，仅包括飞利浦公司的专利。2001年之后，飞利浦公司提供了另一个专利打包授权的选择。根据“橙皮书”标准，飞利浦将其专利划分为生产光盘的“必要”专利和“非必要”专利。

20世纪90年代末，飞利浦公司与Princo公司和Princo美国公司，GigaStorage中国台湾公司和GigaStorage美国公司，以及Linberg有限责任公司分别签订了打包授权协议。然而在签订了协议之后，Princo、GigaStorage和Linberg公司都很快停止向飞利浦公司支付专利许可使用费。飞利浦公司因而向国际贸易委员会（简称委员会）起诉，称Princo、GigaStorage和Linberg等公司违反了1930年关税法案第337（a）（1）（B）条，因为他们向美国进口的CD-R和CD-RW侵害了飞利浦公司的六项专利。

**【审理过程】**

委员会发起了一项调查并确认了19个被告，其中包括GigaStorage和Linberg。

---

* U. S. Philips Corp. v. International Trade Commission, 424 F. 3d 1179 (2005).

Princo 等公司是通过介入程序加入进来的。在庭审过程中，被告提出滥用专利权抗辩。他们指称飞利浦公司在许可授权生产 CD-Rs 或者 CD-RWs 所必要的专利的同时附加了不合理的交易条件，即要求被许可人同时购买其他并非生产所必要的专利。被告更指出飞利浦公司在“必要”专利池中加入了事实上根据“橙皮书”并不必要的专利，因为已经存在商业上可行的生产 CD-Rs 和 CD-RWs 的替代方法，因而并不需要使用这些专利中涵盖的技术。被告指称的非必要专利包括美国专利编号为 5,001,692（“Farla”）、5,740,149（“Iwasaki”）、Re. 34719 “Yamamoto”以及 5,060,219（“Lokhoff”）。

行政法官判决认为参加人侵犯了飞利浦公司的六项专利。行政法官也进一步认为这六项专利都因飞利浦公司的专利滥用而不可执行。作为判决的重要根据之一是一揽子专利授权许可构成搭售，违反了反垄断法，因而所涉专利不可执行。

飞利浦向委员会提出申诉，要求重新审查行政法官的决定。委员会重新审查了判决关于专利滥用的几个结论，并维持了行政法官关于飞利浦公司滥用专利的判决：飞利浦公司的打包授权构成了专利滥用，将（1）根据橙皮书的标准生产 CD-Rs 或者 CD-RWs 所必要的专利与（2）该项活动非必要的专利进行捆绑销售。委员会认定美国专利号 5,001,692、5,740,149、Re. 34,719 以及 5,060,219等专利为生产 CD-Rs 或者 CD-RWs 的非必要专利。认定飞利浦的搭售行为是因为没有任何一项必要专利能够独立于飞利浦所指定的“必要”专利包之外单独授权给被授权人。此外，在行政法官的结论和分析的基础上，委员会还认定将生产 CD-Rs 和 CD-RWs 的专利与并非生产这些产品所必要的专利进行搭售也是违法的。

委员会判决飞利浦公司的打包授权构成了专利权滥用，因为飞利浦公司没有给潜在被授权人选择个别专利进行授权的自由，而是将一个或多个专利进行打包授权。委员会对于行政法官的其他裁决没有表明立场，包括：根据固定价格协议和价格歧视原则，飞利浦公司与其他合作授权人共同组成的专利池构成本身违法的专利滥用；以及专利池的收费结构构成不合理的贸易限制。

基于另一个理由，委员会判决即使飞利浦公司的专利包授权方式不构成本身违法的专利滥用，也会在合理分析原则下构成专利滥用。委员会采纳了行政法官的分析，并认定将非必要的专利包括进所谓的必要专利包进行授权的做法的反竞争的效果要大于促进竞争的效果。尤其是委员会认定这样的做法将排除可替代的技术所带来的竞争。因为竞争者希望将可替代的技术授权给那些需要飞利浦的必要专利的潜在获授权方，打包授权的做法也会损害这些竞争者的利益。委员会并没有就行政法官对许可费用的结构在合理分析原则下也构成专利滥用的认定表达立场。

飞利浦公司就委员会的裁判提出上诉。联邦巡回上诉法院认定委员会的分析及其得出的结论存在法律与事实错误，因此不支持委员会关于飞利浦公司的专利因专利滥用而不得执行的决定。法院推翻了委员会关于专利滥用的判决，将其发回委员会依据法院意见进行重审。

**【判决理由】**

本院总结了在 Virginia Panel Corp. v. Mac Panel Co. 一案[①]中专利滥用原则对搭售行为的适用。在该案中，法院认为由于反竞争效果在专利滥用抗辩中有着十分重要的作用，所以在专利滥用的情境下分析搭售行为与反垄断法中搭售行为的分析紧密相连。法院进一步解释称：根据不同情况，搭售行为可被视为本身违法的专利滥用，也可在合理分析的原则下对其进行分析。有几类行为已被认定为本身违法的专利滥用："包括专利权人以购买可与被许可的专利分离的通常产品作为许可该项专利的条件，以及专利权人通过要求专利过期后的许可费从而实质性地延长专利有效期。"如果所涉及的专利许可行为并不属于上文提到的这两种行为，那么就不构成本身违法的专利滥用行为，而是应该在合理分析的原则下进一步分析。在合理分析原则下，我们之前就有过决定：一项行为只有当其在一个相关市场内具有限制竞争的效果才可被认定为是不允许的。

最高法院判决中就搭售问题的反垄断法分析也具有同样的效果。法院清楚地指出只有当搭售行为构成"除了阻碍竞争别无他因的赤裸裸的贸易限制"，并且"总是或者几乎总是倾向于限制或减少相当一部分市场的竞争和产出"的时候才应被认定为本身违法。最高法院只有在"具有在对某一限制行为的分析具有足够的经验从而能够自信地认为即便在合理分析原则下该行为也属非法"的时候才会适用本身违法原则。如果某一行为具有补偿反垄断后果的优点，并且寻找这种优点并不必然不可能的时候，该行为就不会被视为本身违法。

虽然在许多方面专利滥用原则都紧跟着反垄断法原则，在美国法典第 271

---

① Virginia Panel Corp. v. MAC Panel Co., 133 F. 3d 860, 868-869 (Fed. Cir. 1997).

（d）（5）条国会宣布有几个行为不属于专利滥用，即便他们可能会违反反垄断法，包括“对专利的许可或者专利产品的销售，以签订另一个专利许可或购买另一个产品为条件，除非专利权人在该附条件的许可或销售的专利或专利产品的相关市场上有市场支配力。”因为该法条是由否定形式表达的，因此它并不要求凡是具有市场支配力的专利权人在专利授权中附加这样的条件都构成专利滥用，而仅仅是将不具有市场支配力的专利权人的附条件许可排除在可能专利滥用的范畴之外。

虽然271（d）（5）并没有明确的界定专利滥用抗辩的范围，而仅仅是为专利权人的某些行为提供了一个安全港来对抗专利滥用指控。该法条明确了专利滥用抗辩与传统的反垄断法原则有一个非常重要的区别，那就是前者所涉及的搭售行为牵涉到专利权。曾在一个判例中出现了基于涉及专利搭售的反垄断指控，法院认定如果专利权人享有对搭售产品的专利的所有权，那么可以推定他拥有垄断力量。然而271（d）（5）明确了这样的推定在专利滥用案件中是不适用的。为了使得专利滥用抗辩能够成立，侵权人必须证明专利权人在搭售产品的市场上拥有市场支配力。

飞利浦公司辩称他并不具有市场支配力，因此依据271（d）（5）他并不需要承担专利滥用责任。但是基于行政法官的分析，委员会认定飞利浦公司在相关市场具有市场支配力，因此271（d）（5）并不适用。我们支持这个裁决。

飞利浦公司抗辩称在飞利浦公司与索尼公司开始启用这个专利包时，CD与其他的计算机信息存储工具存在激烈竞争，因此飞利浦公司在计算机信息存储光盘市场不具有市场支配力。但是，飞利浦公司在GigaStorage和Princo加入打包授权协议很久之前就已经开始一揽子专利授权了。专利打包授权制度早在20世纪90年代初期就已经建立起来了。但是Princo公司直到1997年6月，GigaStorage公司直到1999年才加入协议。所以即便飞利浦公司在90年代初不具有市场支配力，也与90年代末的情形无关，那个时候各方都加入了打包授权协议。当时，根据行政法官翔实的证明，光盘已经成为“一种独特的产品，且没有替代品”。因此飞利浦公司所谓的不具有市场支配力的抗辩是没有说服力的，那么271（d）（5）也就不能为飞利浦公司提供避风港来抵御专利滥用的指控。

除了关于市场支配力认定这一具体的挑战，飞利浦公司还对委员会的决定提出了更为宽泛的挑战。这里主要有两个抗辩理由：首先，委员会错误地将飞利浦公司的打包授权行为视同为具有明显的反竞争效果的行为，从而认定为本身违法；其次，飞利浦公司认为委员会认定的竞争存在事实认定错误。飞利浦公司不认为其打包授权行为使得它能用其在一个市场的市场支配力来限制和阻碍另一市场的竞争。

委员会承认 Virginia Panel 案以及其他的专利搭售案中“涉及的是用来捆绑的专利和被捆绑的产品，而非一项用来捆绑的专利及被捆绑的专利。”但委员会得出结论认为“将捆绑专利的行为认定为专利滥用是对最高法院判例的合理适用。”委员会做出这样的认定是基于两个最高法院的判例：United States v. Paramount Pictures ①和 United States v. Loew's Inc.②。委员会认为这些案件里出现的打包预定电影放映场所和电视放映时间等行为与专利打包许可的行为类似。所以飞利浦公司的专利打包许可行为也必须被认定为本身违法的专利滥用行为。

我们认为 Paramount 和 Loew's 案不能适用于本案。在 Paramount 案中，地区法院认定被告电影发行公司实施了非法行为是因为放映公司想要获得他们想要的电影的放映许可权必须同时购买并放映其它他们并不感兴趣的电影。最高法院认可了这一判决。法院认为打包预定的做法属于非法，因为它“妨碍了竞争者基于单个电影的价值来竞买”，同时也是因为它“将权利人基于单一电影版权的垄断扩张到了另外的电影，因为不买另外的电影就不能获得这一部电影的放映权。”

在 Paramount 案中，打包预定的行为要求被许可人放映许可的电影包中的所有电影。Paramount 打包预定行为更接近将一项专利许可与一项独立的产品进行捆绑销售，而不是将一项专利许可与另一项独立的专利许可进行捆绑……所以 Paramount 案并不能支持纯粹的专利间的捆绑行为，如本案中飞利浦公司的打包授权行为。

飞利浦公司给被许可人选择使用专利包中任何一个专利的权利。无论被许可人使用专利包中的哪一项或者多少项专利来生产光盘，飞利浦只会收取统一的许可费用。尤其是飞利浦的打包许可并不要求被许可人实际上使用被委员会认定为不必要的专利所覆盖的技术。就这一点而言，飞利浦的打包许可行为与 Paramount 案中的打包预约行为是不同的。后者要求被许可人放映他

---

① United States v. Paramount Pictures, Inc., 334 U. S., at 131, 156-159, 68 S. Ct. 915, 92 L. Ed 1260 (1948).

② United States v. Loew's, Inc., 371 U. S., at 38, 44-51, 83 S. Ct. 97, 9 L. Ed. 2d 11 (1962).

们不愿意放映的电影。这一义务不仅将权利人对某一产品的排他性权利扩张到另一个他不具有排他性权利的产品上，还实际上妨碍了影院放映其它他们更希望放映的电影。飞利浦公司的打包许可并没有强制要求被许可人使用专利包中的任何特定的技术，所以 Paramount 案并不适合作为认定飞利浦的打包许可行为本身违法的依据。

在 Loew's 案中，地区法院认定被许可的电视台被要求不仅要为他们希望播放的电影付费，还要为他们不希望播放的电影付费。就像 Paramount 案中许可包的做法，要求电视台花费比购买他们想要的电影更多的钱来购买电影许可包。这样的搭售更接近涉及产品的搭售。所以，最高法院解释称："电视台为电影许可包中不想要的电影所花费的成本占据了整个电影许可包许可费用中很大的比重"。根据 Paramount 案的分析路径，最高法院采用了适用于专利与无专利产品之间的搭售行为的原则，认定 Loew's 案中的电影打包许可行为具有所有 Paramount 案中打包预定行为所体现的反垄断特征，并且不具有任何促进竞争的特征来补偿其限制竞争效果。

然而在本案中，不像 Loew's 案，并没有证据证明被委员会认定为不必要的专利占据了专利包中一定部分的许可费。相反的是行政法官查明以下事实：GigaStorage 曾询问是否能够只购买飞利浦公司专利包中部分专利的使用权，GigaStorage 之所以有这样的质疑是因为它希望通过削减一部分专利使专利许可费可以降低。但是没有证据证明 GigaStorage 这样的期待有任何根据。事实上行政法官已查明飞利浦公司曾回应 GigaStorage 的提议"无论被许可人使用多少专利包中的专利，专利许可费都是一样的。"并且，行政法官还查明"无论被许可人在协议中选择哪一种专利包，专利许可费将保持一样"，并且专利费用"不会因使用更多或更少专利而增加或减少"。所以很清楚，飞利浦公司收取的专利费用不会因加入了 Falar、Iwasaki、Yamamoto，和 Lokhoff 等专利而增加。假设飞利浦公司就单个专利做出单独许可，或者采用更小的专利包进行许可，许可费用会更低的猜想并没有根据。

除了 Paramount 和 Loew's 案，委员会还援引了涉及专利权人以被许可人从许可人处购买大量商品作为专利许可条件的案例。然而，这些案例与本案有很明显的区别。因为附加购买产品的义务与将非排他的许可扩张到另一个专利的使用有根本的区别。

……

与委员会的定性相反的是被许可人不是被迫从飞利浦公司购买他们不想

要的东西，它们也没有被限制从其他地方获取授权来生产相关的技术。飞利浦公司只是承诺在一个固定的许可费下，不会因使用了专利包中的任何专利而起诉任何一个被许可人。采用类推的方法，如果飞利浦公司决定放弃他的“非必要”专利或者仅宣称其并未打算执行这些专利，那么生产商是没有办法拒绝飞利浦公司的决定的。然而，飞利浦公司的专利打包许可的经济效果与采用这种决定对于试图与飞利浦“非必要”专利技术进行竞争的第三方的经济效果并没有根本性的不同。

所以，我们认为委员会对专利打包许可的定性是错误的。委员会认为这种行为是专利权人强迫被许可人的手段，如果其获得其想要取得的专利权，必须购买其不想要的技术。

……

对于拥有对某特定技术而言必要的专利和非必要专利的专利权人来说，这样的安排是非常合乎理性的：对必要专利收取任何市场能够承受的许可费用，对于非必要专利则不收任何费用。顾名思义，对于必要专利的许可是使用该项技术的前提条件，专利权人可以向有意向的被许可人收取他为了使用该技术所能够承担的最高的费用。如果专利权人将许可费用在必要专利和非必要专利之间分配，那么就会有这样的风险：被许可人只会购买必要专利的许可，而不会购买非必要专利的许可。那么结果就是专利权人可能无法通过许可费用获得必要专利全部的效用价值。对于专利权人来说，将非必要专利放在专利包中做打包许可，或者对于已经获得必要专利许可的人免收非必要专利的许可费，其对竞争的效果都是一样的。那些提供可替代非必要专利的专利技术的专利权人都不会高兴，因为他们都必须与免费的技术竞争。但是专利权人不会利用他的必要专利来获取非必要专利市场上的市场支配力。将打包许可行为认定为利用一个市场的支配力来获取另一个市场的竞争优势是不合适的。

本案没有证据表明打包许可具有不当扩大必要专利保护范围，具有反竞争的效果。飞利浦指出联邦政府知识产权许可指南认可打包许可可以通过融合互补技术、降低交易成本、避免侵权诉讼等提供有利于竞争的益处。飞利浦举证证明其打包许可具有降低成本和避免潜在专利纠纷，降低投资决策的不确定的程度等促进竞争的优势。我们认为委员会对于飞利浦打包许可行为采用本身违法原则的分析是存在法律上的缺陷的。

飞利浦公司抗辩称委员会做出的专利滥用属于本身违法的认定与事实不

符。飞利浦公司提出：现有证据并不能证明对于飞利浦公司提供的专利包中的“非必要”专利涵盖的技术，在现有的市场上存在商业上可行的替代技术，并且飞利浦公司专利的被许可人更愿意使用这些替代技术。

如果要证明一项专利搭售本身违法，提出主张的一方必须证明专利权人将两个独立的产品捆绑，并且这样的行为在被搭售的商品市场上具有反竞争的效果。最高法院解释称无效的搭售需要具备的“必要特征”在于：“卖家利用其在搭售商品市场上的控制力强迫买家买进被搭售的商品，而通常买家要么并不想买这件商品，要么希望在其他地方以其他条件或价格购买。如果这样一种‘强迫’存在，在被搭售商品市场上基于产品优劣的竞争就受到了限制。”委员会认定“非必要”专利包括 Farla、Iwasaki、Yamamoto 以及 Lokhoff 等专利，构成独立于专利包中“必要”专利的产品。还认定打包许可协议对非必要专利所覆盖的技术市场具有消极的竞争影响。然而，我们认为委员会的分析是有瑕疵的。

专利包中的专利只有当市场上存在商业上可行的替代技术时才能被认定为“非必要”。如果没有商业上可行的技术替代非必要技术，将这些专利与所谓的必要技术打包在一起将不存在反竞争的效果，因为并不会限制可替代技术在市场上的竞争。在这样的案例中，认定搭售行为为本身违法的唯一效果就是让被许可人得以规避其专利许可协议中的义务，而对现实的市场没有任何促进竞争的效果。

司法部认同商业上可行的替代技术与分析专利打包协议是紧密相关的。尤其是司法部还表示如果专利包中包括的是不存在现实的或实际的替代技术的专利，专利打包授权不会产生搭售的反竞争效果，这一原则与“独立产品”要求的目的是一致的，都是为了确保该行为不会被认定为限制竞争，除非对被搭售的产品有足够的独立于搭售商品的市场需求以至于独立地提供这一被搭售产品的市场可以存在。

在本案中，并没有证据显示存在商业上可行的技术光盘制造商会希望用来替代 Farla、Iwasaki、Yamamoto 以及 Lokhoff 等专利来制造符合“橙皮书”标准的光盘。因此将以上四项专利囊括进专利包具有实际的反竞争效果的结论证据不足。换句话说，现有的证据并不足以证明市场上存在商业上可行的技术光盘生产者希望替代这四项“非必要”专利来生产符合“橙皮书”标准的光盘。

……

除了对委员会的认定缺乏事实支撑之外，委员会对于这四项“非必要”专利的分析暴露出了在类似本案的情况中适用本身违法原则的一个更根本的问题。如果一个专利持有人有一个专利包，并且其中所有的专利都是被许可人实施某一技术所需要的，那么就足以证明专利权人可以合法地坚持将这些专利进行打包许可，而拒绝分别许可，因为将这些专利视为分别独立的产品是不合理的。然而，随着时间的推移，可替代技术的出现会提出这些专利包中的专利是否是必要专利的质疑，正如本案一样。确实，在一个快速发展的领域，就像本案所涉及的这么一个领域，很可能会常常出现这样的问题，比如什么技术能够被认定为制造符合“橙皮书”标准的光盘的“必要专利”？依照委员会的路径，一项在签署并实施的时候还完全合法的专利打包许可协议可能会在其后被诉为本身违法，仅仅是因为专利人所不知的一项技术，或者刚刚出现的商业上可行的技术。这样的规制会使得专利会因为一项在其许可之后出现的技术或者在许可当时许可双方不知晓的技术而被宣告为不可执行的专利。这不仅会造成专利许可因为许可当时未知的因素而变为无效，甚至还会制造被许可人通过诉讼程序挑战专利有效性的动机。因为只要证明专利包中的任何一项技术变为“非必要”，将可以使得整个专利包中专利因此而无法执行。也是因为这个原因，我们拒绝委员会做出的关于飞利浦公司的专利打包协议属于本身违法的专利滥用的认定。

委员会认定飞利浦公司的专利打包授权协议在合理分析原则下也构成专利滥用。这一分析很大程度上与之前委员会关于该行为构成本身违法的专利滥用的分析类似。

如同在本身违法原则下的分析，委员会关于飞利浦公司的行为在合理分析原则下同样构成专利滥用的结论的支点是专利打包授权行为将限制可替代技术与被以“必要”专利的名义包含在专利包中的非必要技术之间的竞争。在这一争议上，委员会采纳了行政法官就 Farla、Iwasaki、Yamamoto 以及 Lokhoff 专利的结论，但是却并没有就行政法官对其他专利做出的非必要性认定表明立场。

委员会认定 Farla 和 Iwasaki 专利不属于依据“橙皮书”标准制造 CD-Rs 及 CD-RWs 所必要的专利，将这些专利放入专利包中进行打包授权将阻碍 Calimetrics 公司的竞争。委员会简短地梳理了打包授权许可可能具有的促进竞争的效果，但最终支持了行政法官做出的该行为具有反竞争效果的结论。因为“光盘制造商因拥有一个内容比较丰富的专利包所获得的便利要小于将必要专利和非必要专利对潜在可替代技术所带来的反竞争效果”。

在合理分析原则下，事实认定的关键在于被诉行为是否合理地落在专利权利的范围之内。如果这一行为并没有“扩张专利权的界限，无论是权利要素还是时限方面”，那么专利权人就没有滥用其专利。更具体地说，认定专利滥用的事实关键在于“是否被诉行为不合理地限制了竞争，要考量多方面的因素，包括相关的商业信息、事实限制前后的条件、限制的历史、本质及其效果。”

委员会关于合理分析原则的推理是有瑕疵的，原因有两个。最重要的是委员会的结论主要依据其判断的飞利浦专利打包授权行为对非必要专利的竞争者造成的反竞争效果。但是，我们已经认定现有的证据无法证明将这些专利加入专利包对商业上可行的替代技术具有反竞争效果。委员会假定专利打包行为会限制竞争，因为认为光盘制造企业会因为专利包中包含了这些非必要专利而不会愿意再去购买可替代技术的专利许可。之前已经查明委员会并没有证据证明制造商事实上拒绝考虑可替代技术，或证明有任何商业上可行的替代技术存在。

另外，在本身违法的分析中，委员会没有认识到将专利分别进行许可的问题，比如因分别界定专利费用以及监督潜在的专利侵权而产生的交易成本。委员会的分析也没有触及一些专利在许可时属于必要专利，却在之后的许可期限内因光盘制造领域技术的发展而导致失效的问题。如果认定许可协议执行时合理，却在之后的时限内因技术进步而变得不合理会导致市场的不确定，扰乱稳定的商业安排，最终只能通过昂贵的诉讼来解决这种不确定性。

最后，委员会没有考虑到打包许可协议也会有助于促进竞争，因为所涉及的技术具有创新性。鉴于“橙皮书”标准所涉及的技术还在持续发展，因此哪些是制造光盘的必要专利还具有很大的不确定性。专利打包协议的费率是依据所制造的产品数量，而非授权的专利数量。这样就能够提前解决许可人与被许可人之间潜在的专利纠纷。然而，将专利进行分别授权可能会产生持续性的专利争议，比如被许可人的技术是否侵犯了许可人其他的关于该技术周边的专利，而被许可人并没有将之选入专利包。

委员会认定飞利浦公司的专利打包许可协议所具有的反竞争效果多于促进竞争的效果，因而在合理分析原则下是非法的。我们认定委员会的分析及其得出的结论存在法律与事实错误。因此我们不能支持委员会关于飞利浦公司的专利因专利滥用而不得执行的决定。我们推翻委员会关于专利滥用的裁决，因此将其发回委员会依据我们的意见进行重审。

【案例要点解析】

本案的焦点问题是飞利浦公司的“必要”专利和“非必要”专利打包授权方式是否构成专利滥用。美国国际贸易委员会认为：飞利浦公司没有给潜在被授权人选择个别专利进行授权的自由，而是将一个或多个专利进行打包授权，这种将非必要专利包括进所谓的必要专利包进行授权的做法排除了可替代的技术所带来的竞争，其反竞争的效果要大于促进竞争的效果，因此判决飞利浦公司的打包授权构成了专利权滥用。上诉法院否定了委员会关于专利权滥用的裁决，认为本案应适用合理原则而非本身违法原则。虽然飞利浦在相关市场具有市场支配力，但并不是具有市场支配力的专利权人在专利授权中附加这样的条件都构成专利滥用。法院认为：在本案中，并没有证据显示存在商业上可行的技术光盘制造商会希望用来替代 Farla、Iwasaki、Yamamoto 以及 Lokhoff 等专利来制造符合“橙皮书”标准的光盘。如果专利包中包括的是不存在现实的或实际的替代技术的专利，专利打包授权不会产生搭售的反竞争效果。飞利浦的打包许可安排具有合理性，而且打包许可协议也会有助于促进竞争，例如降低成本和避免潜在专利纠纷。

本案所涉及的技术还在持续发展，因此哪些是制造光盘的必要专利还具有很大的不确定性。专利打包协议的费率是依据所制造的产品数量，而非授权的专利数量，这样就能够提前解决许可人与被许可人之间潜在的专利纠纷。然而，将专利进行分别授权可能会产生持续性的专利争议，因此将以上四项专利囊括进专利包具有实际的反竞争效果的结论证据不足。之前的先例已经表明：并非搭售许可协议必然构成专利权滥用，应当依据合理性原则进行分析。本案的打包许可属于搭售的一种类型，这种行为是否构成专利权滥用，应综合多方因素分析，包括相关的商业信息、事实限制前后的条件、限制的历史、本质及其效果等，核心是看该行为是否不当扩张了专利权的界限。本案正是因为没有充分的证据证明打包许可超越了专利权的界限，不当限制了竞争，上诉法院最终判定不构成专利权滥用。

## Illinois Tool Works 公司诉 Independent 墨水公司*

美国最高法院(2006)

### 【案件事实】

申请人 Trident 公司及其母公司伊利诺斯工具工程公司（Illinois Tool Works Inc.）制造和销售一种打印系统。该系统包含三个相关部件：（1）一个获得专利保护的压电脉冲喷墨打印头；（2）一个瓶子和阀帽组成的专利墨盒，该墨盒与打印头相连；（3）专门设计但未获得专利保护的墨水。申请人向原始设备生产商（OEM）销售这个系统。OEMs 获得将该打印头和墨盒放入其销售打印机内的许可，这些打印机会销售给公司来打印包装材料上的条形码。OEMs 同意排他性地从申请人那里购买墨水，并且无论是他们还是他们的客户都不会用其他种类的墨水注入这个获得专利保护的墨盒。

被申请人独立墨水公司（Independent Ink Inc.），研制出一种和申请人销售的墨水的化学成分完全相同的墨水。在 Trident 公司对独立墨水公司提起的侵权之诉因缺乏管辖权而被驳回后，独立墨水公司对 Trident 公司提出确认不侵权之诉和确认 Trident 公司之专利无效之诉。① 在一个修改后的指控中，它声称申请人从事了《谢尔曼法》第 1 条和第 2 条所禁止的非法搭售和垄断。被申请人认为由于申请人拥有打印头系统的专利，作为一项法律事实，在该产品市场必然拥有市场支配力，因此申请人的搭售行为属于本身违法。

### 【审理过程】

调查事实后，地区法院做出了对申请人有利的简易判决。它驳回了被申请人关于申请人“单凭享有打印头系统的专利权而必然在搭售产品市场上具有市场支配力，从而导致搭售协议本身违反了反垄断法”的主张。法院认为被申请人没有提交关于相关市场定义的有力证据或者申请人在该市场建立起支配力的有力证据，从而判决被申请人无法在任何一个反垄断之诉中胜诉。

---

* Illinois Tool Works Inc. v. Independent Ink, Inc., 126 S. Ct. 1281 (2006).

① 伊利诺斯工具工程公司直到1999 年2 月19 日才收购了 Trident 公司，大概是该诉讼提起的6 个月后。

双方就其他请求达成了和解，被申请人上诉。

在详细考察“最高法院对搭售协议之合法性审查的悠久历史”后，联邦巡回上诉法院推翻了地区法院关于被申请人对第 1 条之请求的判决。上诉法院的这一判决很大程度上参考了美国最高法院在 International Salt Co. 诉 United States 案①和 Loew's 案②的判决，以及 Jefferson Parish 案③的附带意见。上诉法院也注意到学术界对这些案件判决意见的批评，但认为申请人的“根本错误”在于没有意识到“上诉法院的义务是遵循最高法院的先例，直到最高法院自己明确推翻该先例。”最高法院签发调卷令，对搭售协议的司法和立法评价进行全新审查。最后决定将本案发回重审。

**【判决理由】**

美国法院是在专利侵权诉讼的过程中第一次碰到搭售协议的问题。Henry v. A. B. Dick Co. 案④是本院审理的此类案件。Henry 案和我们今天这个案件一样，通过使用的许可协议将没有获得专利保护的墨水捆绑在专利产品的使用上。法院没有对搭售协议进行评价，而是认为竞争者对墨水的使用违反了协议条件——旋转式油印机“只能和模板、纸张、墨水和 A. B. Dick 公司制造的其他辅助材料一起使用”——从而侵犯了机器的专利权。首席大法官怀特法官表示异议，认为法院对这一行为的支持是“意图扩大专利所赋予的垄断权的范围……将增加垄断和公众行使普通权利的负担”。两年后，国会支持了怀特大法官对搭售协议的反对意见，制定了《克莱顿法》第 3 条，也反映在 Motion Picture Patents Co. v. Universal Film Mfg. Co. 案⑤中——该案解释说：考虑到《克莱顿法》第 3 条，A. B. Dick “必须被视为推翻了”。在本院后来审查搭售协议的案件里，我们也赞成怀特大法官对这些协议的反对。

A. B. Dick 案后，有四种不同的法律规则来质疑搭售协议：一是专利滥用原则下专利垄断的不恰当扩张；二是《联邦贸易委员会法》第 5 条所指的不正当竞争手段；三是造成《克莱顿法》第 3 条所禁止的垄断的合同；四是

---

① International Salt Co. v. United States, 332 U. S., at 392, 68 S. Ct. 12, 92 L. Ed. 20.

② United States v. Loew's Inc., 371 U. S., at 38, 83 S. Ct. 97, 9 L. Ed. 2d 11.

③ Jefferson Parish Hospital Dist. No. 2 v. Hyde, 466 U. S., at 2, 104 S. Ct. 1551, 80 L. Ed. 2d 2 (1984).

④ Henry v. A. B. Dick Co., 224 U. S., at 1, 32 S. Ct. 364, 56 L. Ed. 645 (1912).

⑤ Motion Picture Patents Co. v. Universal Film Mfg. Co., 243 U. S., at 502, 517-518, 37 S. Ct. 416, 61 L. Ed. 871 (1917).

《谢尔曼法》第1条所禁止的限制贸易的合同。[1] 在所有这些情形中，这些质疑的正当性建立在被申请人在搭售产品市场上的支配力被用于限制被搭售产品市场竞争这一假定或证据展现之上。正如我们在 Jefferson Parish 案所解释的："我们的判决认为，无效搭售协议的必要特征在于卖家利用对搭售产品的控制，强迫买家购买根本不想要或者希望从其他地方购买的被搭售产品。"

但近几年，本院对搭售协议的强烈反对已显著消退。在最近的几个判决中，法院要求证明搭售产品上的市场支配力，而不仅仅是依赖于假定。我们早期的判决一致假定"搭售协议除了抑制竞争，几无其他目的"。在1962年的 Leow's 案[2]中，本院仍依赖于这个假定，尽管证据表明搭售产品的市场有非常激烈的竞争。最近的是1969年，布莱克法官在撰写大多数意见时也依赖于这个假定来支持这个命题："至少当满足特定前提条件时，这种协议本身就是非法的，不需要对不合理竞争进行特别证明。"[3] 他解释说：法院的判决是允许诉讼进入审判，声称"判决之所以不需要在搭售产品上具有真正支配力的证据，是建立在这个认识基础上：由于搭售协议通常没有合法的商业目的，对竞争的限制本身就提供了足够的理由确认这种搭售无效"。

Fortner I 案[4]四位法官的异议意见反映了对搭售协议态度的转变。该异议意见认为：涉案搭售——以借方从被告处购买活动房屋为条件，延长两百万贷款的期限——可以具有合法目的。怀特法官注意到促销性的搭售可以为购买者提供"具有独特优势的折扣"。福塔斯法官则将该搭售协议定义为"销售一个产品并附带融资条款"。搭售协议可以促进竞争这一异议意见，最终占据上风。事实上在同一个诉讼中就已如此了。在 Fortner I 案法院发回重审后，法官做出了有利于原告的判决，该案一直上诉到本院。我们一致认为，本案的关键在于原告无法证明市场支配力——原告"不过证明了被告提供廉价融

---

① 参见 Jefferson Parish Hospital Dist. No. 2 v. Hyde，466 U.S.，at 2，9，104 S. Ct. 1551，80 L. Ed. 2d 2（1984）（《谢尔曼法》）；Times-Picayune Publishing Co. v. United States，345 U.S.，at 594，609，73 S. Ct. 872，97 L. Ed. 1277（1953）（《联邦贸易委员会法》）；International Salt Co. v. United States，332 U.S.，at 392，395-396，68 S. Ct. 12，92 L. Ed. 20（1947）（《克莱顿法》和《谢尔曼法》）；Morton Salt Co. v. G. S. Suppiger Co.，314 U.S.，at 488，494，62 S. Ct. 402，86 L. Ed. 363（1942）（专利滥用）；Motion Picture Patents Co. v. Universal Film Mfg. Co.，243 U.S.，at 502，516，37 S. Ct. 416，61 L. Ed. 871（1917）（同上）。

② 371 U.S.，at 47-48，83 S. Ct. 97.

③ Fortner Enterprises，Inc. v. United States Steel Corp.，394 U.S.，at 495，498-499，89 S. Ct. 1252，22 L. Ed. 2d 495（Fortner I）.

④ Id.，at 510，89 S. Ct. 1252（opinion of Fortas，J.）.

资以促销昂贵房子的意愿”。“搭售协议除了抑制竞争，几无其他目的”的假定自被 Fortner II[①] 否定后，未获法院任何判决支持。相反的是七年后的 Jefferson Parish 案[②]也否认了这一假定。上诉法院认定搭售协议构成对《谢尔曼法》第 1 条的本身违反，但被我们一致撤销。和 Fortner 案的产品一样，Jefferson Parish 案的搭售产品——医院服务——是没有专利的，我们的判决再一次建立在这个结论的基础上：原告无法证明被告在搭售产品市场上具有足够支配力以限制被搭售产品——麻醉服务——的市场竞争。

在拒绝本身违法规则（即所有搭售协议都违反反垄断法）之适用的同时我们也解释道：“当卖方有一些特殊能力——通常被称为‘市场支配力’——去强迫买方做一些在竞争市场上原本不会从事的行为时，我们就会质疑该搭售协议……”“本身违法规则——不需要对实际市场状况进行调查——只有在强迫行为很可能存在的情况下才是合适的。因此，本身违法规则的适用着眼于反竞争结果的可能性。”“例如，如果政府授予卖方在某产品上以专利权或类似的垄断权，可以合理假定，无法从他处购买该产品给了卖方以市场支配力。任何试图通过运用市场支配力来扩大专利垄断范围，限制第二个产品市场竞争的努力，都会削弱第二个市场的制度价值。因此，如果一个专利产品的销售或出租是以买方向专利权人购买一个单独的被搭售产品为条件的，那就是违法的。”

值得注意的是：我们并不认为如果搭售产品是专利产品，就必然会推导出该产品拥有市场支配地位。相反的是它描述了这样一个规则：一个以买方排他性地购买非专利产品为条件的专利产品的销售合同构成对《谢尔曼法》第 1 条的本身违反。

奥康纳法官为 Jefferson Parish 案单独撰写了附随意见，认为本案并不涉及一个真正的搭售协议，因为在她看来，外科手术服务和麻醉服务并不是分离的产品。在她的附随意见里，她不仅仅质疑了将任何搭售协议都视为对《谢尔曼法》的本身违反的正当性，还质疑了专利总是赋予专利权人以充分市场支配力这一假定的有效性。她发现这一假定实际上是专利滥用案件的产物，而不是反垄断司法审判的产物。我们今天讨论的正是这一假定，这也是法院对搭售协议之不信任历史的残留痕迹。

---

① United States Steel Corp. v. Fortner Enterprises, Inc., 429 U. S., at 610, 622, 97 S. Ct. 861, 51 L. Ed. 2d 80 (1977).

② 466 U. S., at 5, 104 S. Ct. 1551.

当然，奥康纳法官关于“专利赋予市场支配力这一观点起源于反垄断法之外的专利滥用原则”的表述是正确的。这一原则起源于 Motion Picture Patents Co. 诉 Universal Film Mfg. Co. 案①，该案发现专利法并不支持这个论点，即：“专利权人可能通过在专利机器上贴通知，规定其使用条件和辅助用品，而同时忍受专利权被侵犯的痛苦。”尽管 Motion Picture Patents Co. 案仅仅限缩了可能的专利侵权之诉的范围，它为之后的专利侵权案件审理开创了专利滥用抗辩的先例，适用于当专利权人利用专利权“销售一个没有专利的物品作为有效限制竞争的方式”的情形。

在没有分析实际市场状况的情况下，这些涉及专利滥用规则的判决都假定，通过在专利产品的销售中捆绑非专利产品的销售，专利权人是在“限制竞争”，或者是“确保对一个非专利物的有限垄断”。换言之，这些判决都假定专利权人在“搭售产品上所必需的经济支配力”可以“延伸到非专利产品上”。

专利赋予市场支配力这一假设，在 International Salt Co. v. United States 案②中，从专利法迁移到了反垄断法。在这个案件中，地区法院认为：具有专利权的机器的出租合同要承租方使用被告的非专利产品，违反了《谢尔曼法》第 1 条和《克莱顿法》第 3 条，这本身就是一个法律问题而不是事实问题。我们也维持了这一判决。尽管法院的判决没有讨论市场支配力或者专利滥用原则，它假定“受这些合同所影响的交易量不能说不大或者微不足道，而且这一协议意图实现垄断的倾向是相当明显的”。

搭售协议“试图……实现垄断”这一假定可以追溯到 International Salt 案里的政府主张，很大程度上依赖于我们早期在 Morton Salt 案③的专利滥用原则。政府认为 Morton Salt 案“展现了和当下案件基本相同的事实情况”，并且声称“尽管在那个案件里法院认为没有必要判断反垄断法是否被违反，其语言、推理以及引注都暗示了该判决背后的政策就是制定谢尔曼法的政策”。政府认为 International Salt 案在逻辑上就和 Morton Salt 案不可分割，因此认为本院应当将涉及专利产品的搭售协议放入本身违反谢尔曼法的类别里。

我们在 International Salt 案的意见清楚表明我们接受政府的建议，将专利产品之市场支配力的假设引入反垄断审判中。尽管我们引用 Morton Salt 案仅

① Motion Picture Patent Co. v. Universal Film Mfg. Co., 243 U.S., at 502, 37 S. Ct. 416, 61 L. Ed. 871 (1917).

② International Salt Co. v. United States, 332 U.S., at 392, 68 S. Ct. 12, 92 L. Ed. 20 (1947).

③ Morton Salt Co. v. G. S. Suppiger Co., 314 U.S., at 488, 490, 62 S. Ct. 402, 86 L. Ed. 363 (1942).

仅为了支持一个更窄的命题——被告的专利并没有授予被告在非专利的盐产品市场限制竞争的权利或者给被告提供违反反垄断法的豁免，考虑到被告是以一种竞争性价格销售其无专利保护的盐产品，International Salt 案所采用的规则必然接受政府的意见——早期专利滥用案件支持一个更宽的命题“这种限制从表面看就违反了《谢尔曼法》”。

事实上，我们引用了 International Salt 案来证明“专利设备的许可以非专利物和专利设备一起使用为条件”这一许可协议就是“本身违法”的限制竞争协议的一个例子。在后来的案件里，我们屡屡将专利产品具有市场支配力这一假定建立在 International Salt 案的基础上。

尽管专利滥用原则和反垄断审查在 International Salt 案中交织在一起，但后续的事件开启了二者的分离。这一过程最终导致今天我们对涉及专利产品的搭售协议的本身违法性这一假设的重新审视。这是 1947 年以来我们予以复审考量这一假设的持续有效性的第一个案例。

在我们裁决 International Salt 案的三年前，法院扩张了专利滥用抗辩的范围，不仅包括专利设备所使用的辅料或材料，而且包括混合了专利产品和“作为该专利整体结构所必须之部分的非专利材料或设备”的搭售协议。为了得到该结论，法院解释说：那些涉及专利发明特征所必需之元素的案件，和那些涉及专利发明所非必需元素的案件之间，不应该在原则上不同。在法院看来它们都试图“在合法的垄断边界之外继续扩张专利权”。①

不久，国会第一次将专利法法典化。至少是部分回应我们的 Mercoid 案②判决，国会在将专利法典化时纳入了一个条款以排除某些行为，比如将专利产品的销售捆绑于一个“必要产品”或“副产品”之上，而该必要产品或副产品除了作为专利产品或方法的一部分之外没有其他作用。因此，当法院在审理反垄断案件时仍假设“搭售协议是违法的”，国会却在专利滥用的情形中已经开始背离这一假设。

但是，直接与本案相关的是国会最近对专利滥用抗辩的限缩。在我们做出 Jefferson Parish 案③判决、重申专利等同于市场支配力这一假设的四年后，国会修改了专利法，“搭售协议本身违法”的原则不再适用于专利滥用的情

① Mercoid, 320 U.S., at 665, 64 S. Ct. 268.

② Mercoid Corp. v. Mid-Continent Investment Co., 320 U.S., at 661, 64 S. Ct. 268, 88L. Ed. 376 (1944).

③ 466 U.S., at 16, 104 S. Ct. 1551.

形。相关条款是：

“（d）专利权人做出下述一种或多种行为并不能剥夺其原本就专利侵权或帮助侵权所享有的救济，也不能被视为滥用或非法扩张专利权：……（5）对专利的许可或者专利产品的销售，以签订另一个专利许可或购买另一个产品为条件，除非，专利权人在该附条件的许可或销售的专利或专利产品的相关市场上有市场支配力。”

这一条款表明国会并不认为专利权本身就构成所必需的“市场支配力”。事实上，如果合理解读，意味着如果没有证据证明 Trident 公司在相关市场上有市场支配力，那么 Trident 公司在本案的行为并不构成专利权的“滥用”或“非法扩张”。

尽管 1988 年修正案并不明确指向反垄断法，但无疑建议对 International Salt 案所确立的本身违法规则进行再审查。[①] 否认专利权人有权禁止侵权者的规则，比认定涉案行为构成最高可判处十年有期徒刑的联邦犯罪的规则要缓和很多。但这并不意味着国会认为那些构成重罪的专利使用行为不构成“滥用”。而且考虑到专利滥用原则为证明市场支配力提供了基础，在国会删除了这一假定的制度基础后仍在反垄断语境下保持这一假定并不妥当。

在考虑了 1988 年修正案所反映的国会意见后我们得出结论，包含专利产品的搭售协议应该按照 Fortner Ⅱ案和 Jefferson Parish 案的标准来判断，而不是适用 Morton Salt 案和 Loew's 案的本身违法规则。尽管有一些搭售协议是非法的，例如那些是构成真正垄断或者是市场共谋的产物，这一结论必须得到相关市场支配力的证据支撑，而不仅仅是依靠一个假设。

被申请人并不要求我们判定本身违法规则的不合法性，而是认为我们应该支持这样一个可反驳的假设：专利权人在以买方排他性地向专利权人购买某非专利产品为条件销售专利产品时，就形成了专利权人具有市场支配力的假设。被申请人承认有很多有效专利的商业价值（如果说有的话）非常小，但是认为那些对非自愿购买者强加搭售协议的专利，很可能去施加显著的市场支配力。因此，被申请人认为这一假定对于那些价值很小的专利没有影响，仅仅能适用于那些有足够价值以使专利权人能够实施搭售的专利，不过专利

---

① 尽管我们的判决意见清楚表明这一建议并不必然针对《谢尔曼法》下的案件，参见 State Oil Co. v. Khan, 522 U.S., at 3, 20, 118 S. Ct. 275, 139 L. Ed. 2d 199 (1997)，却足以作为我们重新审视先例的正当基础，见前引注，at 21, 118 S. Ct. 275（“本院重新考察了那些解释《谢尔曼法》的判决，因为这些判决的理论基础面临严重挑战”）。

权人可以提供相反证据推翻这一假定。

被申请人也提供了一个更窄的替代选择，建议我们区分两种不同的搭售协议。一种是要求同时购买作为一个产品的两个零部件的两种产品的搭售协议——例如手术服务和同一个手术的麻醉服务，或者要求被许可人在同一交易中同时签下其他几部电影才能获得某部受版权保护的电影的许可。另一种是涉及在一段时间内购买非专利产品的搭售协议，也被称为“附条件搭售”（requirements tie）。被申请人认为后一种搭售协议适用市场支配力的假定，因为他们提供了一种向大量购买者而不是少量购买者收取高昂许可费的方式，是一种“构成市场支配力之强有力证据”的歧视方式。

但是，这个将“专利等同于市场支配力”的假定引入反垄断审查的判决意见并没有为被申请人的替代主张提供任何依据。在 International Salt 案中，法院是由于搭售产品具有专利权而做出市场支配力的假设，而不是因为专利权人使用了附条件搭售才做出市场支配力的假设。而且，该案的附条件许可并不涉及大量购买者和少量购买者之间的任何价格歧视，也没有证据证明其价格是非竞争性的。相反的是该案的租赁合同规定：如果任何竞争对手以更低价格提供了盐，即被搭售产品，那么租赁方可以自由在市场上购买盐，除非上诉人能以同等价格提供盐。

如上文所提到的，大部分学界意见认为专利并不必然带来市场支配力，类似地是尽管价格歧视可能提供了市场支配力的证据，特别是当有证据说明专利权人对被搭售部分收取了高于市场的价格，但这也可能发生在完全竞争市场上。如果没有哪一个因素足以单独支持市场支配力的假设，那么我们并不认为两个因素的结合就能产生市场支配力的假设。相反的是从 International Salt 所吸取的经验和学术界的评论是一样的：很多搭售协议，即便是那些包含专利和附条件的搭售协议，都完全适用于自由竞争的市场环境。基于这个原因，我们拒绝了被申请人提出的可反驳假设，也拒绝其提出的更窄的替代方案。

经济学家们之间的共识无疑说服执法机构拒绝了政府在 20 世纪 40 年代支持法院所采用的本身违法规则时所采取的立场。在 1995 年由司法部和联邦贸易委员会共同发布的反垄断指南中，执行机构强调：它们在行使是否起诉的自由裁量权时，并不假定专利、著作权或商业秘密必然授予其所有人以市场支配力。虽然这一选择对法院不具约束力，但司法机构将适用于刑事案件的普通宽容规则替换为适用于特定类别的反垄断案件的严厉规则却并不寻常。

国会、反垄断执法机关，以及绝大多数经济学家都取得了如下共识：专利并不必然授予专利权人以市场支配力。今天我们也得到相同的结论：在所有涉及搭售协议的案件中，原告必须证明被告对搭售产品有市场支配力。

在本案中，被申请人对本院之前对该类案件按简易程序处理的判决产生了合理信赖，从而没有提供关于相关市场的证据或者申请人在该市场具有支配力的证据。当本案发回地区法院重审时，被申请人应当被给予公平机会来提供和阐述上述证据和与第一项请求相关的证据。我们撤销上诉法院的判决，发回重审，上诉法院根据本意见进行进一步审理。

## 【案例要点解析】

本案的焦点问题是以专利产品搭售非专利产品的搭售协议是否依据本身违法原则构成垄断。本案专利权人销售获得专利保护的打印头和墨盒的过程中搭售未获得专利保护的墨水，是否只要专利存在，就可以推定专利产品具有市场支配力，并进而得出搭售协议违反反垄断法的结论？地区法院鉴于申请人未提供证据支持专利权人在相关市场具有市场支配力，因而否定了申请人关于搭售协议构成垄断的主张。联邦上诉法院依据最高法院的先例撤销了地区法院的判决。

最高法院受理该案，其首先检讨了先例。最高法院最早裁决搭售违法是1917年的Motion Pictures Patents Co.案。1947年的International Salt案进一步确立了搭售本身违法的原则。这两个案件的推理在很大程度上是关于杠杆理论的表述，即一家在市场上拥有垄断力量的企业能够通过搭售的方式把自己的力量延伸到其他市场。杠杆理论以被告拥有市场支配力为前提，因此International Salt案的另一个重要推定就是“拥有专利就意味着拥有市场支配力”。在此后很长一段时间，法院就被告是否具有市场支配力的问题都不需要原告提出详细证明，法院针对搭售行为的观点一直是“搭售除了抑制竞争，几无其他目的”。这表明美国法院在历史上对搭售行为持否定和厌恶的态度。在1962年的Loew's案中，尽管有充分证据表明搭售产品市场存在显著竞争，最高法院还是采取了本身违法原则，对搭售行为的厌恶仍未减少。直到1969年的Fortner案，四位法官提出了异议意见，他们开始认识到搭售在某些情况下是有益的、合法的，对于搭售是否造成市场垄断不能一概而论。在1977年第二次审理Fortner案时，他们的观点成为法院的一致意见。法院判决原告因未提出有关被告拥有市场支配力的证据而败诉。从此案开始，举证证明被告拥有市场支配力的责任落到了原告身上，法院对于搭售行为的态度发生极大转变。1984 年的 Jefferson Parish 案最高法院同样拒绝对被告的搭售行为适用本身违法原则，但它在解释不能适用本身违法原则的原因时，却把通过滥用专利权扩大垄断权利的搭售行为排除。因此，涉及专利的搭售仍为本身违法。

最高法院认为包含专利产品的搭售协议应该按照 Fortner Ⅱ案和 Jefferson Parish 案的标准来判断，而不是适用 Morton Salt 案和 Loew's 案的本身违法规则。尽管有一些搭售协议是非法的，例如那些构成真正垄断或者市场共谋的产物，这一结论必须得到相关市场支配力的证据支撑，而不仅仅是依靠一个假设。在所有涉及搭售协议的案件中，搭售产品本身是专利产品并不能推定专利产品具有市场支配力，原告必须证明专利权人对搭售产品拥有市场支配力。该判决废除了 Morton Salt 案、International Salt 案、Loew's 案、Jefferson Parish 案等先例，至此本身违法原则在搭售案件中被彻底摒弃。

## （三）专利有效期后付费与权利滥用

### Brulotte 诉 Thys 公司*

美国最高法院（1964）

**【案件事实】**

拥有多个摘取啤酒花专利的权利人 Thys 公司即本案被申请人以固定的价格向农民们即申请人销售含有专利的机器，并同时发放使用机器的许可，一个申请人支付了 3125 美元以获得机器的所有权，其他申请人支付了 3300 美元。基于许可，每位申请人在每个啤酒花摘取季节要支付最低 500 美元或者按机器摘取的干啤酒花每 200 磅支付 3.33⅓美元，二者取最高值。该许可在许可期限内不得转让，这些机器也不能移出 Yakima 郡。许可协议罗列了 12 项与啤酒花摘取机相关的专利，但其中只有 7 项包含在向农民出售并许可其使用的机器中。7 个专利都在 1957 年之前到期。但是许可却超过专利到期日而继续存在。申请人拒绝支付使用费，专利权人起诉要求其支付许可使用费。申请人的一项抗辩理由是，专利权人通过超过专利有效期许可专利，延长许可协议，构成专利权滥用。

**【审理过程】**

初审法院华盛顿州 Yakima 郡高等法院做出支持专利权人的判决，华盛顿州最高法院维持了初审判决。申请人向美国最高法院申请调卷令。最高法院道格拉斯大法官判定：在机器中所含的最后一个专利到期之后农民们还被要求支付使用费，该许可协议是无效的。最高法院推翻原判决。哈兰大法官不同意多数人意见，认为应当维持原判决。

**【判决理由】**

美国最高法院认为：之前的判决由于允许在机器中的最后一个专利到期

---

* Brulotte v. Thys Company, 85 S. Ct. 176 (1964).

之后仍然收取许可使用费，因而应当被推翻。宪法第 1 条第 8 款授权国会保证发明人就其发明创造在有限的时间内享有专有权利。国会通过美国法典第 35 章第 154 条行使其权力：每一个专利都应当包含对于发明的短期所有权，授予专利权人、他的继承者或受让人 17 年的权利，排除他人在美国制造、使用、销售该发明。

制造权、销售权、使用权可以由专利权人分别授权。但是这些权利一旦 17 年保护期届满，则成为公共财产。正如斯通大法官支持审理 Scott Paper 公司诉 Marcalus Mfg. 公司案[①]的法院意见时所言，专利权人或那些主张拥有专利垄断权的人在专利到期后，任何试图的保留或延期，无论使用何种合法工具，都是与专利法的目的和政策相违背的。

华盛顿州最高法院认为：在当前的案件中收取许可使用费的期间仅仅是延展对专利使用进行付费的一段合理的时间。但是证据本身却表明协议的设计却并不符合这个限定的观点。正如我们所看到的，每台机器的购买价格是固定的，每年支付的费用并不是销售价格的一部分，而仅仅是那一年中使用机器要交的费用。专利到期之后的期间要支付的使用费依据合同是专门针对这段时间的使用，而不是专利到期之前的使用费的延期支付。本案的情况也并非假设的那样，即非专利产品基于使用而确定售价。涉案机器是专利产品，并且收取的使用费对于专利到期之后与有效期内是相同的。考量许可协议中的其他条款对于此案也是特别重要的。无论是专利有效期内还是到期之后，许可协议都禁止机器的转让和从 Yakima 郡移除。

上述那些限制对于专利垄断权的保护是适当的，但将其适用于专利有效期之后的时间则显露了许可人利用协议在专利期限之外延伸其垄断的迹象。那些限制也有力地否定了这样的说法，即本案仅涉及一个基于使用而确定价格的销售或租赁安排。如果是对非专利机器进行租赁或出售，该交易以基于推迟支付的购买价格或使用的长期支付为条件，这时将会有完全不同的考量。那些考量很少达到联邦问题的层面。但是专利属于联邦的范畴，不论使用何种法律工具，将专利垄断延伸到专利有效期之后是不能执行的。当前的许可并未在专利期限和专利到期之间画出一条界限，对于使用和许可费适用同样的条款。合同从表面来看显然是试图对专利到期前后使用同样的条款和条件。我们无法推测如果到期后使用费条款与专利相分离，并不受其影响，那么当事人双方的谈判地位可能会是怎样，以及会出现何种安排结果。

---

① Scott Paper Co. v. Marcalus Mfg. Co.，326 U.S.，at 249，256，66 S. Ct. 101，104，90 L. Ed. 47.

鉴于上述考量，我们的结论是专利权人利用对超出专利权有效期的许可协议收取使用费属于本身违法。如果专利权人可以利用这样的工具，专利到期之后的自由市场将受制于垄断的影响，而垄断在此是本无存身之地的。

Automatic Radio Co. 诉 Hazeltine 案①是不相关的。尽管许可协议之下的一些专利显然已经到期了，但许可使用费并非在所有专利到期之后所主张的。那个许可协议包含了几百个专利，并且使用费建立在被许可人销售的基础上，即便在不使用任何专利的时候也应交使用费。法院认为以那种方式计算使用费是一种方便合理的方法。我们不能引用此案以使得对专利的垄断权超过 17 年的保护期。

专利使其所有人有权利用垄断的优势通过谈判获得尽可能高的使用费。但是利用这个优势获取专利保护期之外的使用费就相当于通过将专利产品的销售和使用与非专利产品的销售和使用捆绑从而扩大专利的垄断范围。在专利到期后因使用机器而收取使用费就是在专利到期后的期间主张垄断权，而那时专利已进入公有领域。我们在此分享上诉法院在 Ar-Tik Systems 公司诉 Dairy Queen 公司案②中的意见："在机器中包含的最后一个专利到期之后，专利垄断权就已用尽，试图通过延续许可协议将专利垄断延展到另一个期间是不可执行的。"

## 【反对意见】

哈兰大法官提出了反对意见。③

专利法禁止专利有效期之后限制专利的使用，但这并不影响对于非专利产品、有形机器的限制使用。本案包含混合的情况，所销售有体物机器包含了无体的被专利的思想，我将在以下的论述中努力把这两个问题分开来，既要证明对使用 Thys 的发明（Thys Ideas）不存在实质性限制，也要证明什么样的可能存在的（对机器使用的）轻微的限制与其他显然能被接受的对专利到期后的使用限制相比，这些轻微的限制会受到更少的异议。

第一，毫无疑问的是专利权人 Thys 公司可以合法地为其机器确立价格并且将其赊销付款延长至专利有效期结束后。同样不可质疑的是如果 Thys 没有

---

① Automatic Radio Co. v. Hazeltine, 339 U. S., at 827, 70 S. Ct. 897, 94 L. Ed. 1312.

② Ar-Tik Systems Inc. v. Dairy Queen Inc., 302 F. 2d 496 (1962).

③ 该部分是对哈兰大法官在判决书中论述的翻译，与判决书原文保持一致，故采用第一人称。——编者注

专利或如果其专利已经到期，他仍有权以灵活的基于使用的未明确确定的价格出售其机器。例如，留声机唱片制造商可以将一首已进入公共领域的歌曲的录音卖给一位自动点唱机的主人，其待定的对价是以录音播放次数为基础。

同样清楚地是，如果 Thys 许可另一个制造商生产包含其专利的啤酒花摘取机，使用费的收取是不能超过专利期限的。此类使用费的收取将会限制专利已进入公有领域后制造商对其利用，此类限制将是无效的。另一个例子，一位词曲作者可以在版权保护期内就每一次营利性利用他的歌曲收取使用费。但是一旦这首歌进入公有领域，公有领域的任何人都可以自由演唱。

事实上，Thys 既销售机器，也销售对其思想（idea）的使用。公司可以自由限制对其机器的使用，一旦其进入公有领域，它不能限制被专利的思想。考虑一下专利垄断权终止那一天的情况，任何制造商可以自由地生产 Thys 的啤酒花采摘机。之前购买过 Thys 机器的农民可以自由购买和使用任何其他种类的机器不论其是否包含 Thys 的思想，或者如果他能够，他可以自由制造一台。当然，他没有权利对抗 Thys 去自由使用任何 Thys 的机器。法院的意见一定是最终基于这样的主张，即通过将使用费与使用直接相关的事实，购买机器的农民被限制使用其特定的包含了专利思想的机器。

为检验这个观点，我再做个假设。假定 Thys 的合同既不规定首付的固定费用也不规定每年最低使用费，Thys 放弃其机器所有权的唯一补偿是基于使用的，超过专利有效期的使用费，没有任何使用机器的或不使用竞争者机器的要求。尽管有明确的对专利到期前后使用的限制，这种安排并不包含任何对专利影响力的滥用。除非最高法院的意见依赖于合同撰写的技术性，而不是交易的经济实质，假设的情况与实际案件的差别仅仅在于包含首付和不论是否使用的最低支付额的累计投资，这是购买者有义务向 Thys 支付的。如果投资将促使购买者使用其机器以便在尽可能大的生产基础上摊销机器的固定成本，我看不出这种区别有什么重要的。（在一个公寓楼的地下室安装一个有专利的投币洗衣机，不收取费用，除非该楼宇的所有人和租户每次使用投放 25 美分，这种情况不会构成专利权滥用。）法院多数意见的要义是限制使用而非鼓励使用。

第二，多数人意见的本质可能存在于这样一些认识中，即 Thys 利用“专利手段”在专利到期后收取使用费，这使得 Thys 从农民身上榨取了更多的费用，这超出了他应得的数额。如果是这种情况，法院应当区分长期使用支付和统一购买价格的长期分期付款。二者似乎同样都存在危险，当我阅读法院的意见后，认为后一种安排是合法的，尽管未能支付一个有条件的销售合同的分期付款将会允许销售者收回机器，从而终止而非限制农民的使用。而且，既然法院判决不支持申请人的理由几乎完全是基于其未能支付 500 美元的最低额度，而不是由于其未能对上述最低额度的使用进行支付，任何此类区别延期使用支付和延期分期付款的做法即便被接受，也不能成为免除所有申请人在专利到期之后义务的理由，而仅能成为在最低额支付基础上进行使用的理由；对于最低额支付本身（无论机器是否被使用都要进行此类支付）与分期付款的经济效果实质上是相同的。

事实上，若通过销售专利机器而不是许可他人生产这些机器的方式使用其专利，Thys 可以利用其专利通过调整使用价格向农民收取更高的费用，而非收取一个固定数额，那么上述区别是不应被接受的。我们应当考虑四种可能的情况，即农民可能对使用 Thys 机器的使用条件产生过高的估计、精确的估计、过低的估计或者没有确切的估计。若农民过高或精确估计了其使用条件，将会充分意识到从长远看来该为机器支付什么，因此在这种情况下，若假设他愿意为使用该机器支付比合同约定更高的价格，这是不现实的。如果农民低估了使用条件，那就会想到 Thys 将会占了农民的便宜；但是农民当然比 Thys 或任何其他人都更处于有利的位置去估计他自己的条件，在这方面并不需要法院的保护。如果农民对其使用条件没有一个固定的评估，他可能有好的商业理由要求按使用支付而完全与专利影响力无关，并有可能愿意以长远来说支付更多来换取这样的安排。

最后一个例子能表明我的观点：当 Thys 的专利还有几年才到期的时候，一个采用手工摘取啤酒花的农民来到 Thys 的零售店来询问采摘机器。销售员描述了标价 20000 美元机器的优势。机器对农民的价值取决于其对机器的使用。如果机器能实质上超越他的手工摘取的方法，他愿意在一段长的信用期限内支付 10000 美元。他因此提出当下支付 2000 美元，在 20 年的期限内每年支付 400 美元，并对合同期限内对于超过他能够手工摘取的最低数量的能从机器获得的任何产出进行额外的支付。Thys 接受了，而这样做，根据大多数人的意见构成了专利权滥用。我不认为这是好的法律。

第三，法院的判决建立在合同技术性框架的基础上，如果所有权是在合同终止时而非合同开始履行时转移，或者如果使用支付与专利许可不相联系，并且被描述为对机器分期支付的便捷方法，法院可能会做出不同的处理决定。如果判决意见的效果是 Thys 必须重写合同以达到相同的经济效果，这个判决不仅是错误的，而且显然是徒劳无益的。

我将维持原判决。

【案例要点解析】

该案的核心问题是专利权人在专利到期之后要求支付使用费是否构成专利权滥用，相应的专利许可协议是否导致无效。对此初审法院与上诉法院都认为：此案中专利权人收取许可使用费的期间仅仅是延展了对专利使用进行付费的时间，并非滥用专利权。美国最高法院的法官对该问题的意见也发生了分歧。多数人认为专利权人利用对超出专利权有效期的许可协议收取使用费属于本身违法。如果专利权人可以利用这样的工具，专利到期之后的自由市场将受制于垄断的影响，在专利到期后因使用机器而收取使用费就是在专利到期后的期间主张垄断权，而那时专利已进入公有领域。在机器中包含的最后一个专利到期之后，专利垄断权就已用尽，试图通过延续许可协议将专利垄断延展到另一个期间是不可执行的。

哈兰法官提出反对意见支持原审法院判决。他指出：专利法禁止专利有效期之后限制专利的使用，但这并不影响对于非专利产品、有形机器的限制使用。本案包含混合的情况，所销售有体物机器包含了无体的被专利的思想。毫无疑问的是，专利权人 Thys 公司可以合法地为其机器确立价格并且将其赊销付款延长至专利有效期结束后。同样不可质疑的是如果 Thys 没有专利或如果其专利已经到期，他仍有权以灵活的基于使用的未明确确定的价格出售其机器。

为了激励发明创造，法律赋予发明人垄断权，但同时为了平衡公共利益，对该垄断权有一定的限制，例如，只能在一定期限内享有，过期之后，该发明创造进入公有领域，成为公有财产，任何人均可无偿使用。对此限制不能允许专利权人通过合同约定予以改变。本案中，专利到期之后的期间要支付的使用费依据合同是专门针对这段时间的使用的，不能推定为专利到期之前的使用的延期支付，应当判定本案权利人在专利权到期后仍收取许可使用费的行为构成滥用。如果专利权人的真实意图是对使用费的延期支付，应当在合同中对此予以明确约定。

# Scheiber 诉杜比实验室公司*

美国联邦第七巡回上诉法院(2002)

## 【案件事实】

原告 Peter Scheiber 是一名音乐家，后成为发明人，其持有在被称为环绕声音的音频系统方面的美国和加拿大专利，其于 1983 年起诉 Dolby Laboratories, Inc.（简称杜比公司）侵犯其专利权。双方达成和解，一致同意原告将其专利许可给杜比公司，后者支付许可使用费。协议所包含的最后一个美国专利于 1993 年 5 月到期，最后一个加拿大专利于 1995 年 9 月到期。许可协议谈判期间，杜比公司向原告建议许可协议约定所有专利的许可使用费都将持续交到最后一个加拿大专利到期日，包括那些已经到期的专利，以换取一个较低的许可费率。如此一来，正如杜比所希望的，其分许可人可以适用该许可使用费从而避免其面对高的许可费率而止步不前。原告同意了该建议，并如是起草了许可协议，但是后来杜比拒绝对已过期专利支付使用费。专利权人起诉被许可人，要求其执行专利许可协议。

## 【审理过程】

印第安纳南区地区法院法官 John P. Godich 做出了有利于被许可人的简易判决，专利权人提起上诉。第七巡回上诉法院波斯纳法官判决：超过专利保护期的许可协议不可执行。“不洁之手”原理不适用于本案。维持原审判决。

## 【判决理由】

杜比公司认为，只要专利一到期，对协议之下的专利支付使用费的义务就到期了，因为使用费是以在专利保护范围的设备的销售为基础，专利到期就不存在落入专利保护范围的设备。这种论点使得杜比自己所提议的将使用费支付期限延长至最后一个专利到期的合同条款变得没有意义。不管怎样，

---

* Scheiber v. Dolby Laboratories, Inc., 293 F. 3d 1014 (7th Cir. 2002).

提及在专利保护范围的设备旨在清楚地确认作为许可使用费计算基础的设备而不是限制支付使用费的期限。(杜比既生产使用了原告专利的设备，也生产不使用专利的设备。) 杜比公司认为本案可以遵循最高法院就 Brulotte 诉 Thys 公司案[①]做出的判决。该判决指出：专利权人对于专利到期之后支付使用费的合同不可执行。该判决并未被推翻，下级法院在一些案件中都遵循了该案。Brulotte 案如同本案一样，所涉协议包含许可多个在不同日期到期的专利。这两个案件别无二致。该案的判决意见一直遭到严厉的批评。此类批评从哈兰大法官发表反对意见开始，到我院对 USM 公司诉 SPS 技术公司案的判决意见。最高法院的多数意见认为：通过获取在专利到期后继续支付使用费的承诺，专利权人延长了专利法规定的专利保护期限并且因此违反了法律。然而，这是不正确的。专利到期之后，任何人都可以利用专利方法或产品而不会构成专利侵权。专利不能再被用来排除他人的制造。届满的规定由此完成了其目标。对于一个被许可人遵循许可协议的约定在专利到期后支付使用费并未延长专利期限，因为正如本案情形，如果被许可人同意在专利到期后继续支付使用费，使用费将降低。专利的期限限定了专利权人获取使用费的权利，至于其是在短的期限内以高的费率获得使用费或在较长的期限内以较低费率收取使用费只是细节问题。

这种洞见并非源自我们。Brulotte 规则错误地假定在专利终止之后专利许可仍有意义。当专利期限届满，制造、使用、销售专利产品的专有权利也终止了。由于发明自此可被世人所利用，许可事实上就不再有价值。被许可人在订立许可合同之时大概是知道这一点的。如果许可协议要求超过专利期限支付使用费，那是合同双方将该支付建立在被许可人对专利有效期内许可的价值评估上。这种支付并不代表专利垄断在时间上的延伸。

法院不免除收货人的支付义务，因为收货之后付款是市场力量所致，这仅仅是货到付款交易的一个简单的分割。专利期限之外支付使用费与此并无不同。如果使用费的计算基于专利期满后的销售，这种计算也仅仅是专利权人与被许可人之间对风险转移的推迟付款安排。这种安排至多也就是如此，因为在那时专利权人已经没有什么可出售的。最高法院拒绝认可这种典型的专利过期之后支付的使用费仅仅是使用专利技术所应支付价格的分期偿还。

如果 Brulotte 案的判决是基于对宪法专利条款、专利法或其他法律的解释，那些批评就是不靠谱的，不过它似乎看上去只是一个缺乏根据的、对垄

---

① Brulotte v. Thys Co., 379 U.S., at 29, 85 S. Ct. 176, 13 L. Ed. 2d 99 (1964).

断的错位的恐惧的产物，与反垄断法甚至没有关联。判决的原理的基础是专利权滥用原则，这点将在之后详述。

专利授予了垄断的权利，专利的期限越长，垄断的程度越强。对专利期限的限制旨在限制赋予专利权人的垄断权。但是正如我们所指出的，在专利期限之外收取使用费并未延长专利权人的垄断，它只是变换了使用费支付的时间。

然而我们没有权利去否决最高法院的判决，无论我们认为其理由如何可疑，或者判决意见如何与最高法院现在的思考不相符合。在 Agostini 案①中，最高法院再次确认：如果本法院的先例在一个案件中直接适用，尽管看上去依据了在其他案件中被拒绝接受的理由，上诉法院也应当遵循直接约束的先例，将否定自己判决的特权留给最高法院。对最高法院判决意见的持续有效性的学术争论，不会当然免除下级联邦法院适用该意见的义务。在 Khan 案②中，下级法院指出：最高法院的判决已经显然与法院现时的反垄断思考缺乏关联，但我们拒绝宣称其已死亡，而是请求最高法院推翻、撤销和发回重审。最高法院这样做了，但明确提到将最高法院不再可信的判决的处置和埋葬留给最高法院去解决是正确的。

在 Aronson 诉 Quick point pencil 公司案③中（这个案件是 Brulotte 案之后几年裁决的），最高法院支持了一个表面上类似于 Brulotte 案中被无效的协议并且与本案讨论的问题相近：一个专利申请人将其期望获得授权的发明授权许可给一个公司，后者同意，如果专利不能被授权，只要该公司销售的产品包含该发明，则向发明申请人支付使用费。法院仔细地将此案与 Brulotte 案进行辨别区分，没有一个大法官提出早期的判决有什么问题。既然专利未被授权，专利权滥用的原则就不能适用，并且也无其他的理由判决该协议无效。法院强调 Brulotte 案是基于专利赋予的影响力而使专利权人在专利到期之后收取使用费。而这个影响力在 Aronson 案中不存在。

如果 Aronson 和 Brulotte 案彼此并不一致，而且法院没有在 Aronson 案中再次肯定 Brulotte，既然遵循 Brulotte 案将推翻 Aronson 案的判决，那么我们应当遵循 Aronson 案这个后面的意见。但是在 Aronson 案中再次确认 Brulotte 案告诉我们最高法院并不认为两个案件不一致，所以，无论是否同意，我们都没有理由宣称 Brulotte 案已被推翻。

---

① Agostini v. Felton，521 U. S.，at 203，237，117 S. Ct. 1997，138 L. Ed. 2d 391（1997）.

② Khan v. State Oil Co.，93 F. 3d 1358，1363（7th Cir. 1996）.

③ Aronson v. Quick Point Pencil Co.，440 U. S.，at 257，99 S. Ct. 1096，59 L. Ed. 2d 296（1979）.

Scheiber 进一步争辩道：Brulotte 案已经被 1988 年专利法修正案取代，该修正案规定如果有权获得侵权救济的专利权人以获得另一个专利的许可或购买一个独立的产品为条件而许可专利权或销售专利产品，除非专利权人在条件产品市场有市场支配力，否则不能被认为滥用或非法延伸他的专利权。该法案不能适用于本案。其只是用来限制侵权诉讼的抗辩，Scheiber 不是在诉侵权，而是诉请执行许可协议。他的专利已经过期，其不能起诉侵权。Scheiber 称既然协议是侵权诉讼和解中形成，那么限制该法案适用于此类诉讼的唯一效果是劝阻专利权人达成和解。其实不然。如果 Scheiber 在 1983 年针对杜比的侵权诉讼打下去，得到了判决，他是无法在专利过期后得到许可使用费的，因为杜比并未同意支付任何使用费，在案件和解之前没有许可协议。法案的意义在于如果之后的侵权人将与杜比的许可协议作为滥用 Scheiber 的专利，以不同专利搭售为理由，Scheiber 可以将此法案作为侵权人的专利权滥用抗辩的屏障。

1988 年新法案的抗辩明确限定于搭售，限制了搭售原则适用于搭售产品是专利，并且是在专利权人有真正的市场支配力的情况，而不仅仅是每个专利都具有的被赋予的垄断、排他权。本案有多个产品，它们被捆绑在一起作为一个包进行许可。但杜比拒绝支付使用费并不是由于美国和加拿大专利的捆绑许可，而是支付使用费义务的期限。本案的问题不是搭售，杜比公司也并非因此而拒绝支付使用费。如果仅有一个专利而协议要求被许可人在专利到期后继续支付使用费，问题与本案是一样的。

Brulotte 案称在专利期限之外延长收取使用费的义务相当于搭售，因为正如我们所指出的传统上反对的搭售是通过告知购买者除非他同意从卖家购买一个产品，否则不能购买搭售产品。卖家是试图将其垄断扩展到其他的商品，只是在产品上的扩展而非时间上的扩展。然而，如果卖家想要对其他产品索取垄断价格，买家不会愿意支付搭售产品他本应支付的同样多的价格，如果他必须购买的其他产品在之前的价格更低的话。获取被搭售产品市场的垄断要以失去搭售产品市场的垄断力量为代价。因此，正如一些案例法律和经济学术观点所指出的，想要利用搭售从而获得第二个垄断（或者专利到期后的使用费设置更长期限、数量更多的垄断）是经济上的无稽之谈，向商人灌输了系统化的非理性。在 1988 年的修正案中，似乎国会意识到了这一点。但是，即便修正案应当因此被解释为反对搭售案件的原理，而且即便 Brulotte 案的原则与那些不可信的搭售案的原则实质上是相同的，法院甚至采用了“影响力”一词，说利用影响力（及垄断所赋予的力量）使得使用费的支付超出专利保护期与努力扩大专利的垄断是类似的，它不会同意法案已经改变了判例所确立的规则。国会不会合乎逻辑地受限于规则。多数法案是妥协的产物，并且妥协不必直接针对逻辑连接点。没有证据表明国会在 1988 年修正案中想要或已经超出了搭售。如果它想要这么做，它本可以选择不同的词汇。

Scheiber 提出的另一个不适用 Brulotte 案的理由值得考量。这个理由是杜比公司以“不洁之手”来应诉，就不应当被允许引用和玷污最高法院的判决意见。Scheiber 指出是杜比公司要求他将使用费延续到最后一个专利到期时，现在却寻求方法逃避其接受并自愿承担的义务。

“不洁之手”原则源于衡平法，从名字也能看出其反映了衡平的道德背景，现在其只是意味着衡平救济，如果将使原告获得不当利益，则不能给予该救济。现在“不洁之手”真正仅意味着在衡平法，原告的过错如同被告的过错对于原告有权获得什么救济的问题是相关的。这个原则的适用是如果会助长或奖励不法行为，则收回衡平救济。这是对杜比寻求救济（效果就是单方解除许可协议）的恰当描述。但对 Scheiber 来说不走运的是这也是对几乎任何一个合同一方基于合同违法寻求救济的案件的恰当描述。

显然的问题是杜比不是在寻求衡平救济，它只是不想支付依据许可协议欠 Scheiber 的许可费，理由是产生支付义务的协议是非法的，并且因此是不可执行的。那也是法院如何将其放入 Brulotte 案中的，其效果如同解除合同。不过，在任何一个合同中的收款人因合同不可执行而被允许拒绝支付的案件中，情况都是如此。Scheiber 是原告，寻求赔偿，杜比则诉请对合同执行的违法性的抗辩。专利权滥用在 Brulotte 案中被适用，本案也被杜比引用的是一个衡平抗辩，并且“不洁之手”可以被用来对抗衡平抗辩，也可作为对衡平救济主张的抗辩。对一个法律主张的衡平抗辩必须在一个独立的衡平程序中提出，其中普通法案件中的原告将成为被告并且可以提请“不洁之手”的抗辩以对抗普通法案件中的被告即衡平程序中的原告。

我们无须深入讨论这个古老的区别，很显然在本案中适用“不洁之手”原则将极大地损害拒绝执行专利过期之后要求支付使用费的合同的政策。它将与最高法院在反垄断案件中拒绝同等过错抗辩不一致，既然拒绝的效果是给予合同中违反反垄断法的一方一个抗辩去执行合同，即便其是在完全了解的情况下签订合同的。自从最高法院在 Perma life 案中拒绝了反垄断案件同等过错的抗辩，这一点就变得很清楚，即无论何时，当一些衡平原则与反垄断法的目标相冲突之时，衡平原则必须让路。后来，最高法院将“不洁之手”等同于同等过错。

合同因违法而无效，杜比对 Scheiber 之诉的抗辩通常作为合同解除处理，意味着双方被尽可能地回复到如果合同从未签订双方所处的位置。例如，即便一个合同因违反欺诈法律而不可执行，履行一方仍然可以依据按合理价格支付的理论，即一种返还或赔偿，主张其履行的价值。但是 Scheiber 并没有争辩，如果合同确实是不可执行的，正如我们所相信的那样，他有权获得某种形式的利益补偿，即杜比被允许使用 Scheiber 的专利但没有支付双方之前约定的全部价格而获取的利益。如果杜比所支付的使用费数额低于其使用专利的公平市场价格，Scheiber 有权获得救济。但不管怎样，他没有提出按合理价格支付的主张。

杜比有权获得简易判决。

**【案例要点解析】**

本案的核心问题是：如果许可合同约定在专利到期后被许可人仍继续向专利权人支付许可使用费，该合同是否不可执行。审理此案的第七巡回上诉法院的波斯纳法官对该问题持有与最高法院之前判例意见不同的观点。最高法院就 Brulotte 诉 Thys 公司案做出的判决指出：专利权人对于专利到期之后支付使用费的合同不可执行。最高法院的多数意见认为：通过获取在专利到期后继续支付使用费的承诺，专利权人延长了专利法规定的专利保护期限并且因此违反了法律。波斯纳法官认为 Brulotte 规则错误地假定在专利终止之后专利许可仍有意义。当专利期限届满，制造、使用、销售专利产品的专有权利也终止了。由于发明进入公有领域，任何人都可以利用专利方法或产品而不会构成专利侵权。专利不能再被用来排除他人的制造。许可事实上就不再有价值。专利到期之后，许可协议约定在专利到期后支付使用费并不能延长专利期限，被许可人同意在专利到期后继续支付使用费只是为了在较长的期限内以较低费率支付使用费，而不是在短的期限内以高的费率支付使用费。许可使用费的总额是建立在被许可人对专利有效期内专利许可价值的评估上。协议只是双方对使用费支付的一种安排，并不代表专利垄断在时间上的延伸。但是鉴于 Brulotte 案判决并未被推翻，作为先例，其仍有拘束力。下级法院应当遵循先例。波斯纳法官最终还是依照 Brulotte 案确立的规则判决约定超过专利有效期仍支付使用费的许可协议不可执行。

## （四）差异许可费与权利滥用

### USM公司诉SPS技术公司*

美国联邦第七巡回上诉法院(1982)

**【案件事实】**

SPS Technologies（简称SPS，原审原告）是一家工业紧固件（industrial fasteners）生产商，1963年获得一件片状自锁工业紧固件的专利。1969年因为专利侵权，SPS起诉了USM（原审被告），而USM是紧固件的竞争制造商。根据双方在许可协议中规定的回授条款，地区法院对USM是否拥有该专利的有效许可问题进行审判，地区法院认为USM没有获得有效的许可。然后因双方达成和解，USM认可该专利有效并承认侵权。作为和解令的一部分，SPS许可USM使用专利，但要求它支付许可使用费。

1974年，SPS的起诉和解三年之后，USM提起了本案的诉讼，试图主张SPS的专利无效并且要回和解以来其支付的许可使用费。USM第一次主张SPS在专利局通过欺诈手段获得专利，并且主张SPS在之前的诉讼中向地区法院隐瞒了该欺诈行为，且这样做在本案中也存在欺诈行为。

**【审理过程】**

美国伊利诺伊州北区联邦地区法院于1978年6月12日做出一审判决认为：SPS在专利局存在欺诈行为，但对法院并不存在欺诈；并且截至第二次提起诉讼之日，USM有权宣告该专利无效，并要回自该诉讼之日以来支付的许可使用费及律师费。但拒绝重新考虑1978年判决中的观点，因为已决案件既判力的效力阻止USM要回在提起第二次诉讼之前已经支付的任何许可使用费，也就是自1971年（许可协议签订之日）到1974年之间支付的许可使用费。

---

* USM Corp. v. SPS Technologies，Inc.，694 F. 2d 505（1982）.

在交叉上诉中，USM 质疑地区法院在第一个诉讼中做出的在法庭中不存在欺诈的结论，并认为在任何情况下，专利案件的和解令都不应该具有已决案件效力；同时 SPS 质疑地区法院做出的其在专利局存在欺诈的结论，并认为在任何情况下，案件的既判力都使得 USM 不再因为该欺诈问题寻求救济。美国第七巡回上诉法院认为，如果 SPS 关于已决案件效力的主张是正确的，就不需要考虑地区法院认定在专利局的欺诈行为是否正确，所以法院就从既判力的分析开始，不过，没有在这里结束。USM 的案子不仅对专利的有效性提出质疑，而且还主张最早在第一次诉讼结束时签订的许可协议中的一些条款构成专利权滥用。由于这些条款在第一次诉讼中不可能受到质疑，USM 对这些条款的质疑不应被一事不再理所禁止。1978 年，地区法院在这一方面同意给予 SPS 简易判决，同时 USM 也将该问题与欺诈和既判力问题一起申请上诉。最终，1982 年第七巡回上诉法院判决：和解令有效，双方不得就专利有效性及侵权问题再行诉讼；双方之前诉讼和解所达成的许可协议中对差异许可费的安排不构成专利权滥用；撤销认定专利无效及授予被告的其他救济的判决；维持一审其他判决结果。

【判决理由】

本案涉及三个问题，即专利和解令的既判力、以欺诈作为既判力效力的抗辩理由、SPS 的差异许可费的合法性。

第一，对于专利和解令的既判力，联邦巡回上诉法院援引了 American Equipment 诉 Wikomi Mfg 案①，该案中 American 起诉 Wikomi 侵犯专利权，与 USM 案一样，双方针对专利有效性问题和侵权问题达成和解令，Wikomi 公司获得了专利许可以继续使用专利，但是其继任的公司拒绝根据许可协议支付许可使用费，致使 American 提起诉讼。联邦巡回上诉法院认为，American 公司有权要求简易判决，因为述及专利有效性和专利侵权的专利和解令，对于双方之间（或者与他们具有共同合同利益关系的其他人之间）后续任何诉讼都具有既判力。最近的其他判决和学术评论也都支持这一观点。② 所以，联邦巡回上诉法院类比引用本案，拒绝 USM 重新审查和解令的既判例效力的要求。

---

① American Equipment Corp. v. Wikomi Mfg. Co., 630 F. 2d 544 (7th Cir. 1980).

② See, e. g., Interdynamics, Inc. v. Firma Wolf, 653 F. 2d 93, 96 – 98 (3d Cir. 1981); Vulcan, Inc. v. Fordees Corp., 658 F. 2d 1106, 1111 (6th Cir. 1981); Note, "To Bind or Not to Bind": Bar and Merger Treatment of Consent Decrees in Patent Infringement Litigation, 74 Colum. L. Rev. 1322 (1974).

第二，关于SPS是否构成在诉讼阶段的欺诈并进而影响和解令的效力问题，法院否定了欺诈的成立。SPS涉嫌欺诈行为的例证是SPS的律师在第一次诉讼的审前证据开示阶段，拒绝向USM提交专利申请书。涉案专利设备的发明人Villo先生在几年前向专利局提交过专利申请，但是后来又撤回了专利申请。SPS未能将此申请提请专利局注意，所以随后法院把这一行为认定为在专利局存在欺诈行为。如果这是欺诈行为，而且SPS在第一次诉讼中欺诈性地拒绝向对方律师提交该申请，那么就可以强有力地论证SPS是通过欺诈获得了确认其专利有效性的和解令。在Villo先生的证词中提到了早先的专利申请。USM的律师问SPS的律师："我们能否看该申请的复印件?"SPS的律师拒绝了，说Villo先生已经表述了："该发明的早期形式，其不同于当前所披露和主张权利要求的发明……如果当时有申请，我认为该申请是不相关的。"USM放弃了这个问题。地区法院发现USM对该申请有足够的了解，如果USM"选择进一步提出证据披露的要求"，它本可以获得申请本身的内容以及需要证明在专利局存在欺诈行为的其他信息。SPS的律师不否认存在专利申请，虽然他否认了其关联性，但如果USM的律师更尽力的话，这并不会阻止其获得这份文件。SPS的律师只是不愿主动出示这份文件，毫无疑问他希望USM的律师不会进一步深究该问题。

欺诈其实是立法者或者法官想要进行惩罚的歪曲和遗漏行为的一个名称。那么，SPS律师的行为是否应该受到惩罚呢?SPS律师与USM律师是对手，在这样一种关系中，如果将一方未能向对方提交一份对自己一方有损害的文件就称为欺诈是不适当的。未能提交早期申请文件以及其他一些诉称的与之相似、并不更加严重的欺诈行为并非是做出和解令的依据，因此，1971年的和解令是有效的，它阻止了双方当事人就SPS专利的有效性以及USM涉嫌侵权的行为的再次诉讼。

第三，关于SPS的差异许可费的合法性问题，法院否定了USM的意见。在1971年5月3日达成的和解协议中，约定差异许可费方案作为和解协议终结诉讼的一部分，要求USM将其获得的分许可收入中的25%支付给SPS，如果USM的分许可人恰巧是SPS之前已经直接许可过的四家公司，那么USM需要将获得的许可费的75%支付给SPS。

专利滥用原则基于衡平法的概念，设计其用来阻止专利所有人利用其专利违反公共政策。[①] 但这种界定太模糊，无法适用。过于较真就会将专利权置

① Morton Salt Co. v. G. S. Suppiger Co., 314 U. S., at 488, 62 S. Ct. 402, 86 L. Ed. 363 (1942).

于危险之中。实际上，该原则的适用很大程度上被局限在一些具体的实践中，即那些专利权人试图将专利“延伸”出法定界限的案例中。早期的一个案例是关于固定专利购买者转售专利产品的价格。[①] 法院推理：一旦专利权人放弃专利产品的所有权，他的专利权即终结，对购买者的任何进一步的限制都会超出其法定的权利范围。对该原则的普遍适用中大多数法院都秉持这个理念，这是为了阻止专利所有人要求被许可人购买那些需要与专利设备一起使用的非专利部分——例如，购买油印机的墨水。[②]

转售价格维持和搭售都是涉及专利权滥用和反垄断规则的行为。但是，尽管在 Dr. Miles Medical 诉 John D. Park & Sons 案[③]之后，专利所有人维持转售价格的行为被视为是滥用行为（该案确认《谢尔曼法》禁止在非专利案件中维持转售价格）[④]，并且 1914 年颁布的《克莱顿法》第三章也认为专利搭售属于滥用行为，[⑤] 然而，在这两种情况下，专利权人行为的违法性判断是基于专利滥用原则而不是反垄断法。最近，该原则被用来禁止专利权人要求被许可人在专利期届满后支付许可使用费[⑥]，或者通过销售含有专利项目的非专利产品来计算许可使用费[⑦]，或者要求被许可人不得制造和专利产品竞争的任何产品[⑧]。

作为根本的问题，我们可能需质疑这些做法是否真是对专利权进行的“延伸”。专利权人限制购买人或被许可人的自由——无论是对设定价格、选择对专利进行补充性投入、还是制造竞争产品的自由——都应当通过收取较低的专利使用费作为对购买者施加的限制的补偿。例如，如果专利权人要求被许可人同意在专利期满后继续支付许可费，专利权人不可能在专利期满之前使被许可人同意支付巨额的许可费。

在所有的这些情况下，专利权人的总收入可能会更高——为什么他会施

① See Bauer & Cie. v. O'Donnell, 229 U. S., at 1, 33 S. Ct. 616, 57 L. Ed. 1041 (1913).

② See generally Dawson Chem. Co. v. Rohm & Haas Co., 448 U. S., at 176, 188-193, 100 S. Ct. 2601, 2609-2611, 65 L. Ed. 2d 696 (1980).

③ Dr. Miles Medical Co. v. John D. Park & Sons Co., 220 U. S., at 373, 31 S. Ct. 376, 55 L. Ed. 502 (1911).

④ Bauer & Cie. v. O'Donnell, supra.

⑤ Motion Picture Patents Co. v. Universal Film Mfg. Co., 243 U. S., at 502, 517-518, 37 S. Ct. 416, 420-421, 61 L. Ed. 871 (1917).

⑥ Brulotte v. Thys Co., 379 U. S., at 29, 85 S. Ct. 176, 13 L. Ed. 2d 99 (1964).

⑦ Zenith Radio Corp. v. Hazeltine Research, Inc., 395 U. S., at 100, 133-140, 89 S. Ct. 1562, 1581-1585, 23 L. Ed. 2d 129 (1969).

⑧ Stewart v. Mo-Trim, Inc., 192 U. S. P. Q. 410 (S. D. Ohio 1975).

加限制呢？专利权人试图从专利中获得尽可能多的收益是没错的。不可否认，搭售是价格歧视的一种方式。它使得专利权人根据每个用户对专利需求的迫切程度（例如，油印机）来收取不同的费用，而这种专利需求的不同程度是通过对被搭售产品（例如，墨水）的消费数量来计算的。① 如我们所知，并没有原则明确禁止专利权人实施价格歧视，但为什么仅将搭售这一种类型的价格歧视视为违法呢？其原因并不清楚。

这些试图对被许可人施加超过专利授权义务的案件的判决究竟是否正确呢？我们在此并未做出区分。但是我们必须考虑专利滥用原则是否超出了这些具体的实践，并且构成了与反垄断法相区分的专利许可的一般规范。

早在联邦反垄断法有明确规定之前，该原则就已经出现了，并且早在反垄断法发展到现在的规模之前就已经发展趋近成熟。虽然目前反垄断法被适用于所有可能实质上损害竞争的行为，但很难给一个同样也是设计来阻止反竞争行为的原则的角色进行定义，即防止专利垄断权滥用的原则。不同于反垄断法，专利滥用原则谴责任何实践中的对竞争造成损害的专利许可，即使是微不足道的对社会福利没有影响的反竞争行为。该观点可以解释 Duplan 公司诉 Deering Milliken 案②，该案认为专利搭售协议本身就是滥用，除非专利所有人表明他实施搭售的非垄断原因，比如保护商誉。根据反垄断法，为了初步证明搭售行为是违法的，首先需要证明被告在搭售产品市场具有市场支配力③，但是 Duplan 案在专利滥用情况下取消了这个要求。如果专利权人没有市场支配力（当然，不是每一个专利都有市场支配力④）他是不能利用搭售实施价格歧视的，他更不可能将在搭售品市场的支配力传导到被搭售品市场。这种情况的逻辑前提是搭售可以提高经济效益，关于这一点存在很多假说⑤。很难理解为什么在这种情形下搭售提高了经济效率而非限制了竞争，但关于专利滥用问题的举证责任却转移给了专利权人。

像 Duplan 这样的搭售案件——最好是简单地理解为适用传统上的专利权

---

① Heaton-Peninsular Button-Fastener Co. v. Eureka Specialty Co., 77 F. 288, 296 (6th Cir. 1896); Stigler, The Theory of Price 210-211 (3d ed. 1966); Bowman, Patent and Antitrust Law 55, 116-119 (1973).

② Duplan Corp. v. Deering Milliken, Inc., 444 F. Supp. at 648, 697 (D. S. C. 1977), aff'd in relevant part, 594 F. 2d 979 (4th Cir. 1979).

③ United States Steel Corp. v. Fortner Enterprises, Inc., 429 U. S., at 610, 97 S. Ct. 861, 51 L. Ed. 2d 80 (1977).

④ SCM Corp. v. Xerox Corp., 645 F. 2d 1195, 1203 (2d Cir. 1981).

⑤ See Bork, The Antitrust Paradox 375-381 (1978).

滥用原则，而不是刻板地去适用反垄断法。在这些界限之外，专利权滥用的分析与标准的反垄断分析的趋同性日益增加。[①] 人们发现在司法判决中，相较反垄断案件，专利权滥用案件要求的证明行为反竞争效果的证据相对较少。[②] 但是，除了传统的适用该原则的案例以外，我们并没有发现因适用和反垄断法不同的标准而导致结果不同的案件。例如，Transitron 案的争议点是专利滥用是否构成侵权，法院认为不构成。

如果对专利权滥用不用传统的反垄断规则来检验，那么又应该用什么规则来检验？我们的法律关于垄断性滥用的替代性概念还不是很丰富，但若没有经历限制专利权人的权利使其不确定的过程，那么要谈发展该原则即为时过晚。[③]

最后关于 USM 专利滥用的个别指控，地区法院已经通过简易判决的方式驳回该指控，我们认为应当根据反垄断的规则来进行评估。基本收费标准是 SPS 制订的差异许可费方案。反垄断法的一般规则是不禁止向不同的消费者收取不同的价格，但是这种收费方式通常被人们称为“价格歧视”。（价格歧视的技术经济学定义是价格—成本比例的差异，而不是单独的价格差异。）即便根据《克莱顿法》第 2（a）（被《罗宾逊-帕特曼法案》第 15 条修订）的规定，价格歧视也并非本身违法。[④] 根据《谢尔曼法》第 15 条第 2 款的规定，行为可能在特定案件中被认定为企图垄断或者垄断，或者根据该法第 1 条的规定认为违反合理性原则，但是 USM 没有做出任何努力去证明任何这些违法行为的要素。

具体来说，反垄断法并不禁止专利所有人利用价格歧视使其专利收入最大化。[⑤] 法院最多仅在一系列涉及机器剥虾壳的专利方法的案件中认定行为是违反反垄断法规则的价格歧视行为。[⑥] 专利权人以高于墨西哥湾沿岸加工商两

---

① See, e. g., Carter-Wallace, Inc. v. United States, 449 F. 2d 1374, 1378-1382 (Ct. Cl. 1971); Congoleum Indus., Inc. v. Armstrong Cork Co., 366 F. Supp. at 220, 227-232 (E. D. Pa. 1973), aff'd, 510 F. 2d 334 (3d Cir. 1975); SCM Corp. v. Xerox Corp., 463 F. Supp. at 983, 997-998 (D. Conn. 1978).

② See, e. g., Transitron Electronic Corp. v. Hughes Aircraft Co., 487 F. Supp. at 885, 892-893 (D. Mass. 1980), aff'd, 649 F. 2d 871 (1st Cir. 1981).

③ Cf. Hensley Equipment Co. v. Esco Corp., 383 F. 2d 252, 261-262 n. 19, amended, 386 F. 2d 442 (5th Cir. 1967).

④ O. Hommel Co. v. Ferro Corp., 659 F. 2d 340, 346 (3d Cir. 1981); American Oil Co. v. FTC, 325 F. 2d 101, 106 (7th Cir. 1963).

⑤ Bela Seating Co. v. Poloron Prods., Inc., 438 F. 2d 733, 738 (7th Cir. 1971).

⑥ La Peyre v. FTC, 366 F. 2d 117 (5th Cir. 1966); Laitram Corp. v. King Crab, Inc., 244 F. Supp. at 9, modified, 245 F. Supp. at 1019 (D. Alaska 1965); Peelers Co. v. Wendt, 260 F. Supp. at 193 (W. D. Wash. 1966).

倍的价格将机器租给太平洋北部地区的虾类加工商，因为太平洋北部地区的虾更小，手工剥虾需要两倍的劳动力。这是经济意义上的价格歧视。租赁费率根据买方对专利方法的需求强度有所不同（西北太平洋地区的费率更高，因为更高的劳动力成本被专利方法所取代），而不是根据专利权人处理这两个地区成本的差异。但是联邦贸易委员会和法官关注的焦点不是抽象意义上价格歧视的弊端，而是价格歧视对于限制竞争的影响。如果收取同等的租赁费率，太平洋西北部的企业就可以向墨西哥湾区的企业供货，[①] 这种（串货）的影响是恶劣的，因为专利权人本可以向墨西哥湾区的企业进行许可获利的。

该判决遭到了批评。[②] 他们要求专利权人制订一份价格方案以增强相关市场的竞争——好像反垄断法的功能是迫使企业竞争的最大化，而不是阻止他们限制竞争。积极和消极的义务是有区别的，反垄断法像侵权法中的其他法律原则一样，通常被理解为只施加消极义务。价格歧视并没有对太平洋西北部的企业造成损害，而仅是让它们处于与专利方法获得之前的墨西哥湾沿岸企业同等的地位。

但是，无论他们的判决是否正确，剥虾壳案与本案是不同的。没有证据显示对专利权人的客户市场产生了任何竞争性影响。[③] USM 没有提出任何证据证明：要不是因为许可费的差异，SPS 的被许可人以及再许可人之间生产或销售产品的竞争会更加激烈。主要区别在于 USM 保留了部分许可费，而不是由分许可人支付的金额。不可否认该数额可能会存在一些差异。虽然一般的许可费率是 4%，其中 USM 保留 3%，SPS 得到 1%，如果 USM 再许可的这四家公司已经获得 SPS 的许可，并且这些公司没有放弃 SPS 许可，则许可费率就会提高到 5%，USM 保留 1%，SPS 得到剩下的 4%。但是 1% 的成本差异不足以推定产生了显著影响竞争的效果。

可以想到：USM 保留许可费的数额和 SPS 保留的许可费的数额之间的差异越大，越可能影响这两个公司之间的竞争状况，而不是它们和分许可人之间的竞争状况。USM 目前的证据表明它包含 SPS 专利的技术是优于 SPS 本身的技术的，而且 SPS 采用了许可费保留差异，因为它知道若没有该许可费保

---

① 若收取相同的费率，相当于降低了太平洋西北部的企业的生产成本，因此产品最终的价格便低于墨西哥湾，从而改变了原本的竞争状态。——编者注

② See Bowman, supra, at 105-110; Baxter, Legal Restrictions on Exploitation of the Patent Monopoly: An Economic Analysis, 76 Yale L. J. 267, 280-299 (1966).

③ Bela Seating Co. v. Poloron Prods., Inc., supra, 438 F. 2d 733 at 738-739.

留，USM 将绕过 SPS 直接向这四家公司许可。即使是这样，对 USM 应对反垄断案件也不会有很大帮助。正如地区法院所指出的，授予专利的实质是允许专利权人排除使用该专利的竞争，或者在没有明显超出范围的限制内，以他认为合适条件将专利许可给竞争对手。在任何情况下，根据第七巡回法院在反垄断案件中确立的合理原则的要求，USM 没有尽力提供在相关市场上存在或可能存在反竞争影响的证据。[①] 没有理由认为差异许可费是本身非法的。竞争者之间的专利许可协议有时会受到反垄断法的打击，当然，这只存在于有证据证明许可行为超出了专利权所隐含的范围而产生反竞争效果的情况。[②]

此外，许可协议使得直接从 SPS 处获得许可的四家公司有权以 USM 的其他分许可人相同的条款从 USM 处获得分许可。如果 USM 的技术真的比 SPS 的技术好——好到值得为了它支付额外 1% 的许可费——这四家公司将会从 USM 处获得分许可。如果他们那样做了，而不是在早先的和解协议中和 SPS 商定达成有区别的许可协议的话，USM 未来就会变得很糟糕，但这行为本身并不违反反垄断法。该法不是为个别公司设计，而是为了保护竞争的过程。在该案诉讼的四年间（1974 年起诉，1978 年对滥用问题做出简易判决），USM 没提供证明存在或可能存在限制竞争效果的证据，以简易判决的方式驳回其专利权滥用的主张是合理的。[③]

再者，基于 USM 对为什么 SPS 要施加许可费保留差异的解释，我们对 SPS 的四个直接被许可人有权以很小或没有额外成本的方式要求 USM 进行许可的主张是存在疑问的。SPS 提交的一份简易判决的动议提出了另外一种解释，但地区法院没有提及该解释。SPS 的证词表明许可使用费保留差异是为了克服“搭便车”的问题。是 SPS（而不是 USM）已经许可了这四家公司，并且希望努力获得公平的回报。整合被许可人是需要成本的，因此 USM 强调 1% 的许可费无法弥补再许可给这四家公司花费的成本。否则，SPS 不会允许 USM 保留从分许可获得的 75% 的许可使用费，这是为了补偿 USM 安排使用该专利做出的努力。如果该努力是 SPS 做出的，那么这是过度补偿；换句话说，USM 想分 SPS 的一杯羹。在这些情况下，许可使用费差异根本就不是“歧视性的”。反垄断法也越来越容忍这种合同安排，即为了减少“搭便车”从而促

---

① Dos Santos v. Columbus-Cuneo-Cabrini Medical Center，684 F. 2d 1346，1352 (7th Cir. 1982).

② Priest，Cartels and Patent License Arrangements，20 J. Law & Econ. 309 (1977).

③ Weit v. Continental Illinois Nat'l Bank & Trust Co.，641 F. 2d 457，464 (7th Cir. 1981)；Products LiabilityIns. Agency，Inc. v. Crum & Forster Ins. Cos.，682 F. 2d 660，663 (7th Cir. 1982).

进竞争的合同安排。[①]

然而，当地区法院认定（我们还未审查）该专利是通过欺诈获得从而导致专利无效的话，那么我们在此陈述许可协议并不存在损害竞争的效果的理由就显得很讽刺。如果专利真的是无效的（很可能它的确是无效的），那么该许可协议就比我们之前讨论的（性质）更加恶劣，因为毕竟 SPS 和 USM 是竞争对手。但是，除非我们推翻 Wikomi 判决（但我们并无意这么做），那么我们在处理专利滥用的前提是假设该专利是有效的。当然，我们无意在本判决中对任何质疑 SPS 专利并已经提起的诉讼产生任何偏见性影响。而且，无论如何，专利现在已经过期，不能再对竞争产生任何限制效果。

**【案例要点解析】**

本案主要涉及和解令的既判力、SPS 是否构成在诉讼阶段的欺诈并进而影响和解令的效力问题以及差异许可费是否具有合法性等问题。本书的主题是专利许可，因此本部分重点评析差异许可费的合法性问题。关于专利权滥用的认定，波斯纳法官探讨了专利权滥用原则与反垄断法原则的区别，二者都有制止反竞争行为的目的。然而适用反垄断法，判断专利权人的行为是否构成垄断，首先满足的条件是有证据证明专利权人具有市场支配力。而适用专利权滥用原则，则取消了这个要求，无须证明专利权人具有市场支配力，相较于反垄断案件，专利权滥用案件要求的证明行为反竞争效果的证据相对较少。波斯纳法官认为：专利滥用原则适用于那些专利权人试图将专利“延伸”出法定界限的案例中，不过确有必要仔细考量某些做法是否真是对专利权进行的“延伸”。不同于反垄断法，专利权滥用原则谴责任何实践中的对竞争造成损害的专利许可，即使是微不足道的对社会福利没有影响的反竞争行为。

涉及本案的差异许可使用费是否违法的问题，波斯纳法官依据反垄断法、谢尔曼法等认为，价格歧视也并非本身违法。行为可能在特定案件中被认定为企图垄断或者垄断，或者被认为违反合理性原则，但是本案 USM 没有做出任何努力去证明任何这些违法行为的要素。“向不同的消费者收取不同的价格，这种被认为成为‘价格歧视’的方式并不违法”。价格歧视是否合法主要取决于行为人是否握有市场力量。差异许可费也是如此，关键还是要看专利

---

① See, e.g., United States Trotting Ass'n v. Chicago Downs Ass'n, Inc., 665 F.2d 781, 789 (7th Cir. 1981) (en banc); Muenster Butane, Inc. v. Stewart Co., 651 F.2d 292, 297 (5th Cir. 1981).

权人在专利的相关产品市场能否发挥实质性影响力。波斯纳法官认为专利权人有权从其专利中获得或试图获取利益最大化，差异许可费正是实现这一目的的有效途径。没有证据显示差异许可费对专利权人的客户市场产生了任何竞争性影响。如果许可使用费差异的约定是为了减少“搭便车”从而促进竞争的合同安排，那么就不能认定是“歧视性的”。反垄断法不禁止这种合同安排。

因此，根据本案的判决意见及结果可以得出如下结论：从专利权人享有的专利权来讲，对不同的被许可人收取不同的许可费是其正当的权利。因为在市场竞争中，由于许可使用的地域范围不同，被许可人产品生产条件的不同等因素，专利权人可以收取不同的许可费。也就是说专利权人有权在相同的许可合同中针对不同的许可对象收取不同的许可费。因此，只要专利权人在不破坏市场竞争秩序并不超出合理范围之内，针对不同的被许可人收取不同的许可费是合理的。但是，如果专利权人对专利产品市场具有支配力，差异许可费对竞争造成了实质不利影响，那么这种在许可协议中订立差异许可费条款就属于违法行为。

## （五）禁止竞争条款与权利滥用

### County Materials 公司诉 Allan Block 公司*

美国联邦第七巡回上诉法院(2007)

**【案件事实】**

初审原告 County Materials 公司（简称 County 公司）是一家位于威斯康星州的生产混凝土块的企业，被告 Allan Block 公司（简称 Allan 公司）则是一家位于明尼苏达州主营混凝土块制造技术研发、技术销售和专利许可的公司，但 Allan 公司自己并不从事混凝土块的生产。1993 年 4 月，County 公司的前身，即 County Concrete 公司与 Allan 公司签订了一份授权生产许可协议（简称协议）。依据协议，Allan 公司将其一项专利授权给 County 公司使用，允许后者使用该专利技术在威斯康星州西北部生产混凝土块。协议约定该授权为专有许可，地域范围限于威斯康星西部地区。协议还许可 County 公司售卖这些用 Allan 公司专利生产的产品时使用 Allan 公司的商标。此外，Allan 公司还同意在协议生效期间将给予 County 公司全方位的支持，包括重要的技术支持、市场支持以及战略支持等。

协议中还约定了一个有限的禁止竞争条款。依照该条款，Allan 公司一方面允许 County 公司在任何时候制作并销售两种特定的混凝土产品，尽管这两款混凝土产品与使用 Allan 公司专利生产的产品构成市场竞争；另一方面禁止 County 公司在协议终止后 18 个月内以任何方式，无论是直接还是间接参与——包括制造、销售或者制造并销售——其他竞争性混凝土产品的制造、销售，但前述两款特定混凝土产品除外。

2005 年，Allan 公司告知 County 公司合同期满后将不再与其续订合同。此后不久，County 公司自主设计了一种新型混凝土产品，这款新产品将在威斯康星州西北部地区，与使用 Allan 公司专利生产并销售的产品发生直接竞争。

* County Materials Corp. v. Allan Block Corp., 502 F. 3d 730 (7th Cir. 2007).

当 County 公司着手生产这种新产品时，Allan 公司威胁将通过诉讼来捍卫自己的利益，依据就是协议约定的禁止竞争条款。County 公司决定先发制人，于是向法院提起诉讼，就其计划的违约行为提出专利权滥用抗辩，要求法院宣告协议中的禁止竞争条款由于违反联邦专利法而不可执行。

【审理过程】

初审过程中，威斯康星州西部地区法院适用简易程序审理了本案，并做了有利于专利权人的简易判决，认为不存在对联邦专利政策或明尼苏达州法律的违反。原告随即提起上诉。

美国第七巡回上诉法院 Wood 法官判决认定：（1）该案是一个属于地区上诉法院而非联邦巡回法院管辖的案件；（2）合同中的禁止竞争条款不构成专利权滥用；（3）合同中的禁止竞争条款合法有效，是可执行的；（4）地区法院否决被许可人公开部分记录的动议不构成滥用自由裁量权。最终上诉法院同意地区法院的结论，维持原判决。

【判决理由】

1. 管辖权

地区法院对于这一案件的司法管辖权是基于跨州管辖权（diversity①），County 公司是主要营业地在威斯康星州的威斯康星公司，而 Allan 公司是主要营业地在明尼苏达州的明尼苏达公司。County 公司主张的赔偿额超过了 75000 美元。Allan 公司则主张本案上诉的管辖权应当属于联邦巡回上诉法院，而不是本院。最高法院确认联邦巡回上诉法院的管辖权只是针对如下案件：即起诉状明确了案件诉由是基于联邦专利法而产生或者原告权利的救济依赖于对联邦专利法实质性问题的解决。而对于本案，显然联邦专利法并未产生诉由。原告的主张是关于合同或许可协议的可执行性。对本上诉案件的处理并不需要解决联邦专利法的实质性问题。本院拥有管辖权，有权就案件进行审理和裁决。

2. 禁止竞争条款是否滥用专利权

协议双方似乎同意生产协议是一个专利许可，这也是本院对协议的定性。

County 公司的主要诉讼理由是其认为专利许可协议中的禁止竞争条款

---

① 有的将其翻译为跨州案件，有的将其翻译为异籍管辖权。Diversity jurisdiction 是美国联邦法院管辖权的来源之一，即不同州当事人之间的案件，如果当事人都属于同一个州，就应该是州法院的管辖权。——编者注

"本身"（per se）[①] 是一个违法的滥用专利权的行为，是 Allan 公司不当利用自己专利获得竞争优势的行为。County 公司的这种主张的确在某些情形下曾经获得过认可，但如今这种主张如果不是被完全拒绝，至少也是不会被支持的。

在当下，滥用专利权的概念首先受到制定法，其次是判例法的约束。根据美国法典（U. S. C.）第 35 编第 271 条 D 款的规定，实质上不再认为一般的基于捆绑销售或者拒绝交易属于滥用专利权，除非专利权人具有强大的市场影响力。正如联邦巡回法院在 Virginia Panel 案[②]中解释的那样，的确存在一些被法院认定为本质上构成专利权滥用的做法，比如"专利权人通过索要过期专利使用费的方式来延长其专利期限"的情形。但美国法典（U. S. C.）第 35 编第 271 条 D 款规定的情形则不属于专利滥用：

"如果某种做法既不属于本身违法的情形，也未被明确地从第 271 条 D 款关于权利滥用的分析中排除，那么法院就必须判断该行为是否处于合理的专利授权范围，比如，其是否与专利权利要求范围内的标的物相关。如果答案是肯定的，那么这种做法就没有扩充专利权范围的效果，因此也就不构成专利权滥用；反之，如果这种做法扩充了专利权人的法定权利范围，并产生了反竞争的效果，那么此时必须根据合理原则（rule of reason）对这种做法进行分析。根据合理原则，事实的查明者必须查清诉争的做法是否给竞争施加了不合理的限制，此时需综合考虑一系列要素，包括相关交易的特定信息、限制施加前后的情况变化、限制的历史、性质和效果等。"

本案中，County 公司并未在诉讼中主张 Allan 公司试图通过索取过期使用费来延长其专利期限。因此，诉称应该适用某种形式的本身违法原则对本案进行分析是不正确的。本案中我们必须根据合理原则来评估协议中的禁止竞争条款。County 公司诉称该条款不合理，理由是该条款允许 Allan 公司利用其专利来将非专利产品从市场竞争中排除出去。

County 公司辩称"专利影响力是推定的"，而且"存在着确定是否滥用专利影响力的合理方法"。无论人们如何评价影响力理论（leveraging theory），然而毫无疑问的是在有效期过后收取使用费的狭窄范围之外，不存在任何利用影响力的推定。在 Brulotte 案[③]中，最高法院认为存在着合理利用专利优势

---

① Per se unlawful 是指"本身违法"，per se rule 与 rule of reason（合理原则）相对应，per se rule 就是一旦符合违法要件，法院不用做过多分析，可以直接认定其违法。——编者注

② Virginia Panel Corp. v. MAC panel Co. 133 F. 3d 860（Fed. Cir. 1997）.

③ Brulotte v. Thys Co.，379 U. S. at 33，85 S. Ct. 176，（1964）.

和不合理利用专利优势两种情形，并指出“法律允许专利权人利用自己的垄断优势在谈判中获得尽可能多的专利许可费，但是利用这种优势来获得专利期限之外的许可使用费，则类似于扩大这种专利垄断的优势”。但正如国会和最高法院认为的那样，如果专利并未给专利权人带来任何市场支配力，那么专利权人也不可能行使任何来自于专利的影响力。（注意在判断是否构成专利权滥用时，国会认为仅拥有专利权并不构成“市场支配力”，这与反垄断法的结论一致。）正如 Aronson 案[①]判决认定的，无论专利是否最终被授权，执行一个规定了对发明延期付费的协议不构成对公共政策的违反。

对 County 公司所寻求的“确定某种做法是否构成专利滥用的合理方法”，联邦巡回上诉法院在 Windsurfing Int'l，Inc. 案[②]中为我们提供了有益的指引。在该案中，联邦巡回上诉法院指出：除非当事人有确定的证据证明专利权人以不被允许的方式扩展了专利权的物理或时间范围，带来了反竞争的效果，否则不存在专利权滥用。满足这个标准，需要证明对竞争的总体损害。与 County 公司的论点相反，其要充分考虑专利的存在旨在激励进步和创新的事实，即根据 Windsurfing 案确定的标准，为了确定是否存在滥用专利权的行为，必须考虑“是否阻碍了进步和创新”，并允许法院就是否延缓进步这一模糊的问题做出具体的回答。

County 公司所援引的大部分案件都来自最高法院认识到纵向限制[③]可能产生效率之前的时代。一个并不在生产领域竞争的专利权人对进行生产的被许可人所施加的限制即是此种类型的限制。比如，在 Columbus Auto 案[④]中，法院认为专利许可协议中禁止被许可人从事竞争商品生产的条款是非法的。类似的是第三巡回法院在 National Lockwasher 案[⑤]中认为：根据专有许可协议，被许可人向许可人承诺其将仅使用许可人的技术，这种情形是不能被允许的。但如今无论是在法院还是在联邦执法机构，上述观点已不再适用。在《知识产权许可的反垄断指南》[⑥] 第 5 条第 4 款中，美国司法部与联邦贸易委员会写道：“在知识产权领域，如果一项许可禁止被许可人许可、出售、分销或使用

---

① Aronson v. Quick point pencil Co.，440 U. S.，at 257. 99 S. Ct. 1096，59 L. Ed. 2d 296（1979）.

② Windsurfing Int'l，Inc. v. AMF，Inc. 782 F. 2d 995（Fed. Cir. 1986）.

③ 所谓的纵向限制（vertical restriction）是指处于同一商品或服务的生产或销售的不同阶段上的经营主体之间限制其经营活动的协议，在本案中是指专利权人对被许可使用专利生产的人所施加的一种限制。

④ Columbus Auto. Corp. v. Oldberg Mfg. Co.，387 F. 2d 643，644（10th Cir. 1968）.

⑤ National Lockwasher Co. v. George K. Garrett Co. 137 F. 2d 255，256（3d Cir. 1943）.

⑥ Antitrust Guidelines for the Licensing of Intellectual Property（1995. 4. 6）.

与许可技术相竞争的其他技术，这就构成一个排他的交易。排他交易安排要根据合理原则来进行评估。”作为对最后一句话的说明，上述机构还援引了Tampa Electric Co. v. Nashville Coal Co. 案①作为依据，在该案中，最高法院利用合理原则对独家交易进行了评估，而该交易并不涉及知识产权。

简而言之，在适用合理原则进行评估的案件中，是否产生反竞争效果，对判断是否构成专利权滥用起着关键作用。Windsurfing 案②是最早认可这一点的众多案件之一。在该案中，法院要求“进行一个事实判定，即事实表明许可的总体效果倾向于在一个确定的相关市场中非法限制竞争”。原告不需要证明被告利用专利获得某种影响力的主观意图。我们认为原告也无须给出能够充分证明反垄断法被违反的情形证据。但在简易判决中必须有相关证据证明在相关市场产生的不利后果，这对任何适用合理性原则的诉讼请求都是至关重要的。

下面我们来分析本案。没有证据表明 County 公司与 Allan 公司之间的协议仅考虑了单方的利益（one-sideness）或 Allan 公司滥用自己专利权的情形。County 公司获得了相当的利益：一开始是有权使用 Allan 公司专利生产专利产品，然后是有权使用 Allan 公司商标以及从 Allan 公司获得技术支持、市场支持和战略支持服务的权利。反过来讲，County 公司必须承诺向 Allan 公司支付专利许可费和尽力实施 Allan 公司专利。如果 County 公司有充分的自由在市场上所有潜在的竞争商品中进行选择，就相当于 Allan 公司交出了使用其专利和专有技术的权利，却无法获得或获得很少的回报。对任何从事这类产品的生产和销售的公司而言，Allan 公司的服务本身即具有重要的价值，无论该服务是否与特定的专利产品相捆绑。没有任何证据表明 Allan 公司需要利用专利的影响力来使 County 公司不得不向其承诺——不生产指定两款产品之外的其他任何产品或者在专利到期后 18 个月内不使用其他竞争产品。

事实上，该禁止竞争条款并不算特别苛刻。该条款允许 County 公司继续制造和销售两款竞争产品，基于此，地区法院认为这将“保证原告总是可以与被告在争议地区混凝土市场上展开竞争”。另外，该禁止竞争条款限定了时间和地域，其仅仅持续协议终止后的 18 个月，并且仅适用于 County 公司的专有生产区域，即威斯康星州的一部分。尽管该禁止竞争条款可能给 County 公司在威斯康星州西北部混凝土市场的积极扩展造成损害，但没

① Tampa Electric Co. v. Nashville Coal Co., 365 U.S., at 320 (1961).

② Windsurfing Int'l, Inc. v. AMF, Inc., 782 F. 2d at 1001-1002 (Fed. Cir. 1986).

有任何的证据表明这些限制损害 County 公司在其之前的专有区域的竞争力。在最近的反垄断诉讼中，最高法院指出："制定反垄断法的目的是保护竞争，而不是竞争者，这是不言自明的。"① 前述案例引证的 Independent Ink 案法官认为，专利权滥用所依据的原则与反垄断法所依据的原则非常相似。如果 County 公司不能证明禁止竞争条款对更广泛的混凝土块市场产生了影响而不是仅仅对 County 公司的影响，那么其关于滥用专利权的主张就不能成立。

3. 协议中的禁止竞争条款是否违反明尼苏达州法的一般原则

除了主张专利权滥用外（如前所述，County 公司关于专利权滥用的主张未得到支持），County 公司还主张该案应适用明尼苏达州法，而根据明尼苏达州法，协议中的禁止竞争条款违反了明尼苏达州法的一般原则。针对禁止竞争条款，明尼苏达州法院在进行评估时考虑的因素有三个，分别是：保护专利权人的合法利益、保障双方利益的公平合理、不损害公共利益。根据明尼苏达州判例法，对是否存在上述因素，当事人无须举证证明，而由法院在支持或反对上述因素的相关证据中进行权衡。

就第一个因素而言，本院认为在 Allan 公司依据协议给予 County 公司的其他资源以及无形资产中，Allan 公司享有合法的利益。"受保护的合法利益包括某个公司商誉、商业秘密和机密信息。" County 公司诉称 Allan 公司"甚至承认不能确定给 County 公司提供了哪些机密信息"。但这不是对 Allan 公司官方表述的正确理解（即曲解了 Allan 公司发言人的意思）。Allan 公司负责人 Robert Gravier 作证说，Allan 公司"在长达 12 年里向 County 公司提供了一整套与技术相关的信息，包括制造、模具、工程、营销以及其他根据许可协议与混凝土产品销售相关的支持"。这足以证明 Allan 公司将自己的商誉、机密信息和商业秘密给了 County 公司。

Allan 公司的雇员 Timothy Bott 作证说："我亲自去过几次 County 公司在 Eau Clair 的工厂……在长达 12 年或者 13 年的合作历史中，我们有着数量巨多的通话，话题从混合设计到实际问题的解决。帮他们生产第一批混凝土产品时，我就在 Eau Clair 的工厂。我帮助他们设计模子以及其他，培训他们的员工如何区别不同产品以及如何塑造模子。" Bott 还就给予 County 公司的工程支持作证说："我们提供了正式和非正式的服务支持。正式的服务允许我们中的一些人帮助他们做初步设计以及与 County 工厂的工程人员一起……制订与

① Brooke Group LTD v. Brown & Williamson Tobacco Corp., 509 U.S., at 209, 224, 113 S. Ct. 2578, 125 L. Ed. 2d 168 (1993).

工程相关的方案。我们和County公司最终负责审查和制定最终设计的工程师一起工作，教给他们关于产品的相关知识。事实上，这个产品的产品理念和设计理念……是相对比较新的，因此大部分的工程人员对其几乎一无所知。”County公司对上述证言没有做任何反驳。上述记录表明：在长达12年的合作中，Allan公司就其给予的资源和支持享有合法的利益。

第二个因素要求考量协议是否公平合理地照顾到了双方当事人的利益。根据明尼苏达州判例法，禁止竞争条款不能超过保护合法商业利益的必要。在Dynamic Air v. Bloch案[①]中，法院要求考虑“雇用的性质和特征、商事贸易的性质和范围、施加的限制的时间、地域和其他条件”。虽然上述判决适用的案件是关于雇员的禁止竞争条款，本庭认为它同样适用于本案。

作为协议的一部分，Allan公司在County公司起步阶段提供了至关重要的支持，并在之后继续提供后续技术支持和市场支持。这些支持都需要花费时间和金钱。在County公司能够制造新的产品以与之前向其许可的产品进行竞争之前，要求一段迟延的时间，可使Allan公司保有某些其服务的价值。禁止竞争条款设计的目的就是打消County公司的任何不良动机，防止其在起步阶段使用Allan公司的技术来开展业务，并在利用完Allan公司的优势后违约。另一个支持上述禁止竞争条款合理性的因素是上述限制仅适用于County公司根据协议售卖Allan公司技术产品的地域。

另外，相较于专利的非专有许可，专有许可的被许可人，如本案中的County公司，将从专利权中获得更多的利益，被许可人将在专有许可的范围内最大限度地获得收益。考虑到这种额外的利益，被许可人有义务在更广泛的市场里推广产品，只有这样才是公平的。依据这样的条款，被许可人对于确保产品的成功具有利害关系。如果说专利专有许可本身不是一种限制交易的方式，那么作为这种许可的一个条件，要求被许可人不得损害交易的价值就不是不合理的。

第三个因素要求禁止竞争条款不得损害公众利益。由于明尼苏达州法律并没有将禁止竞争条款归类为禁止条款，因此，除非证明存在特定的损害，那么这类条款就不被认为有损于公众利益。明尼苏达州法院在就相似产品存在着多个制造商的案件中支持了禁止竞争条款，理由是认为在这种情况下市场竞争是健康的，因此禁止竞争条款没有损害公众利益。County公司并未试图证明，在前述限制的地域范围内，Allan公司的产品技术存在着市场垄断的情形。相反的

① Dynamic Air, Inc. v. Bloch, 502 N. W. 2d 796, 799 (Minn. Ct. App. 1993).

是协议关于两种特定产品的例外规定表明在上述区域内存在着 Allan 公司产品的替代品。因此没有证据表明禁止竞争条款违反了明尼苏达州的法律。

【案例要点解析】

本案的核心问题是 Allan 公司与 County 公司之前签署的禁止竞争条款是否构成专利权滥用，是否导致专利许可协议无效。

针对专利权滥用与禁止竞争条款的关系，美国制定法和判例法的态度并非一成不变。在早期，美国最高法院一度认为：专利许可协议中禁止专利被许可人从事竞争商品生产的条款限制了市场竞争，这将导致条款本身无效。但该立场随着美国最高法院对纵向控制态度的转变而发生了改变。如今专利权滥用的概念首先受到制定法，其次是判例法的约束。合理性原则成为判断是否构成专利权滥用的根本原则。本案中，法院依据合理性原则对于专有许可协议中的限制竞争条款进行评估。根据协议，County 公司从 Allan 公司获得了专有的使用专利、商标的权利以及技术支持、市场支持和战略支持服务的权利。为了防止 County 公司在起步阶段使用 Allan 公司的技术来开展业务并在利用完 Allan 公司的优势后违约，许可协议中设计了禁止竞争条款，即 County 公司不生产指定两款产品之外的其他任何产品或者在专利到期后 18 个月内不制造、销售其他竞争产品。法院认为该禁止竞争条款是对许可人利益的合理保护，在程度、时间、地域方面均有限制，没有对竞争产生不利影响，因而不构成专利权滥用。

针对禁止竞争条款，明尼苏达州法院在对其进行评估时考虑的因素有三个，分别是保护专利权人的合法利益、保障双方利益的公平合理、不损害公共利益。而就上述因素是否存在，当事人并无举证责任，具体由法院在相关证据中进行权衡。

除上述核心问题外，本案争议的焦点还涉及两个程序问题，分别是法院的管辖权以及法院的自由裁量权，它们与专利权滥用无关。总之，法院认为：专利权滥用和反垄断法的理论基础非常接近，然而制定反垄断法的目的在于保护竞争而不是保护竞争者。专利权人利用自己的专利权在法律许可范围内获得垄断优势，这是合理合法的，应受保护，但如果超出了范围，则是不合理的，不受保护的。因此关键就在于如何判断是否合理，这个标准要看禁止竞争条款是否造成了反竞争效果，是否延缓和阻碍了进步和创新。

## （六）专利申请未获授权能否要求付费

### Aronson 诉 Quick Point Pencil 公司*

美国最高法院（1979）

**【案件事实】**

Jane Aronson 于 1955 年 10 月就一款新型的钥匙扣提出专利申请，申请号为 542677。1956 年 6 月，当该项专利申请还处于审核状态时，Aronson 就与 Quick Point Pencil 公司（简称 Quick Point）协商签订了一项关于制造和销售这款钥匙扣的合同。

合同主要由两个文件构成。其一是 Quick Point 发给 Aronson 的一封信，在该信中 Quick Point 同意向 Aronson 支付销售价格的 5%作为许可使用费，作为对享有第 542,677 号专利申请中新型钥匙扣的独家生产、销售权利的对价。该文件进一步表明：若发生任何侵权事件，合同双方应对将采取的行动进行磋商。这份合同并没有要求 Quick Point 生产该钥匙扣。Aronson 收到了 750 美元的预付款，并且约定若 Quick Point 在 1957 年底没有达到 100 万个钥匙扣的销售额，Aronson 则有权收回独家专利授权。同时，Quick Point 也保留了当销售量不能达到预期时的合同解除权。但该文件没有约定合同的履行期限。第二个文件的内容为：若该专利申请不能在 5 年内获得授权，只要 Quick Point 持续销售，则需向 Aronson 支付销售价格的 2.5%作为许可使用费。

直到 1961 年 6 月，Aronson 未能在 5 年内获得该项钥匙扣设计的专利授权，Aronson 公司依据合同主张应当将许可使用费率减至销售额的 2.5%。1961 年 9 月，专利上诉委员会对钥匙扣做了不符合专利标准的最终裁定，拒绝授予专利，Aronson 没有对此提出上诉。Quick Point 在此之后的 14 年内，继续按照 2.5%的许可费率支付 Aronson 使用费。

相比专利局，市场看似更认可钥匙扣的新颖性和实用性。截至 1975 年 9

---

* Aronson v. Quick Point Pencil Co.，99 S. Ct. 1096（1979）.

月，Quick Point 对于钥匙扣的销售收入超过了 700 万美元，并支付给 Aronson 203963.84美元，销售量还在持续上升。然而，尽管 Quick Point 早期在钥匙扣的销售市场中占有优势地位，并且很长期间内是唯一的该款式钥匙扣生产者，但在 20 世纪 60 年代后期出现了相应的模仿产品。Quick Point 的竞争对手并不需要为他们使用该设计的行为支付许可使用费。因此，在过去的 10 年里，Quick Point 的市场占有率开始下降。

1975 年 11 月，Quick Point 将 Aronson 起诉至美国联邦地区法院，根据美国法典第 28 章第 2201 条，请求做出宣告判决，认定许可合同不可执行。

【审理过程】

美国联邦地区法院认为合同语言足够简明、清晰、明确，并且与专利是否被授权没有关系。即合同是有效的，如果 Quick Point 生产了这款钥匙扣的话，就应当向 Aronson 支付合同中的许可使用费。

本案上诉至联邦第八巡回上诉法院，法院推翻了原审判决，认为既然合同双方就专利申请签订合同，那么 Aronson 就不得否认专利法原则适用于它和 Quick Point 之间的合同。上诉法院认为依据最高法院之前做出的关于专利许可的判决必然得出如下结论，即一旦 Aronson 没有获得专利，那么它和 Quick Point 之间的合同就不可执行。上诉法院认为持续支付许可使用费的义务会与“旨在维护公有领域中创意的自由充分使用的强势的联邦政策”① 相矛盾。法院也认为即使 Aronson 实际上获得了一项专利，如果专利被认为无效或者专利在 17 年到期日之后，Quick Point 也可以不承担支付使用费的义务。总之，法院认为如果许可人未能成功获得预期的专利授权的话，被许可人应当不负有支付许可使用费的义务。

Aronson 不服二审判决，向美国最高法院递交了调卷令申请，最高法院决定受理。美国最高法院认为：双方签订的第二个许可合同并没有违背联邦专利制度的理念，并且基于合同具有可执行的正当性基础，撤销第八巡回上诉法院的判决，该许可合同可以执行。

【判决理由】

本案涉及的主要问题是：执行销售额 2.5%的许可使用费条款是否具有正当性和合法性。

---

① Lear, Inc. v. Adkins, 395 U. S., at 653, 674, 89 S. Ct. 1902, 23 L. Ed. 2d 610 (1969).

1. 合同的执行是否有悖于联邦专利制度

合同双方很明显都将焦点集中在未决的专利申请以及专利不被授权的可能性上。根据双方签订的第二个文件，如果 Aronson 在 5 年内没有获得专利授权，许可使用费就将降低一半。即使 Aronson 没有获得专利授权，Quick Point 也在利用该设计的新颖性时发现了重大价值，它的成功表明本判决是有事实依据的。

如果说约定支付 5% 的许可使用费的最初文件和承诺需遵守联邦专利法，那么关于支付 2.5% 的许可使用费的条款则明显是独立于联邦法律的。上诉法院和 Quick Point 所依据的判例和原则对不依赖于专利而设立的合同并没有产生影响，产生特别影响的是——如果专利未被授权，合同双方都明确同意履行替代义务。

商业合同传统上属于州法。州法不会仅为合同所涉及的知识财产是否获得专利而被排除适用；各州可以自由地规制对这一类知识财产的使用，只要不与联邦法冲突即可。[①] 在该领域及其他领域，联邦法是否优先于州法仅基于一种考虑，即州法是否会阻碍国会当初颁布法案时所希望达到的目的的实现，若答案是否定的，那么联邦法不得优先于州法适用。

在 Kewanee 石油公司案[②]中，本院对联邦专利制度的目的进行了归纳总结。本院认为其目的主要为以下三个方面：其一，专利法旨在培育和奖励发明；其二，促进了发明的公开，有助于激励进一步的创新，一旦专利到期允许公众自由使用；其三，对专利的保护提出一系列的要求是为了确保在公共领域能存在一些可以自由使用的创意。

但 Quick Point 与 Aronson 之间合同的执行与上述目的一致。允许发明人执行许可他人使用发明的合同是旨在以许可使用费作为回报从而激励发明。相似的是鼓励 Aronson 安排钥匙扣的生产进一步体现了联邦专利政策鼓励公开发明的目的；这些简单的设计所展示的新创意随处可见。

Quick Point 主张执行该合同和联邦政策相左，因为联邦政策反对从公共领域中再收回创意，也不鼓励联邦专利体系允许各州对那些在联邦标准之下缺少新颖性的产品给予永久的保护。但我们并不认可该观点。合同的执行并不会从公有领域中撤回任何创意。钥匙扣的设计在 Quick Point 获得许可并投

---

① Kewanee Oil Co. v. Bicron Corp., 416 U.S., at 470, 94 S. Ct. 1879, 1885, 40 L. Ed. 2d 315 (1974); see Goldstein v. California, 412 U.S., at 546, 93 S. Ct. 2303, 37 L. Ed. 2d 163 (1973).

② Kewanee Oil Co., supra., at 480-481, 94 S. Ct., at 1885-1886.

入生产之前并没有处于公有领域。① Aronson 在合同协商时将该项设计秘密地告知了 Quick Point。Quick Point 试着使用该设计的行为违反了它的秘密性，具有法律责任的风险。同样清晰的是该设计进入公有领域是基于合同进行生产和销售的结果。要求 Quick Point 基于它的生产和销售行为支付使用费，比要求其支付被包含在首次向市场推出新产品中的其他费用（如研究和发展支出、市场营销和宣传支出）都更符合联邦专利法的宗旨，富有创造力的企业家通常都能发现更值得付费的地方。

最后合同的执行并不会降低其他人寻求专利法保护的积极性。虽然 Aronson 尝试获得专利授权的努力已经持续了 5 年以上，但可以确认的是一旦获得成功就可以在钥匙扣的 17 年专利期间获得 5% 销售额的许可使用费。在抵消了许可使用费的限制性条款后将可以获得现有基础上的 2 倍价款，并且它和 Quick Point 都可以许可其他经营者生产同样的钥匙扣。由此推测这个过程可以为合同双方带来更大的收益，双方可以在它们的协商中解决其中的不确定因素。

2. 占销售额 2.5% 的许可使用费条款是否依赖于专利的待决状态

本院关于专利的认定并没有免除 Quick Point 的合同义务。本院认为各州不能禁止对未达到联邦专利保护要求的在公共领域中的创意进行模仿的行为。② 对 Quick Point 的合同的执行并不能阻止他人对钥匙扣的模仿行为。这仅仅是要求 Quick Point 承诺对其使用该新颖设计从而占领市场要支付对价。

在 Lear 案③中，本院认为被许可人有权质疑专利的有效性，并且能证明专利无效的被许可人在专利公布后签订许可合同是不需要支付许可使用费的。这些观点都建立在赞同鼓励被许可人质疑专利有效性的基础上，从强有力的联邦政策角度来说，只有满足专利性要求的发明才能不被公共领域自由使用。

本案中的许可合同的执行与 Brulotte 案④中的原理相一致。该案中，本院认为：作为对使用一项已获专利的设计的回报，支付许可使用费的责任不可以扩展至专利有效期之外。其中蕴含的原理为：一项根据专利法所授予的垄断权不能合法地被用来“协商如何利用这种垄断权”。法院突出强调：“协商在专利有效期之外设计收取许可费的行为其实类似于扩大专利特权的尝

---

① See Kewanee Oil Co., supra, 416 U. S. at 484, 94 S. Ct. at 1887.

② Compco Corp. v. Day - Brite Lighting, Inc., 376 U. S., at 234, 84 S. Ct. 779, 11 L. Ed. 2d 669 (1964); Sears, Roebuck & Co. v. Stiffel Co., supra.

③ Lear, Inc. v. Adkins, 395 U. S., at 653, 89 S. Ct. 1902, 23 L. Ed. 2d 610 (1969).

④ Brulotte v. Thys Co., 379 U. S., at 29, 85 S. Ct. 176, 13 L. Ed. 2d 99 (1964).

试……”在此，本案中因被质疑而减少的许可使用费，与利用专利进行垄断大不相同，前者所依据的是5年内没有获得专利授权这一偶然性因素。

毫无疑问的是一项正在进行中的专利申请给了申请人一些额外的为实现协商许可目的而进行的讨价还价的权利。该待决的专利申请也使得发明人可以期待对该创意的独家使用，并且有权要求第三方在17年内不得使用该创意。然而，因专利申请带来的垄断权应取决于合同双方对该申请获得专利授权的可能性判断。在本案中，没有获得专利授权，可以明显得知的是：合同双方认为该申请获得专利授权的可能性很大，因为他们对5年内未获专利授权这一情形作了减少使用费的特殊安排。

该案并不是要求我们在未决专利申请的滥用与不滥用之间进行划界。很明显的是无论专利的待决状态在占销售额5%的许可使用费中扮演着怎样的角色，它都没有在缩减至2.5%的许可费中发挥明确的作用。

我们在Kewanee Oil案的判决解决了关于联邦法优先适用并使得合同不可执行的争议。在该判决中，我们认定联邦专利法并不能优先适用于州法关于禁止滥用商业秘密的规定。我们认为："可以确定的是旨在鼓励发明的联邦专利政策并不妨碍激励发明的其他形式存在。在这方面，专利与商业秘密这两项制度并不会（而且永远也不会）处于对立状态。"①

相对于州法对商业秘密的保护，执行本案中的许可合同对联邦专利政策的冲击要更小一些。对商业秘密最广为接受的定义是：商业秘密仅限于没有经过通常的使用途径进行公开的秘密信息。② 据此，州法对商业秘密的适用无法满足联邦政策对于公开信息的偏好，而公开是使用设计创意时难以避免的，正如Aronson的钥匙扣。对这些合同义务的强制履行是通过双方自由公平谈判达成的，并不是基于对某项专利或某个可能的授权的专利的依赖，它能"鼓励专利法无法触及的领域的发明，并且可以激励对发明进行探索和发现的进一步创新。若该发明未被授予专利，那么竞争得到了促进，公众也没有被剥夺对该创意的使用。"③

该设计作为合同的对象在它首次上市时就已经失去了秘密性；但在合同协商的时候，它的创造性和新颖性都得到了充分的体现，促使一个有经验的新型制造商同意为首次投放市场而付费。联邦专利法不应当成为这个合同的

---

① 416 U.S., at 484, 94 S. Ct., at 1887.

② See Restatement of Torts § 757, Comment b, p.5 (1939).

③ 416 U.S., at 485, 94 S. Ct., at 1888.

障碍。

撤销第八巡回上诉法院的判决，本院认为该许可合同可以执行。

【案例要点解析】

本案的焦点问题是在专利申请未能获得授权的情况下，之前约定的继续支付许可使用费的合同是否与专利政策相抵触，是否可以执行。对于该问题，第八巡回上诉法院认为持续支付许可使用费的义务会与旨在维护公有领域中创意的自由充分使用的强势的联邦政策相矛盾。即便是获得授权的专利，如果被认为无效或者有限期届满之后，被许可人可以不再依据许可合同承担支付使用费的义务。如果许可人未能成功获得预期的专利授权的话，被许可人同理应当不负有支付许可使用费的义务。该意见未能得到最高法院的支持。本案许可合同许可的对象并非授权专利，而是提起了专利申请并未能获得专利授权的设计方案，该设计未能受到专利权的保护。因此不应当将针对专利权的规则适用于本案的设计方案，将专利无效的处理原则类比于未能获得专利授权的设计方案。

该案所涉的许可合同是双方当事人意思自治的体现，是通过双方自由公平谈判达成的。钥匙扣的设计在 Quick Point 获得许可并投入生产之前并没有处于公有领域，被许可人在认可该设计的新颖性和创造性的前提下，愿意对其使用该新颖设计从而占领市场支付相应对价。许可协议的达成并非由于许可人不当利用专利垄断权。许可协议的执行并没有违背联邦专利制度的理念，即鼓励发明创造、促进发明的公开、保障公众对公有领域的创意的自由使用。

公开是使用设计创意时难以避免的，该设计进入公有领域是基于合同进行生产和销售的结果。要求 Quick Point 基于它的生产和销售行为支付使用费能鼓励专利法无法触及的领域的发明，并且可以激励对发明进行探索和发现的进一步创新。若该发明未被授予专利，那么竞争得到了促进，对 Quick Point 的合同的执行并不能阻止他人对钥匙扣的模仿行为，公众也没有被剥夺对该创意的使用。

正如 Blackmun 法官在附带意见中提出的，一个专利申请尽管后来被拒绝了，但是可以暂时性地阻却那些未经许可的模仿者，它的优势和风险与授权专利相比处于完全不同的量级，后者可以禁止长达 17 年的所有的竞争。专利申请人可以作为许可人与他人缔结一个即便专利申请失败但许可期限并不终止的合同，禁止签订此类合同是没有道理的。实际上，该合同的执行并没有与专利法的立法目的相冲突。对此，美国联邦政府作为法庭之友提出，维持这种专利许可是较为合适的，因为它鼓励了专利申请，促进了申请中专利的早期公开，并且使得合同双方能够有效地进行讨价还价。

总之，涉案许可合同对专利未获授权、但需持续支付使用费的约定，不应受到法律的否定评价。不过，从被许可人的角度看，如果其签订合同时能够充分考虑到专利申请未能获得授权，相关技术或设计将随着使用的公开而进入公有领域，其将因无法禁止他人的模仿，以及成本更低的有力竞争和对市场份额的挤占，而减少收益，那么其可以与许可人商定对自己更有利的合同条款，如规定支付许可使用费的最长期限等。